에드문트 후설의 『내적 시간의식의 현상학』

에드문트 후설의 『내적 시간의식의 현상학』

에드문트 후설 지음
이남인, 김태희 옮김

서광사

이 책은 Edmund Husserl의 *Zur Phänomenologie des inneren Zeitbewußtseins (1893-1917)*, Den Haag: Martinus Nijhoff, 1966. (Husserliana X) 중 전반부인 Vorlesungen zur Phänomenologie des inneren Zeitbewußtseins를 번역한 것이다. 이 번역본에 실린 편집자 Rudolf Boehm의 주석은 Springer Netherlands의 허락을 받아 사용하였다.

이 저서는 2007년 정부(교육과학기술부)의 재원으로 한국연구재단의 지원을 받아 수행된 연구임(NRF-2007-361-AL0016).

에드문트 후설의 『내적 시간의식의 현상학』

에드문트 후설 지음
이남인, 김태희 옮김

펴낸이 | 이숙
펴낸곳 | 도서출판 서광사
출판등록일 | 1977. 6. 30.
출판등록번호 | 제 406-2006-000010호

(10881) 경기도 파주시 회동길 77-12 (문발동)
Tel: (031) 955-4331 | Fax: (031) 955-4336
E-mail: phil6161@chol.com
http://www.seokwangsa.co.kr | http://www.seokwangsa.kr

제1판 제1쇄 펴낸날 — 2020년 8월 10일
제1판 제2쇄 펴낸날 — 2021년 12월 20일

ISBN 978-89-306-1511-2   93160

이 책의 번역 작업은 2005년-2006년 사이에 있었던 한 강독회에서 시작되었다. 옮긴이 중의 한 사람인 이남인 교수는 당시 서울대 철학과 대학원에 재학 중이던 김태희 교수를 비롯해 여러 학생들과 함께 2005년 7월 13일부터 2006년 5월 9일까지 약 10개월에 걸쳐 매주 1회씩 만나 이 책의 본문에 대한 강독회를 가졌다. 강독 내용을 토대로 김태희 교수가 2007년 6월부터 2008년 12월 사이에 일차 번역을 마쳤다. 김태희 교수의 일차 번역본은 독자들에게 내용을 쉽게 전달하기 위해 긴 문장을 여러 문장으로 나누고 의역하는 형태로 이루어졌다. 이 번역본은 가독성이 높다는 커다란 장점을 가지고 있다. 이남인 교수는 서울대 철학과에서 개설한 '서양현대철학특강' 등의 강의에서 이 일차 번역본을 몇 차례 강의교재로 사용하였다.

그러나 이 일차 번역본은 긴 호흡으로 깊이 음미하면서 원저자의 생각을 따라가는 즐거움을 독자들에게 주지 못한다는 단점을 가지고 있다. 이러한 이유로 두 옮긴이는 이 일차 번역본이 가지고 있는 장점은 살리되 그것이 가지고 있는 단점은 보완하는 방향으로 번역을 수정하기로 합의하였다. 이러한 합의에 따라 이남인 교수가 2018년 12월부터 2019년 4월까지 수정작업을 진행하였고 그 후 2019년 1학기 학부 강의와 2019년 2학기 대학원 강의에서 수정된 번역본을 강의교재로 사용하면서 번역 내용을 더 보완한 후 김태희 교수와 논의하여 최종본을 완성하였다.

이 책의 출간이 지체된 이유는 옮긴이들이 여러 가지 일로 바빠 시간을 내지 못한 탓도 있지만 무엇보다도 이 책의 내용이 어려워 독자들에게 그 내용이 올바로 전달될 수 있을지 걱정이 앞섰기 때문이다. 독자들이 이 책의 내용을 이해하는 데 조금이라도 더 도움을 주고자 옮긴이들은 역주를 달고 상세한 해제를 붙이기로 하였다. 이 책을 읽으면서 독자들이 『내적 시간의식의 현상학 강의』에서 전개된 시간의식의 현상학을 충분히 이해할 수 있을 뿐 아니라, 그 후 전개된 후설의 시간의식의 현상학을 연구하고 싶은 마음이 일어나기를 바란다.

이 번역본을 출간하면서 감사해야 할 분들이 있다. 우선 2005년-2006년 강독회에 참여했던 모든 학생들에게 고마움을 전한다. 그리고 그동안 이 번역본을 강의교재로 사용한 강의에 참여했던 모든 학생들에게 감사한다. 강의 시간에 학생들이 다양한 질문을 제기하고 여러 가지 문제점을 지적하지 않았더라면 이 번역본은 현재의 상태로 출간될 수 없었을 것이다. 무엇보다도 2019년 1학기 학부 강의 '현상학', 2019년 2학기 대학원 강의 '서양현대철학연구'에 참석한 학생들에게 고마운 마음을 전한다. 또 김태희 교수가 일차 번역본을 완성할 때 여러모로 많은 도움을 주었던 최일만 군에게도 고마움을 전한다. 마지막으로 출판계가 처한 여러 가지 어려운 사정에도 불구하고 이 책의 출간을 기꺼이 맡아 주신 서광사에도 깊이 감사드린다.

2020년 2월 옮긴이 일동

II

시간의식 분석에 대한 1905년–1910년의 추가연구 및 보충연구

일러두기

1. 「옮긴이 해제」의 주석은 모두 옮긴이들의 주이고, 본문의 '저자주'는 후설, '편집자주'는 후설전집 10권의 편집자인 뵘(Rudolf Boehm), '역자주'는 옮긴이들의 것이다.
2. 본문 중 ( )나 ― (줄표)로 묶인 말은 독일어 원문에 따른 것이고, [ ]로 묶인 말은 독자의 이해를 돕기 위해 옮긴이들이 덧붙인 것이다.
3. 원문에서 자간 넓힘이나 이탤릭체 등으로 강조된 부분은 번역에서 굵은 글씨로 표시했다.

1. 해제를 시작하며

이 책은 현상학의 창시자 에드문트 후설(E. Husserl)의 『내적 시간의식의 현상학 강의』[1]를 옮긴 책이다. 후설의 저술들은 대부분 이해하기 쉽지 않은데, 그중에서도 『내적 시간의식의 현상학 강의』는 특히 이해하기 어려운 책이다. 후설의 현상학에 대해 잘 알고 있고 또 독일어 원전을 꼼꼼히 읽어 가면서 철저하게 분석할 수 있는 능력을 가지고 있는 전문가에게도 이 책은 많은 어려움을 안겨 준다. 이 책이 어려운 이유와 관련해 무엇보다도 다음의 세 가지 사실을 지적하고자 한다.

첫째, 이 책의 출간사를 살펴보면 이 책이 왜 어려울 수밖에 없는지 이해할 수 있다.[2] 이 책은 흔히 1905년에 후설이 행한 시간론 강의를 출

---

1 E. Husserl, *Zur Phänomenologie des inneren Zeitbewußtseins (1893-1917)*, Den Haag: Martinus Nijhoff, 1966. (Husserliana X)

2 이 책의 출간사에 대한 보다 더 자세한 내용은 E. Husserl, *Zur Phänomenologie des inneren Zeitbewußtseins (1893-1917)*에 수록된 R. Boehm의 편집자 서문(Einleitung des Herausgebers)의 XVIII-XXX쪽과 E. Husserl, *Die Bernauer Manuskripte über das Zeitbewusstsein (1917/18)*, Dordrecht/Boston/London: Kluwer Academic Publishers, 2001에 수록된 R. Bernet/D. Lohmar의 편집자 서문(Einleitung des

간한 것으로 알려져 있다. 그러나 이 책은 후설이 그때 행한 강의를 그대로 출간한 것이 아니다. 이 책의 절반가량은 1905년 행한 강의를 담고 있지만 나머지 절반가량은 후설이 그 후 1917년까지 내적 시간의식에 대해 써 놓은 여러 가지 원고들을 담고 있다. 이 원고들이 여러 시기에 걸쳐 작성되었기 때문에 그 내용이 동질적이지 않은 곳도 있고 또 문맥이 잘 이어지지 않는 곳도 있다. 더 나아가 이 책은 후설 혼자서 원고를 정리하여 출간한 것이 아니라, 그의 조교인 슈타인(E. Stein), 하이데거(M. Heidegger) 등의 편집 작업을 거쳐 출간되었다. 바로 이러한 이유에서 이 책은 한 명의 저자가 정리하여 출간한 책처럼 체계적이며 통일적으로 구성되어 있지 않으며 전체적인 문맥이 불분명한 경우도 있고 구체적인 내용 분석이 충분히 이루어지지 않은 곳도 많다.

둘째, 이 책의 주제인 내적 시간의식은 현상학의 여러 가지 주제 중에서도 가장 심층적인 주제에 속한다. 따라서 그것을 올바로 이해하기 위해서는 현상학의 여러 다른 주제들에 대한 선행적인 이해가 필요하다. 예를 들어 그 내용을 올바로 이해하기 위해서는 감각의 구조, 지각의 지향성, 객관화적 지향성, 감정의 지향성, 의지의 지향성, 이념화 작용, 범주적 직관, 명증, 표현작용, 이미지 의식 등 후설이 1900년-1901년에 출간한 『논리연구』[3]에서 다루고 있는 다양한 주제들에 대한 이해가 필요하다. 이러한 사실은 『내적 시간의식의 현상학 강의』의 구성에도 반영되어 있다. 1905년에 후설이 행한 『내적 시간의식의 현상학 강의』는 독립적인 강의가 아니라, 1904년-1905년 겨울학기에 행한 강의의 한 부분에 해당하는데, 후설은 그 학기에 1) "지각", 2) "주의, 종적 의향 등", 3) "상상과 이미지 의식" 등의 주제를 다룬 후 학기의 마지막 부분

Herausgebers)의 XVII-XX쪽에 나와 있다.

3 E. Husserl, *Logische Untersuchungen I, II/1, II/2*, Halle: Max Niemeyer, 1900-1901.

인 1905년 2월에 4) "시간의 현상학"이라는 주제 하에 내적 시간의식의 문제를 다루었다.

셋째, 『내적 시간의식의 현상학 강의』는 후설의 시간의식 분석의 초기 형태에 해당한다. 시간의식 분석의 초기 형태로서 『내적 시간의식의 현상학 강의』에서 수행된 분석은 여러 가지 점에서 불명료하거나 문제를 안고 있다. 예를 들어 거기서 후설은 시간의식에 대한 인식론적 분석을 수행한다고 하면서 인식론적 분석을 넘어서는 발생적 분석을 수행하기도 한다. 또 그는 시간의식을 분석하면서 1900년-1901년에 출간한 『논리연구』에 등장하는 "파악작용-감각내용의 도식"에 의지하고 있지만 거기에는 이러한 도식에 반하는 분석도 등장한다.[4] 바로 이러한 이유에서 후설은 1905년에 시간의식을 분석한 후 생을 마감한 1930년대에 이르기까지 30여 년 동안 계속해서 시간의식의 분석에 몰두하였던 것이다.

이 책이 비록 어렵긴 하지만 옮긴이들은 현상학 전문가들뿐 아니라, 현상학에 관심을 가지고 있는 일반 독자들도 이 책을 소화하고 이해할 수 있기를 바라는 마음에서 이 책을 번역해 출간하기로 하였다. 원문에 충실하면서도 이해하기 쉽도록 번역하려고 최선의 노력을 기울였고, 또 여기저기 필요한 곳에 옮긴이 주를 달았다. 더 나아가 상세한 옮긴이 해제를 달아 독자들이 이 책을 잘 이해하는 데 도움을 주고자 시도하였다. 독자들은 본문을 읽기 전에 혹은 본문을 읽어 가면서 이 해제를 참고하기 바란다. 이러한 옮긴이들의 노력에도 불구하고 독자들이 이 책을 읽으면서 많은 어려움을 느낄 것으로 생각한다. 이 경우 옮긴이들의 다음 두 저서를 참고하기 바란다.

---

4 예를 들어 후설은 파악작용-감각내용의 도식을 활용해 분석을 수행하면서도 1절에서 모든 구성이 이러한 도식에 따라 수행되는 것이 아니라고 말하기도 한다.

『시간에 대한 현상학적 성찰: 후설 시간론의 새로운 해석과 재구성』[5]: 후설의 『내적 시간의식의 현상학 강의』를 이해하고자 하는 독자들은 이 책의 1부(「입문적 고찰」)와 2부(「현상학적 시간의식 분석의 근본 개념 들」)에서 여러 가지 직접적인 도움을 얻을 수 있을 것이다.

『현상학과 해석학』[6]: 내적 시간의식을 이해하기에 앞서 알아야 할 현 상학의 여러 주제들을 이해하고자 하는 독자들은 이 책의 I장(「후설과 현상학의 이념」), II장(「후설의 초중기 초월론적 현상학의 근본구도」), IV장(「후설의 후기 초월론적 현상학의 근본구도」) 등에서 도움을 얻을 수 있을 것이다.

2. 이 책의 역사

후설은 다양한 철학적 문제들에 대한 세밀한 현상학적 분석을 담은 속 기 원고 4만 5천여 장과 타이프 원고 1만여 장을 남겼다. 이 방대한 원 고 대부분은 생전에 출간되지 않은 채 유고로 남았다. 후설의 현상학을 총체적으로 이해하기 위해서는 후설이 생전에 출간한 저술뿐 아니라, 이러한 유고들도 함께 연구할 필요가 있다. 그는 이러한 유고들에서 다 양한 유형의 현상학을 전개하였다. 그는 생전에 출간한 대부분의 저술 들을 자신의 현상학으로 인도하는 일종의 "입문"으로 간주하였다. 그가 생전에 출간한 몇몇 저술의 부제를 보면 거기에 실제로 "입문"이라는 단어가 등장한다.[7] 후설의 생전에 그의 철학은 대개 이러한 출간 저서

---

5 김태희, 『시간에 대한 현상학적 성찰: 후설 시간론의 새로운 해석과 재구성』, 서울: 필로소픽, 2014.
6 이남인, 『현상학과 해석학』, 서울: 서울대학교출판문화원, 2004.
7 예를 들어 『이념들 I』은 "순수현상학으로의 일반적 입문"(*Allgemeine Einführung in*

들을 토대로 일면적으로 수용되었다. 또 후설이 유대인이었기 때문에, 무엇보다도 1938년 그가 타계한 후 나치가 몰락하던 1945년까지 그의 철학은 독일에서 아예 연구될 수도 없었다. 말하자면 후설 연구는 한동안 "암흑기"에 처해 있었는데, 이러한 "암흑기"는 1950년대에 이르러 비로소 극복된다. 이에 대해서는 조금 더 자세한 설명이 필요하다.

후설의 방대한 원고는 나치가 집권한 당시 불태워질 위험에 처해 있었다. 이러한 후설의 원고를 구출해 낸 사람은 벨기에의 반 브레다(Herman Leo Van Breda) 신부이다. 그는 후설 사후 위험에 처해 있던 이 원고들을 나치의 눈을 피해 벨기에 루뱅대학으로 옮겨 그곳에 후설문고(Husserl-Archiv)를 설립했다. 후설문고는 1950년부터 이 원고들을 편집하여 후설전집(Hussrliana)으로 발간하기 시작하였는데, 후설전집은 2020년 2월 현재 본권, 자료집, 기록집 등을 포함해 50권 이상 출간된 상태이다. 후설전집의 간행에 힘입어 1950년대 이후 이른바 "후설 르네상스"가 시작되었고, 지금까지 전 세계 후설 연구자들은 이 전집에 대한 철저한 연구를 통해 이전과는 다른 새로운 시각으로 후설의 현상학에 접근하면서 그의 다양한 측면을 조명해 왔다.

후설의 현상학 수용사에서 『내적 시간의식의 현상학 강의』는 특별한 위치를 차지한다. 1928년 『철학과 현상학 연구 연보』(9권)[8]로 발간된

die reine Phänomenologie)이라는 부제를 달고 있고, 『위기』는 "현상학적 철학으로의 입문"(Eine Einleitung in die phänomenologische Philosophie)이라는 부제를 달고 있다: E. Husserl, *Ideen zu einer reinen Phänomenologie und phänomenologischen Philosophie. Erstes Buch: Allgemeine Einführung in die reine Phänomenologie 1. Halbband: Text der 1.-3. Auflage*, Den Haag: Martinus Nijhoff, 1976; *Die Krisis der europäischen Wissenschaften und die transzendentale Phänomenologie. Eine Einleitung in die phänomenologische Philosophie*, Den Haag: Martinus Nijhoff, 1954.
8 E. Husserl(Hrsg.), *Jahrbuch für Philosophie und phänomenologische Forschung*, Bd. 9, Halle: Max Niemeyer, 1928.

이 책은 후설 생전 출간된 저서 중에서 거의 유일하게 특정 주제에 대한 세밀하고 구체적인 현상학적 분석을 담고 있다. 말하자면 이 책은 후설 생전에 출간된 다른 저서들과는 또 다른 차원에서 현상학적 분석의 본령과 진수를 남김없이 보여 주고 있다. 따라서 이 책은 후설 생전에 출간된 저술들에서 전개된 현상학과는 다른 차원의 현상학이 존재하리라는 사실을 연구자들이 의식할 수 있도록 해 주면서 후설의 미발간 원고에서 전개된 다양한 유형의 현상학 연구를 촉진하는 촉매 역할을 했다. 그에 따라 이 책은 1950년대 이후 후설 르네상스를 견인하면서 그후 후설 현상학 연구에서 결정적으로 중요한 역할을 담당하였다. 더 나아가 시간의식이 현상학의 거의 모든 주제들과 연결되어 있기 때문에 이 책은 시간이라는 주제에 대한 연구와 관련해 그 후 전개된 다양한 유형의 현상학뿐 아니라 다른 현대철학사조의 전개에도 커다란 영향을 미쳤다.

이 책의 주요 부분은 후설의 1905년 강의록에 기초한다. 후설은 괴팅엔대학에서 1904년-1905년 겨울학기에 「현상학과 인식론의 주요 부분들」이라는 제목으로 주당 4시간씩 진행되는 강의를 했다. 앞서 언급했듯이 이 강의는 1) "지각", 2) "주의, 종적 의향 등", 3) "상상과 이미지 의식", 4) "시간의 현상학"이라는 네 부분으로 이루어지는데, 이 중에서 시간 강의는 1905년 2월 행해진 마지막 부분이다.

그러나 후설은 이 강의 이후에도 1911년까지, 더 나아가 1917년까지도 계속해서 강의 노트를 수정하고 보완해 나갔다. 그는 이처럼 시간에 대한 연구를 계속해 나가는 한편, 잠정적 연구 결과를 일단 출간하기로 마음먹고 1917년 자신의 조교 슈타인에게 시간론 원고를 편집하는 일을 일임했다.[9] 슈타인은 스승인 후설과 토론하면서 이 작업을 진행했지만 작업은 느리게 진척되었다. 슈타인은 1917년 7월에 시간론 원고를 편집하는 일을 거의 마무리하고 그것을 후설에게 넘겨주었다. 후설은

1917년 여름에 프라이부르크 인근의 작은 마을 베르나우(Bernau)에 머물면서 슈타인이 편집한 원고를 검토하며 많은 부분을 수정하였다. 그럼에도 후설은 이 원고에 만족할 수 없어 당시 이 원고를 출간하지 않았다. 약 10년 후인 1926년, 그는 하이데거에게 이 원고를 출간해 주기를 부탁했으며 후설의 부탁에 따라 하이데거는 이 원고를 거의 수정하지 않은 채 1928년에 출간하였다.

1928년에 출간된 『내적 시간의식의 현상학 강의』는 후설이 1905년 2월에 행한 강의 전부가 아니라, 그중의 절반 정도만 담고 있다. 앞서 언급했듯이 후설은 1905년에 강의를 한 후 계속해서 수정하고 보완하면서 새로운 원고들을 작성했는데, 이러한 원고들 중에서 1909년-1911년 사이에 작성된 원고들과 1917년에 작성된 원고들도 1928년에 출간된 『내적 시간의식의 현상학 강의』에 포함되어 있다.

이후 후설문고는 1928년에 출간된 이 책을 1966년에 후설전집 10권으로 재출간한다.[10] 이 전집 10권의 전반부("내적 시간의식의 현상학 강의")는 1928년 출간본을 싣고 있으며, 후반부는 후설이 1893년-1917년 사이에 집필하였으나 1928년의 출간본에 싣지 못한 여러 시간 연구 원고들을 시기별로 정리하여 싣고 있다. 이 국역본은 바로 이 후설전집 10권의 전반부, 즉 1928년에 출간된 『내적 시간의식의 현상학 강의』를 번역한 것이다.

---

9 이와 관련된 자세한 내용은 E. Husserl, *Zur Phänomenologie des inneren Zeitbewußtseins (1893-1917)*, XVIII-XXX쪽; E. Husserl, *Die Bernauer Manuskripte über das Zeitbewusstsein (1917/18)*, XVII-XX쪽 등을 참조할 것.

10 E. Husserl, *Zur Phänomenologie des inneren Zeitbewußtseins (1893-1917)*.

3. 『내적 시간의식의 현상학 강의』의 주제 및 그 의의

『내적 시간의식의 현상학 강의』의 주제는 시간이다. 그러면 도대체 시간이란 무엇인가? 후설은 시간에 대해 현상학에서 가장 어렵고도 중요한 주제 중의 하나라고 말하곤 했다. 그래서 그는 아우구스티누스의 『고백록』에 나오는 유명한 구절을 인용하면서 『내적 시간의식의 현상학 강의』를 시작한다.

> 내게 아무도 [시간이 무엇이냐고] 묻지 않으면 나는 알고 있습니다. 만일 묻는 자에게 설명하려 하면 나는 알지 못합니다.(si nemo a me quaerat, scio, si quaerenti explicare velim, nescio.) (서론)

현상학자인 후설은 시간의식에 대한 해명을 통해 시간의 정체를 해명한다. 시간에 대한 후설의 현상학적 해명을 이해하기 위해서는 우선 우리가 자연적 태도에서 살아가면서 타인들과 더불어 객관적으로 의식하고 있는 시간, 다시 말해 객관적 시간에 대해 살펴볼 필요가 있다. 우리 사회의 모든 상황과 시스템은 시간의 관점에서 조율되는데, 예를 들어 오늘 강연이 오후 3시부터 시작한다고 할 때, 이러한 시간적 조율에 따라서 모두가 그 시간에 맞춰서 오고 강연도 그때 시작된다. 이것은 각자가 주관적으로 느낀 시간이 아니라 시계에 의해서 확실하게 정해진 시간이고, 사람들의 모든 행동과 사회의 모든 시스템은 이와 같이 정해진 시간에 근거하여 작동한다. 이러한 시간을 후설은 『내적 시간의식의 현상학 강의』에서 '객관적 시간'이라고 부른다. 사회학이나 인류학에서는 '객관적 시간'을 '사회적 시간'이라 부르기도 한다. 또 물리학에서는 '우주적 시간'이라 부르는데, 이는 지구가 태양을 도는 데 365일이 걸리고 지구가 자전하는 데 24시간이 걸린다고 할 때 우리가 염두에 두고 있는 시간이다. 더 나아가 생물학에서는 '진화 시간'이라 부르는데, 이는 가령 인간이 언제 지구상에 나타나서 어떻게 진화해 왔는지 설명하는 데 사용되는 시간이다.

후설의 현상학적 시간론은 이러한 객관적 시간을 그것이 의식에 어떻게 주어지는지 하는 점에 초점을 맞추어 해명한다. 그는 객관적 시간의 존재를 단순히 가정하고 그에 대해 더 이상 해명하려 하지 않는 일은 철학적으로 용납될 수 없다고 생각한다. 현상학적으로 중요한 물음은 어떻게 그러한 객관적 시간이 우리에게 의식되어 나타날 수 있는가 하는 점이다. 이를 근원적으로 해명하기 위해서 우리는 자연적 태도에 대한 판단중지를 수행하고 초월론적 현상학적 환원을 수행해야 한다. 이처럼 초월론적 현상학적 환원을 수행하면 자연적 태도에서 주어지는 객관적 시간은 초월론적 주관의 의식에 의해 지향된 대상, 즉 노에마로서 자신의 모습을 드러낸다. 이제 시간의식에 대한 초월론적 현상학의 과제는 노에마로서 자신의 모습을 드러내는 객관적 시간과 그를 향한 의식, 즉 객관적 시간의식 사이의 상관관계와 더불어 무엇보다도 그를 가능하게 해 주는 다양한 원천들을 해명하는 데 있다.

후설에 따르면 다양한 차원의 객관적 시간이 존재한다. 그러나 이 모든 차원의 객관적 시간은 그보다 더 낮은 단계의 시간을 토대로 구성된다. 이처럼 객관적 시간보다 더 낮은 단계의 시간을 후설은 "선경험적 시간"(präempirische Zeit) 혹은 "내재적 시간"(immanente Zeit)(38절)이라 부른다. 더 나아가 이러한 선경험적 시간은 그보다 더 낮은 단계의 시간이자 가장 근원적인 차원의 시간인 "선현상적이고 선내재적인 시간성"(die präphänomenale, präimmanente Zeitlichkeit)(39절)을 토대로 구성된다. 그런데 다양한 차원의 객관적 시간이 그것을 향한 객관적 시간의식을 통해 경험되듯이 그것의 구성 토대가 되는 더 낮은 단계의 시간 각각도 그에 대응하는 나름의 고유한 시간의식을 통해서 경험된다. 『내적 시간의식의 현상학 강의』는 바로 이처럼 다차원적인 시간과 그것들을 향한 다차원적인 시간의식을 체계적으로 해명함을 목표로 한다.

내적 시간의식의 현상학은 현상학의 다양한 분야 중의 하나이다. 노에시스-노에마 상관관계가 보여 주듯이 현상학은 다양한 유형의 의식, 즉 노에시스와 그것이 지향하는 다양한 유형의 대상, 즉 노에마를 체계적이며 총체적으로 해명함을 목표로 한다. 따라서 다양한 차원의 시간의식, 즉 노에시스와 더불어 그를 통해 경험되는 다양한 차원의 시간, 즉 노에마를 해명함을 목표로 하는 내적 시간의식의 현상학을 전개하는 일은 현상학을 체계적이며 총체적으로 전개하기 위해서 꼭 필요하다. 말하자면 내적 시간의식의 현상학은 현상학의 다양한 분야 중의 하나로서 그것을 체계적으로 전개하지 않고서는 현상학 연구가 종결될 수 없다.

그러나 내적 시간의식의 현상학은 현상학의 전체 체계에서 특수한 위치를 차지한다. 그 이유는 내적 시간의식의 현상학의 주제인 시간의식이 보편적이며 근원적인 의식이기 때문이다. 시간의식이 보편적인 의식이라 함은 시간의식과 결부되지 않은 의식이 없음을 뜻한다. 이 점과 관련해 우리는 그 어떤 의식이든 나름의 시간성을 가지고 있다는 사실에 유의할 필요가 있다. 그리고 시간의식이 근원적인 의식이라 함은 그것이 의식의 가장 깊은 곳에서부터 작동하고 있음을 뜻한다. 따라서 어떤 유형의 의식이든 그의 정체를 철저하게 해명하기 위해서는 그와 더불어 시간의식을 함께 해명할 필요가 있다.

4. 『내적 시간의식의 현상학 강의』에서 사용된 현상학적 방법

앞서도 언급하였듯이 후설이 전개한 내적 시간의식의 현상학은 초월론적 현상학의 한 유형이며, 따라서 그것을 전개하기 위해서는 초월론적 현상학적 환원의 방법을 사용해야 한다. 그러나 내적 시간의식의 현상학을 체계적으로 전개하기 위해서는 초월론적 현상학적 환원의 방법과 더불어 구성의 "헐어내기"(Abbau)의 방법과 "쌓아가기"(Aufbau)의 방법을 사용해야 한다. 이 점을 이해하기 위해서는 시간의식이 다차원적으로 이루어져 있다는 사실을 이해할 필요가 있다.

후설은 『내적 시간의식의 현상학 강의』에서 시간의식을 3가지 차원으로 나누어 분석한다. 이와 관련해 그는 34절에서 다음과 같이 구성의 세 가지 차원을 구별한다.

> 1. 객관적 시간에서 경험되는 사물들(이제까지는 고려하지 않았지만, 이때 나아가 경험적 존재의 상이한 단계들을 다음과 같이 구별할 수 있을 것이다. 개별 주체가 경험하는 사물, 상호주관적으로 동일한 사물, 물리학의 사물).
> 2. 상이한 층들에 속하는, [경험되는 사물들을] 구성하는 현출다양체들, 선경험적 시간에서의 내재적 통일체들.
> 3. 절대적인 시간구성적 의식흐름.

구성의 이러한 세 가지 차원에는 3가지 차원의 시간과 시간의식이 대응하며 그에 따라 후설은 시간과 시간의식을 1) 객관적 시간과 그에 대한 의식, 2) 선경험적 시간 혹은 "내재적 시간"과 선경험적 시간의식, 3) "선현상적이고 선내재적인 시간성"과 그를 구성하는 의식 등 3가지 차원으로 나누어 해명한다. 그러면 이 각각에 대해 살펴보기로 하자.

1) 객관적 시간과 그에 대한 의식: 후설이 "객관적 시간에서 경험되

는 사물들"이라고 말하듯이 객관적 시간과 그에 대한 의식은 우리가 일반적으로 객관적 대상으로 경험하는 일체의 것들을 경험하는 틀로서의 시간과 그를 향한 시간의식을 뜻한다. 객관적 시간과 그에 대한 의식의 예로는 내가 어제 어떤 연주홀에서 들었고 지금 회상하는 바이올린 음이 가지고 있는 시간과 이 시간을 향한 의식을 들 수 있다. 어제 내가 연주홀에서 이 음을 들을 경우 이 음은 현재라는 시간을 가지고 있고 이 시간은 그를 향한 의식 안에서 경험되며, 내가 오늘 그것을 회상할 때 그것은 과거라는 시간을 가지고 있고 이 시간은 그를 향한 의식 안에서 경험된다. 그런데 "객관적 시간에서 경험되는 사물들"도 "개별 주체가 경험하는 사물", "상호주관적으로 동일한 사물", "물리학의 사물" 등 다양한 차원의 것들이 존재하기 때문에 그에 대응해 객관적 시간과 그를 향한 의식 역시 다양한 차원으로 나누어진다.

2) 선경험적 시간(내재적 시간)과 선경험적 시간의식: 1) 항에서 언급된 객관적 시간 속에서 경험되는 대상들을 경험하기 위해서는 그에 앞서 주어지는 것들이 그의 가능조건으로서 경험되어야 한다. 후설은 그것을 "내재적인 통일체들" 또는 "내재적 대상들"이라 부른다. 여기에는 다양한 유형의 것들이 존재하는데, 그 대표적인 예는 후설이 『논리연구』, 『이념들 I』 등에서 감각내용이라 부르는 것이다. 그런데 이러한 "내재적 대상들" 역시 나름의 시간 속에서 존재하며 이처럼 "내재적 대상들"이 주어지는 틀로서의 시간이 다름 아닌 "선경험적 시간"(내재적 시간)이며 그를 향한 시간의식이 선경험적 시간의식 내지 내재적 시간의식이다.

3) "선현상적이고 선내재적인 시간성"과 그를 구성하는 의식: 2) 항에서 살펴본 "내재적 대상들"은 절대적인 흐름으로서의 체험류 안에서 구성된다. 그런데 이러한 절대적인 흐름으로서의 체험류는 부단히 변화하는 것으로서 어느 두 순간도 동일하게 머무는 적이 없으며 따라서 거

기에는 동일성을 지니는 그 어떤 것도 존재하지 않는다. 그런데 이러한 체험류가 부단히 변화하는 것이기는 하지만 그것은 나름의 시간적 형식 안에서 전개되며 이러한 시간적 형식이 바로 "선현상적 시간성"(선내재적 시간성)이요, 그것을 향한 의식이 선현상적 시간의식이다.

시간과 시간의식의 3가지 차원의 구별이 무엇인지 이해하기 위하여 우리는 『논리연구』, 『이념들 I』 등에서 지향성에 대한 분석을 수행하면서 후설이 의지하고 있는 "파악작용–감각내용의 도식"을 살펴볼 필요가 있다. 이 도식은 시간과 시간의식의 3가지 차원의 구별의 한 가지 예를 잘 보여 준다.[11] 이 도식에 의하면 자기동일적인 대상은 두 가지 요소, 즉 다양한 감각내용들(Empfindungsinhalte)[12]과 파악작용(Auffassungsakt)의 상호작용에 의해 구성된다. 그에 따르면 우선 맨 먼저 자기동일적 대상 구성을 위한 토대로서 다양한 감각내용들이 주어져야 한다. 이 경우 이 감각내용들은 자기동일적 대상을 향한 어떤 종류의 의식적 관계도 결여하고 있다고 간주되며, 따라서 그것은 비지향적 체험 혹은 질료적 체험이라 불린다. 대상과의 의식적 관계는 주관에 의해 비지향적 체험인 감각내용이 해석될(deuten) 때 형성된다는 생각인데 후설은 다양한 감각내용이 해석되면서 자기동일적 대상과의 의식적 관계가 형성되는 과정을 "파악"(Auffassung) 또는 "통각"(Apperzeption)이라 부른다. 다양한 감각내용을 해석함으로써 자기동일적 대상과의 의식적 관계를 형성하는 이러한 파악 내지는 통각작용이 다름 아닌 지향적 의식이다.

파악작용–감각내용의 도식에 따르면 1) 자기동일적 대상, 2) 감각내

---

11 이 문단의 다음 내용은 이남인, 『현상학과 해석학』, 125쪽에서 따왔다.
12 후설은 『내적 시간의식의 현상학 강의』에서 감각내용을 "파악내용"(Auffassungsinhalt)이라고도 부른다. 그 이유는 감각내용이 파악작용을 통해 그 무엇으로 파악되는 것이기 때문이다.

용, 3) 파악작용 등 서로 다른 3가지 차원이 구별된다. 이처럼 서로 구별되는 3가지 차원 각각이 바로 앞서 살펴본 『내적 시간의식의 현상학 강의』에 나오는 구성의 3가지 층 각각의 예이다. 말하자면 1) 자기동일적 대상은 1) 객관적 시간에서 경험되는 사물들의 한 예이고, 2) 감각내용은 2) 선경험적 시간에서 경험되는 내재적 통일체들의 한 예이며, 마지막으로 3) 파악작용은 3) 절대적인 시간구성적 의식의 한 예이다. 따라서 자기동일적 대상 이외에도 객관적 시간에서 경험되는 사물들의 예는 다양하고, 감각내용 이외에도 선경험적 시간에서 경험되는 내재적 통일체들의 예 역시 다양하며, 파악작용 이외에도 절대적인 시간구성적 의식의 예 역시 다양하다. 이와 관련해 다음과 같은 두 가지 사실을 지적하고자 한다.

첫째, 이처럼 파악작용-감각내용의 도식에 나오는 세 가지 차원 각각이 『내적 시간의식의 현상학 강의』에 나오는 구성의 3가지 층 각각의 예이기 때문에 후설은 종종 1) 자기동일적 대상, 2) 감각내용, 3) 파악작용 등 파악작용-감각내용 도식에 등장하는 세 가지 요소들을 예로 들어가면서 시간의식에 대한 분석을 수행한다. 이러한 이유에서 우리는 이 해제에서도 이러한 세 가지 요소들을 예로 들어가면서 후설의 시간의식에 대한 분석을 소개할 것이다.

둘째, 후설은 『내적 시간의식의 현상학 강의』에서 선경험적 내재적 통일체를 "구성된 내재적 내용"(40절)이라 부르며 그것을 객관적 시간에서 경험되는 사물들인 초월적 대상들과 구별하기 위해 "내재적 대상"(9절, 37절 등)이라 부르기도 한다. 이와 관련해 그는 40절에서 이러한 "내재적 내용" 혹은 "내재적 대상"의 예로서 "감각자료"뿐 아니라, 여러 가지 "작용들", 예를 들어 진술작용, 소망작용, 의지작용, 상상작용, 기억작용 등을 거론한다. 그러나 이러한 사실은 앞서 우리가 파악작용-감각내용의 도식을 살펴보면서 논의했던 내용과 충돌하는 것처럼 보인다. 그 이유는 파악작용-감각내용의 도식을 살펴보면서 우리는 작용, 예를 들어 파악작용을 "내재적 내용" 혹은 "내재적 대상"이 아니라 절대적인 시간구성적 의식으로 간주했기 때문이다. 이 점과 관련해 우리는 흔히 작용이라 불리는 것도 1) 절대적인 시간구성적 의식으로 작동하는 작용과 2) 절대적인 시간구성적 의식에 의해 "내재적 내용" 혹은 "내재적 대상"으로 구성된 작용으로 나누어진다는 사실에 유의할 필요가 있다. 이러한 사실을 한 예를 통해 살펴보자. 예를 들어 우리가 길가에 있는 어떤 꽃을 지각하다가 옆에 있는 다른 나무를 지각했다고 하자. 이러한 두 가지 지각작용이 이루어지는 매 순간 나의 지각작용은 매 순간 변화하는 근원적인 의식흐름을 이루고 있다. 말하자면 지각작용이 이루어지는 어느 두 순간도 동일한 지각작용이 이루어지고 있지 않다. 그럼에도 불구하고 이 두 지각작용을 수행하면서 나는 첫 번째 지각작용은 어떤 꽃에 대한 지각작용이요, 두 번째 지각작용은 어떤 나무에 대한 지각작용이며 이 둘이 서로 구별된다는 사실을 알고 있다. 이처럼 서로 구별되는 것으로 의식된 지각작용은 "내재적 내용" 내지 "내재적 대상"으로서 의식된 지각작용이고, 근원적인 의식흐름을 이루고 있는 지각작용은 절대적인 시간구성적 의식으로 작동하는 의식이다. 우리는 우리가 예로 든 지각작용뿐 아니라, 모든 유형의 작용과 관련해서도 이러한 두 유형의 작용이 구별된다는 사실을 확인할 수 있다.

이처럼 파악작용-감각내용의 도식을 통해 확인할 수 있는바, 서로 구별되는 세 가지 차원의 대상에 대응하는 서로 다른 3가지 차원의 시간과 시간의식을 체계적으로 해명하기 위해서는 특별한 방법적 조치가 필요하다. 앞서도 언급했듯이, 그 일차적인 조치는 초월론적 현상학적 환원을 수행하는 일이다. 시간과 시간의식 사이의 노에시스-노에마적 상관관계는 자연과학적 태도를 포함한 자연적 태도 일반에서 자신의 정체를 드러내지 않는다. 따라서 양자 사이의 상관관계를 드러내기 위해서는 우선 자연적 태도에 대해 판단중지를 수행하면서 초월론적 현상학적 환원을 수행해야 한다. 이처럼 자연적 태도에 대해 판단중지하면서 초월론적 현상학적 환원을 수행하면 "자연과학과 또한 영혼에 대한 자연과학인 심리학"이 탐구대상으로 삼는 "세계시간, 실재적 시간, 자연의 시간"(1절) 등의 객관적 시간은 시간의식이 지향하는 대상, 즉 노에마로 탈바꿈하여 경험된다.

바로 이처럼 시간의식의 노에마적 상관자로 탈바꿈하여 경험되는 시간이 다름 아닌 앞서 살펴본 현상학적 시간론이 탐구대상으로 삼는 3가지 차원의 시간 중에서 첫 번째의 것, 즉 "객관적 시간"이다. 여기서 우리는 초월론적 현상학의 탐구대상인 이러한 "객관적 시간"을 "자연과학과 또한 영혼에 대한 자연과학인 심리학"이 탐구대상으로 삼는 "세계시간, 실재적 시간, 자연의 시간"(1절) 등의 객관적 시간과 혼동해서는 안 된다. 여기서 우리는 양자 사이의 관계를 정확하게 다음과 같이 정식화할 수 있을 것이다: 자연적 태도에서 "자연과학과 또한 영혼에 대한 자연과학인 심리학"의 탐구 대상으로 경험되는 객관적 시간은 초월론적 현상학적 환원을 수행하면 초월론적 현상학적 태도에서 시간의식의 노에마적 상관자인 객관적 시간으로 탈바꿈하여 경험되며, 따라서 양자는 동일한 것이나 그것을 경험하는 태도에 있어서만 차이가 난다.

이처럼 초월론적 현상학적 환원을 수행하면 "자연과학과 또한 영혼에 대한 자연과학인 심리학"의 탐구 대상으로 경험되는 객관적 시간은 시간의식의 노에마적 상관자인 객관적 시간으로 탈바꿈하여 경험된다. 그러나 초월론적 현상학적 환원을 수행할 경우 노에마로서의 객관적 시간과 그의 노에시스적 상관자인 시간의식만이 경험되는 것이 아니라, 그와 더불어 그의 정초 토대인 1) 선경험적 시간(내재적 시간)과 선경험적 시간의식, 그리고 2) 선현상적 시간(선내재적 시간)과 그를 향한 의식도 함께 경험된다.

이처럼 초월론적 현상학적 환원을 수행할 경우 3가지 차원의 시간과
시간의식이 함께 경험되기 때문에 이처럼 서로 구별되는 3가지 차원을
혼동하지 않고 현상학적 분석을 체계적으로 수행하기 위해 특별한 방법
적 조치가 필요하다. 이를 위해 필요한 방법이 바로 "헐어내기"(Abbau)
의 방법과 "쌓아가기"(Aufbau)의 방법이다. 우선 헐어내기의 방법은
다양한 차원으로 이루어진 구성의 층을 위에서부터 하나씩 헐어내면서
보다 더 근원적인 차원으로 내려가 현상학적 분석을 체계적으로 수행할
수 있도록 해 주는 방법이다. 그리고 쌓아가기의 방법은 이처럼 근원적
인 차원으로 내려가 어떻게 그로부터 파생적인 층이 구성되는지 해명할
수 있도록 해 주는 방법이다. 후설은 그의 저술 여기저기서 "헐어내기"
와 "쌓아가기"라는 표현을 사용하면서[13] 헐어내기의 방법과 쌓아가기의
방법을 사용하지만『내적 시간의식의 현상학 강의』에서는 이러한 표현
들을 사용하지 않는다. 그럼에도 불구하고 그는 거기서 이러한 방법들
을 실제로 사용해 시간과 시간의식에 대한 현상학적 분석을 수행한다.

예를 들어 후설은 8절 도입부에서 내재적 시간과 그를 향한 의식에
대한 해명을 시작하면서 "이제 모든 초월적인 파악과 정립을 배제하고,
음을 순수하게 질료적 자료(hyletisches Datum)로 받아들여 보자."라
고 말한다. 여기서 초월적인 파악과 정립은 바로 질료적 자료를 토대로
객관적 대상을 구성하는 파악작용, 정립작용을 뜻한다.[14] 앞서 언급하

---

[13] 예를 들어 후설은 후설전집 15권의 121, 125, 134, 231쪽 등에서 "헐어내기"라는
표현을 사용하며, 후설전집 5권의 26, 67, 135, 193, 226, 590쪽 등에서 "쌓아가기"라
는 표현을 사용한다.
[14] 여기서 "초월적인 파악과 정립"은 질료적 자료를 토대로 객관적 대상을 구성하는
작용을 뜻한다. 따라서 이러한 "초월적인 파악과 정립을 모두 배제한다"고 할 때 배제는 초
월론적 현상학적 환원을 통한 자연적 태도의 일반정립의 배제를 뜻하는 것이 아니다. 이
후자의 배제는 이미 앞서 이루어졌다. "초월적인 파악과 정립"의 배제는 초월론적 현상학
적 환원을 통해 자연적 태도의 일반정립을 배제한 후 그 안에서 이루어지는 배제이다.

였듯이 우리가 초월론적 현상학적 환원을 수행하면 1) 이러한 파악작용과 그것이 지향하고 있는 객관적 대상과 더불어 2) 질료적 자료로서의 음과 그것을 향한 의식, 더 나아가 3) 절대적인 체험류와 그를 구성하는 의식 등 3가지 차원의 노에시스적인 것과 노에마적인 것이 상관관계 속에서 현상학적 시선에 들어온다. 상관관계 속에서 존재하는 이러한 3가지 차원의 노에시스적인 것과 노에마적인 것을 서로 혼동하지 않고 체계적으로 해명하기 위해서는 우선 헐어내기의 방법을 사용해야 한다. 그런데 8절 도입부에서 후설이 "이제 모든 초월적인 파악과 정립을 배제하고, 음을 순수하게 질료적 자료로 받아들여 보자."라고 말할 때 그는 바로 객관적 대상과 그를 향한 의식의 층을 걷어 내고 그 밑에 있는 질료적 자료와 그것을 향한 의식의 차원으로 내려가는 헐어내기 작업을 수행하고 있는 것이다.

후설은 8절-13절 사이에서 헐어내기의 방법을 사용해 객관적 시간의 차원으로부터 질료적 자료와 그것을 향한 의식의 차원으로 내려가 거기서 확인할 수 있는 내재적 시간과 그를 향한 시간의식을 해명한 후[15] 14절부터 쌓아가기의 방법을 사용해 그로부터 객관적 대상과 그를 향한 의식의 층으로 올라가 거기서 확인할 수 있는 객관적 시간과 그를 향한 의식을 해명한다. 이 점과 관련해 그는 14절 도입부에서 용어상으로 파지를 일차적 기억이라 부르고 그것을 재기억과 구별하면서 "이차적 기억 또는 회상은 그와[파지와] 분명히 구별된다. 일차적 기억이 사

---

[15] 뒤에서 논의하겠지만 후설은 『내적 시간의식의 현상학 강의』의 8절-13절에서 내재적 시간과 그를 향한 시간의식뿐 아니라, 근원적인 의식흐름에서 확인할 수 있는 시간성의 문제도 함께 다루고 있다. 거기서 그는 이 두 차원을 명료하게 구별하지 않고 논의를 전개하며 그러한 점에서 8절에서 수행된 헐어내기 작업은 불충분하다고 할 수 있다. 말하자면 그는 어떤 점에서 헐어내기 작업을 통해 근원적인 의식흐름의 층으로까지 내려갔다고 할 수 있으나, 이 층과 그 이전의 층, 즉 내재적 시간의 층을 명료하게 구별하지 않은 채 시간의식에 대한 분석을 수행하고 있다.

라진 후에 저 운동이나 저 선율에 대한 새로운 기억이 나타날 수 있다."
고 말하는데, 여기서 후설은 1) 선경험적 시간(내재적 시간)과 그를 향
한 의식의 차원, 다시 말해 이차적 기억이 작동하는 차원에서 2) 객관적
대상과 그를 향한 의식의 차원, 다시 말해 이차적 기억이 작동하는 차
원으로 올라가 현상학적 분석을 수행하기 위하여 쌓아가기의 방법을
암묵적으로 사용하고 있다.

　더 나아가 후설은 34절에서 구성의 세 가지 차원을 구별한 후 35절부
터 1) 객관적 대상의 층, 2) 감각내용으로서의 내재적 대상의 층과 구별
하면서 3) 절대적 의식흐름의 층에 대해 논의하는데, 이러한 논의를 위
해서 그는 1) 객관적 대상의 층과 2) 감각내용으로서의 내재적 대상의
층에 대한 헐어내기 작업을 암묵적으로 수행하고 있는 것이다. 그리고
후설은 35절-39절에서 절대적 의식흐름의 층에서 확인할 수 있는 선현
상적 시간성과 그를 구성하는 의식을 해명한 후 40절부터 1) 감각내용,
2) 객관적 대상의 구성을 해명하면서 이 두 차원에서 확인할 수 있는 시
간과 시간의식을 해명하고 있는데, 그는 이러한 작업을 수행하기 위하
여 암묵적으로 쌓아가기의 방법을 사용한다.

5. 내적 시간의식의 현상학의 전개

그러면 이제 후설이 『내적 시간의식의 현상학 강의』에서 어떻게 초월
론적 현상학적 환원의 방법 및 헐어내기의 방법과 쌓아가기의 방법을
사용해 내적 시간의식의 현상학을 구체적으로 전개하는지 살펴보자.

1) 초월론적 현상학적 환원의 수행과 객관적 시간의 배제
　『내적 시간의식의 현상학 강의』에서 현상학적 시간론은 초월론적 현상

학적 환원을 수행한 후 초월론적 현상학적 환원의 태도 안에서 전개된다. 후설은 이 강의의 도입부에 해당하는 제1부의 서론 및 1절-6절에서 현상학적 시간론이 초월론적 현상학적 환원을 수행한 후 전개되고 있다는 사실을 해명한다. 이와 관련해 1절은 "객관적 시간을 배제함"이라는 제목을 달고 있는데, 이 제목은 이 강의에서 전개될 시간론이 초월론적 현상학적 환원을 수행한 후 초월론적 현상학적 환원의 태도에서 수행되고 있음을 명료하게 보여 준다. 앞서 지적하였듯이 시간론을 전개하면서 초월론적 현상학적 환원을 수행한다 함은 자연적 태도의 일반정립을 배제하여 시간에 대한 일체의 객관주의적 전제들을 배제함을 뜻하는데, 이와 관련해 후설은 다음과 같이 말하면서 1절의 논의를 시작한다.

> 이제 앞서 몇 가지 일반적인 사항을 언급해야겠다. 우리의 목표는 시간의식에 대한 현상학적 분석이다. 현상학적 분석이 언제나 그런 것처럼, 여기에서는 객관적 시간과 관련한 모든 가정, 확정, 확신(그리고 존재하는 것에 대한 모든 초월하는 전제)을 완전히 배제한다. 물론 객관적 관점에서 보면, 모든 실재적 존재와 실재적 존재 계기와 마찬가지로 모든 체험은—따라서 시간 지각과 시간표상이라는 체험 자체도—유일한 객관적 시간 속에서 자신의 위치를 가질 것이다. 어떤 사람이 체험의 객관적 시간, 그중에서도 특히 시간을 구성하는 체험의 객관적 시간을 규정하는 데 관심을 가질 수도 있다. 더 나아가 시간의식 속에서 객관적 시간으로 정립된 시간이 현실적인 객관적 시간과 어떤 관계에 있는지, 시간 간격에 대한 어림짐작이 객관적으로 현실적인 시간 간격과 일치하는지, 아니면 그로부터 얼마나 벗어나는지를 확정하는 일도 흥미로운 연구일 수 있다. 그러나 이것은 현상학의 과제가 아니다. 현실적인 사물과 현실적인 세계가 현상학적 자료가 아닌 것과 마찬가지

로, 세계시간, 실재적 시간, 자연과학과 또한 영혼에 대한 자연과학인
심리학이 염두에 두는 자연의 시간도 현상학적 자료가 아니다.

초월론적 현상학적 환원을 수행한 후 초월론적 현상학적 태도에서
전개되는 현상학적 시간론의 주제는 "자연과학과 또한 영혼에 대한 자
연과학인 심리학이 염두에 두는 세계시간, 실재적 시간, 자연의 시간"
이 아니다. 현상학적 시간론은 노에시스-노에마 상관관계 속에서 주어
지는 다차원적인 시간과 시간의식이다. 바로 현상학적 시간론의 주제가
다차원적인 시간과 시간의식이며, 앞의 인용문에서 다차원적인 시간이
노에마로서 그에 상응하는 시간의식이 없이는 경험될 수 없기 때문에
후설은 "우리의 목표는 시간의식에 대한 현상학적 분석이다."(1절)라고
말하는 것이다. 현상학적 시간론의 목표는 "시간의식에 대해 설명하고,
객관적 시간과 주관적 시간의식의 올바른 관계를 정립하며, 시간적 대
상, 즉 개별적인 대상 일반이 어떻게 주관적 시간의식 속에서 구성될
수 있는지"(서론) 해명하는 데 있다.

2) 일차적인 헐어내기와 쌓아가기를 통한 현상학적 시간론의 전개

후설은 『내적 시간의식의 현상학 강의』의 제1부 1장(3절-6절)에서
시간의 근원에 대한 브렌타노의 이론을 검토한 후[16] 2장(8절-33절)에서
구성에 대한 일차적인 헐어내기와 쌓아가기를 통해 현상학적 시간론을
전개한다. 앞서 살펴본 것처럼 1) 객관적 대상, 2) 감각내용, 3) 파악작용
등 구성의 세 가지 차원에 대응해 시간과 시간의식은 1) 객관적 시간과
그에 대한 의식, 2) 선경험적 시간(내재적 시간)과 선경험적 시간의식,

---

[16] 브렌타노의 시간론에 대한 후설의 비판적 검토는 이 해제의 6절에서 살펴볼 것이다.

3) 선현상적 시간성(선내재적 시간성)과 그를 구성하는 의식 등 3가지 차원으로 나누어진다. 시간과 시간의식에 대한 헐어내기 작업은 1) 객관적 시간과 그에 대한 의식을 헐어내고 2) 선경험적 시간(내재적 시간)과 선경험적 시간의식으로 귀환한 후, 더 나아가 이로부터 3) 선현상적 시간성(선내재적 시간성)과 그를 구성하는 의식으로 귀환하는 순서로 이루어지며, 쌓아가기 작업은 1) 선현상적 시간성(선내재적 시간성)과 그를 구성하는 의식으로부터 2) 선경험적 시간(내재적 시간)과 선경험적 시간의식이 어떻게 구성되고 더 나아가 이로부터 3) 객관적 시간과 그에 대한 의식이 어떻게 구성되는지 해명하는 순서로 진행되어야 한다. 그런데 『내적 시간의식의 현상학 강의』의 1부 2장에서 후설은 이 중에서 헐어내기의 방법을 통해 1) 객관적 시간과 그에 대한 의식을 헐어낸 후 2) 선경험적 시간(내재적 시간)과 선경험적 시간의식으로 귀환한 후, 이러한 시간과 시간의식의 구조를 해명한 뒤 다시 쌓아가기의 방법을 통해 1) 이러한 선경험적 시간(내재적 시간)과 선경험적 시간의식으로부터 2) 객관적 시간과 그에 대한 의식이 어떻게 구성되는지 하는 점만 해명하고 있다.

그런데 후설이 『내적 시간의식의 현상학 강의』의 2장(7절–33절)에서 구성에 대한 일차적인 헐어내기와 쌓아가기를 통해 현상학적 시간론을 전개하고 있음에도 불구하고 그는 그곳에서 선경험적 시간(내재적 시간)과 선경험적 시간의식의 차원뿐 아니라, 절대적인 의식흐름의 시간성인 선현상적 시간성(선내재적 시간성)과 그를 구성하는 의식의 층도 부분적으로 다루고 있다. 이 점과 관련해 그는 8절, 9절, 11절 등에서 감각자료와 같은 내재적 대상의 시간을 분석하면서 의식의 "흐름"(Fluss)에 대해 언급하기도 하고 10절에서 시간도해를 다루면서 내재적 시간 대상의 "경과현상"(Ablaufsphänomen)이 의식흐름의 특성인 연속성을 가지고 있다고 말하기도 한다. 그러나 후설은 『내적 시간의식의 현상학 강의』의 2장 8절-11절에서 선경험적 시간(내재적 시간)과 선경험적 시간의식의 차원을 다루면서 선현상적 시간성(선내재적 시간성)과 그를 구성하는 의식의 층에 대해 체계적으로 해명하고 있지 않다. 그곳에서 그는 1) 선경험적 시간(내재적 시간)과 선경험적 시간의식의 차원과 2) 선현상적 시간성(선내재적 시간성)과 그를 구성하는 의식의 층을 명료하게 구별하고 있지도 않다. 바로 이러한 이유에서 『내적 시간의식의 현상학 강의』의 1부 2장에서 수행된 시간과 시간의식에 대한 헐어내기와 쌓아가기는 일차적인 성격을 가지고 있다고 할 수 있다. 이러한 일차적인 헐어내기와 쌓아가기와 비교할 때 근원적인 헐어내기와 쌓아가기는 1) 선경험적 시간(내재적 시간)과 선경험적 시간의식의 차원과 2) 선현상적 시간성(선내재적 시간성)과 그를 구성하는 의식을 명료하게 구별하고 후자를 향해 본격적이며 체계적으로 나아가야 하는데, 이러한 작업은 뒤에서 살펴보게 되겠지만 『내적 시간의식의 현상학 강의』의 1부 3장에서 이루어진다. 그러면 이제 『내적 시간의식의 현상학 강의』의 1부 3장에서 이루어지고 있는 시간과 시간의식에 대한 일차적인 헐어내기 작업과 쌓아가기 작업을 살펴보자.

시간과 시간의식의 일차적인 헐어내기 작업은 1) 객관적 시간과 그에 대한 의식을 헐어내고 그보다 더 근원적인 차원인 2) 선경험적 시간(내재적 시간)과 선경험적 시간의식의 차원으로 나아가는 작업을 뜻한다. 객관적 시간의식이란 객관적 대상이 가지고 있는 시간인 객관적 시간을 향한 의식을 뜻한다. 그런데 파악작용-감각내용의 도식에 따르면 객관적 대상은 감각내용을 토대로 파악작용에 의해 정립된 대상이다. 따라서 객관적 대상의 시간인 객관적 시간에 대한 시간의식을 헐어낸다 함은 우리의 의식의 장에서 이러한 시간의식의 층을 헐어내고 그보다 더 근원적인 층으로 내려감을 뜻하는데, 이는 대상의 측면에서 보자면 객관적 대상의 층을 헐어내고 그의 토대가 되는 감각내용의 층으로 귀환함을 뜻한다. 실제로 후설은 『내적 시간의식의 현상학 강의』의 1부 2장 8절에서 이러한 작업을 수행하면서, 앞서 살펴보았듯이, "이제 초월하는 파악과 정립을 모두 배제하고, 음을 순수하게 질료적 자료로 받아들여 보자."라고 말한다. 여기서 후설이 언급하고 있는 "질료적 자료"(hyletisches Datum)가 바로 감각내용이다. 이 점과 관련해 후설은 1절에서 1) 질료적 자료 내지 감각내용으로서의 음, 다시 말해 감각된 음과 2) 객관적인 대상으로서의 음, 즉 지각된 음을 구별한다. 여기서 지각된 음은 객관적인 시간과 공간 속에서 울려 퍼지는 것으로 의식된 음인 데 반해 감각된 음은 울려 퍼지긴 하지만 아직 객관적 시간과 공간 속에서 존재하는 것으로 의식되고 있지 못한 음을 뜻한다.

　지각된 음과 감각된 음의 구별을 통해 우리는 1) 객관적 시간과 2) 더 근원적인 차원에서 경험되는 선경험적 시간(내재적 시간)의 구별을 보다 더 분명하게 이해할 수 있다. 객관적 시간이란 바로 지각된 음의 시간을 뜻하며 선경험적 시간(내재적 시간)은 바로 감각된 음의 시간을 뜻한다. 양자 사이의 구별과 관련하여 후설은 『내적 시간의식의 현상학 강의』의 1절에서 "'감각된' 시간적인 것"(ein 'empfundenes' Zeitliches)과 "'지각된' 시간적인 것"(ein 'wahrgenommenes' Zeitliches)을 구별하면서 다음과 같이 말한다.

> 우리가 현상학적 자료를 감각되었다고 부르면—이 현상학적 자료는 파악작용을 통하여 어떤 객관적인 것을 생생하게 주어진 것으로 의식하도록 해 주고, 그러면 이 객관적인 것은 객관적으로 지각되었다고 불리는데—, 이와 같은 의미에서 우리는 "감각된" 시간적인 것과 지각된 시간적인 것도 구별해야 한다. 여기에서 지각되는 시간적인 것은 객관적 시간을 의미한다. 그러나 "감각된" 시간적인 것은 그 자체는 객관적

시간(혹은 객관적 시간에서의 위치)이 아니라 현상학적 자료이며, 이 현상학적 자료를 경험적으로 통각함으로써 비로소 객관적 시간과의 관계가 구성된다.

후설은 지각된 시간적인 것, 즉 객관적 시간을 헐어낸 후 현상학적 관찰자의 시선에 들어오는 감각된 시간적인 것, 즉 감각의 시간에 대한 현상학적 분석을 수행한다. 그는 『내적 시간의식의 현상학 강의』 1부 2장 8절부터 감각된 음을 예로 들어 그에 대한 시간의식을 분석한다. 그는 8절 시작 부분에서 감각된 음에 대한 시간의식과 관련해 다음과 같이 기술한다.

이제 모든 초월적인 파악과 정립을 배제하고, 음을 순수하게 질료적 자료(hyletisches Datum)로 받아들여 보자. 음은 시작하고 끝나며, 그 음의 지속 통일체 전체는, 즉 음이 시작하고 끝나는 전체 사건의 통일체는 그 음이 끝난 후에는 점점 더 먼 과거로 "밀려난다". 이처럼 뒤로 밀려나는 중에도, 나는 여전히 음을 굳게 "붙들어서" "파지"(Retention) 속에 가지고 있다. 파지가 계속되는 한, 그 음은 고유한 시간성을 지닌다. 그 음은 동일한 음이며, 그 음의 지속은 동일한 지속이다. 나아가 나는 음이 주어지는 방식에 주의를 기울일 수 있다. 음, 그리고 그 음이 채우고 있는 지속은 이 주어지는 "방식들"이 이루는 연속체 속에서, "끊임없는 흐름" 속에서 의식된다. 이 흐름 중에서 어느 한 점은, 어느 한 위상은 "시작하는 음의 의식"이며, 여기서 음 지속의 이 처음 시간점은 지금이라는 방식으로 의식된다. 음이 주어진다. 다시 말해 음은 지금으로 의식된다. 그런데 그 음의 위상 중 어느 한 위상이 지금으로 의식되는 "한에서", 그 [전체] 음은 지금으로 의식된다. 그런데 이처럼 (음 지속의 한 시간점에 대응하는) 어느 시간위상이 현행의 지금(시작 위상은 제외)이라면, [지나간] 위상들의 연속체는 "방금"으로 의식되고, 시작점부터 지금점까지의 시간 지속의 전체 구간은 지나간 지속으로 의식되며, 그러나 [이와는 달리] 그 지속의 [현출하지 않은] 나머지 구간은 아직 의식되지 않는다. 최종점에 이르면, 최종점 자체가 지금점으로 의식되고 지속 전체가 지나갔다고 의식된다(내지는 더 이상 음 구간이 아닌 새로운 시간구간의 시작점에서는 음의 지속 전체가 지나갔다고 의식된다).

감각된 음에 대한 시간의식을 분석해 보면 알 수 있듯이 그것은 파지, 인상, 예지의 통일체로 구성되어 있다. 그러면 파지, 인상, 예지가 무엇을 뜻하는지 살펴보자.

파지(把持)

파지는 바로 방금 지나간 것을 여전히 붙들어 의식하는 작용을 뜻한다. 어떤 선율을 듣는 경우를 예로 들어 보자. 도-미-솔-도라는 선율이 울려 퍼졌다고 하자. 이 경우 나는 도 음이 울려 퍼질 때 도 음을 인상 (Impression)[17] 속에서 경험한다. 그런데 내가 도 음을 이처럼 인상 속

---

17 후설은 종종 인상(Impression)과 근원인상(Urimpression)을 구별하여 사용한다. 인상은 내재적 시간의식의 차원에서 가장 생생한 현전적 체험을 뜻하고 근원인상은 근원적인 의식흐름의 차원, 즉 선내재적 시간성의 차원에서 가장 생생한 현재적인 체험 위상을 뜻한다. 인상은 시간연장을 가지고 있지만 근원인상은 그렇지 않다. 물론 후설은 이 두 개념을 혼용하여 사용하기도 한다. 따라서 독자들은 후설이 "인상" 또는 "근원인상"이라는 개념을 사용할 경우 그것이 앞서 살펴본 "인상"을 뜻하는 것인지 "근원인상"을 뜻하는 것인지 살펴볼 필요가 있다.

에서 경험한 후 그 다음 순간 이 도 음이 나의 의식의 영역에서 완전히
사라지는 것이 아니다. 나는 그 음을 기억 속에서 여전히 붙잡고 있다.
물론 내가 그 음을 영원히 기억 속에서 붙잡고 있는 것은 아니지만 나는
그것을 기억 속에서 붙잡고 있다. 도 음에 이어 울려 퍼진 미 음, 솔 음,
도 음도 마찬가지이다. 이 각각의 음들 역시 울려 퍼진 후 그 다음 순간
나의 의식에서 완전히 사라지지 않고 나는 그것들 각각을 기억 속에서
여전히 붙잡고 있다. 이처럼 방금 울린 음을 기억 속에서 여전히 붙잡고
있는 의식이 바로 파지이다. 물론 이러한 파지는 어제 들었던 음을 다시
떠올리는 기억으로서의 회상과 구별된다. 후설은 파지로서의 기억을 일
차적 기억이라 부르고 회상으로서의 기억을 이차적 기억이라 부른다.

　이처럼 인상 속에서 파악된 모든 대상은 다음 순간 파지, 즉 일차적
기억으로 이행해 간다. 말하자면 "'인상'에는 일차적 기억이, 혹은 우리
가 말한 것처럼, 파지가 연속적으로 연결된다."(11절) 그런데 여기서
현상학적 시간의식 분석은 또 하나의 결정적 통찰에 도달한다. 인상뿐
아니라 파지 자체도 다시 파지변양을 겪는다. 내재적 대상에 대한 인상
이 다음 순간 그에 대한 파지로 이행해 가면 이 파지는 다시 자신의 파
지로 넘어간다. 그러므로 동일한 계열 안에 포함된 파지들은 동일한 시
작점, 즉 동일한 근원감각의 연속적 변양들이다. 지각에 파지가 연결되
고 거기에 다시 추가적 파지들의 계열이 연결되기 때문이다. 최초의 지
각이 끝나면, 새롭고 신선한 지각 대신 파지의 위상이 남고, 그 파지는
다시 파지되면서 파지들의 연속체를 이룬다. 과거의 것에 대한 의식인
파지 자체가 더욱 뒤로 물러나면서 새로운 파지에 의해 붙들리기 때문
이다. 이러한 파지들의 연속적인 계열은 하나의 연속체를 이루며 무한
히 진행될 수 있고, 우리는 이념적으로는 이러한 파지들의 사슬을 무한
한 단계들까지 소급 추적할 수 있다. 모든 것을 파지적으로 유지한 채
로 머물러 있는 의식도 이념적으로는 충분히 가능하다.

그러나 후설은 이념적이 아니라 실제적으로는 모든 것을 파지적으로 유지한 채로 머물러 있는 의식이 불가능하다는 사실을 인정한다. 그렇다면 파지들이 이념적으로는 무한히 계속될 수 있으면서도 실제적으로는 의식으로부터 사라지는 이유는 무엇인가? 후설은 이와 관련하여 '시간적 원근법'에 주목한다. 파지에 대한 분석은 파지된 것들이 현행적 현재에서 멀어질수록 흐려지고 응축되는 현상을 관찰한다. 이러한 현상이 시간적 원근법인데, 그것은 공간적 원근법과 유사성을 가지고 있다. 공간적 원근법에 따르면 대상들은 관찰자의 시선에서 멀어질수록 흐려지고 응축되다가 어느 점에 이르면 더 이상 지각되지 않는다. 이와 유비적으로 시간적 관점에 따르면, 파지된 것들은 현재에서 가까울수록 뚜렷할 뿐 아니라(명석성) 서로 잘 분간되고(판명성), 현재에서 멀수록 응축되어 흐리고 서로 잘 구별되지 않으며, 어느 지점에 이르면 마침내 의식 아래로 잠기면서 망각된다. 그러나 이처럼 망각된 대상도 이후 회상에 의해 다시 활성화될 수 있다.

이처럼 내재적 대상에 대한 인상의 변양으로서의 파지는 대상 구성의 전제가 된다. 파지를 통한 대상에 대한 지속적인 경험이 없다면, 어떠한 대상도 의식될 수 없으며 따라서 (지향성의 관점에서 보면) 존재할 수 없다. 앞서 예로 든 선율에 대한 경험은 이러한 사실을 명료하게 보여 준다. 어떤 선율이 흐를 때, 우리는 그때그때 들리는 각 음들만을 듣는 것이 아니라, 선율을 듣는다. 그러면 우리가 이처럼 선율을 듣는 일이 어떻게 가능할까? 그를 위해서는 적어도 다음과 같은 두 가지 조건들이 구비되어야 한다. 첫째, 우리는 이미 지나간 음들을 잠시 의식에 붙들 수 있어야 한다. 그렇지 않다면 선율이 아니라 다만 그때그때 현전하는 개별 음들만을 들을 것이다. 둘째, 이때 우리가 잠시 의식에 붙드는 음들은 아무 변양 없이 남아 있는 것은 아니다. 만일 지나간 음들이 아무 변양 없이 지각 표상으로서 남아 있다면 어떤 일이 일어날까? 우리는 동일한 시간 성질을 지닌 채 나타나는 현재의 음과 지나간 음들을 한꺼번에 가질 것이며, 이 음들은 운이 좋으면 듣기 좋은 화음으로, 대개는 불협화음으로 들릴 것이다. 따라서 우리는 음들이 순차적으로 나타나는 선율을 지각하지 못할 것이다. 그러므로 우리가 선율을 듣기 위해서는 막 지나간 음들이 의식에 잠시 붙들려 있되, 그 시간 성질이 변화된 채 남아 있어야 하는데, 이것을 가능하게 해 주는 것이 바로 파지이다.

예지(豫持)

우리가 어떤 선율을 들을 때, 지금 울리는 음에 대한 인상과 이미 들은 음들에 대한 파지들뿐 아니라, 앞으로 들릴 음들에 대한 예지들도 지속적으로 나타난다. 음악을 들을 때는 파지들을 통해 "방금" 의식에 현출했던 것을 유지할 뿐 아니라, 예지들을 통해 "곧" 의식에 현출할 것을 예기한다. 앞서 예로 든 도-미-솔-도로 이루어진 선율의 경우 내가 도 음을 들을 때 나는 그 다음에 어떤 음인가가 나타날 것으로 기대하며, 그 후 미 음, 솔 음, 도 음을 들을 때도 마찬가지이다. 이미 익숙한 선율일 경우 이러한 예지는 이후 대부분 '충족'될 것이며, 처음 듣는 선율일 경우 '실망'을 겪는 경우도 많을 것이다. 그러나 처음 듣는 선율일지라도 우리는 이미 익숙한 선율의 유형들에 기초해 예지를 가질 수 있다.

그러나 예지는 우리가 예로 든 선율 경험의 경우에만 확인할 수 있는 것은 아니다. 우리의 모든 경험은 예지를 구성요소로서 가지고 있다. 물론 어느 경우에나 예지는 충족될 수도 있고 실망을 겪을 수도 있다. 가령 우리는 진열장의 마네킹을 볼 때 이 마네킹이 움직이지 않을 것이라는 암묵적 예지를 가지고 있다. 그런데 이 마네킹이 실은 진열장을 정리하는 사람이었고 갑자기 움직인다면 우리의 예지는 실망을 겪는다. 혹은 우리는 문을 열 때 그 문 뒤에 어떤 공간이 있을 것이라고 암묵적으

로 예지한다. 그런데 문을 열었는데 그 뒤가 벽으로 막혀 있다면, 우리
의 예지는 실망을 겪고 나아가 우리는 놀라움을 느낄 것이다. 실망의 한
양상으로서의 이러한 놀라움은 바로 우리가 이미 어떤 예지를 가지고
있었음을 분명하게 알려 준다. 이러한 비교적 예외적인 실망 혹은 놀라
움의 현상은 역설적으로, 인상이 대개의 경우 예지를 충족시키며 나타
남을 보여 준다. 다시 말해, 생활세계에서 우리의 경험들은 대부분 이러
한 놀라움을 주지 않는데, 이처럼 이미 익숙한 경험들은 예지 연속체에
대한 지속적 충족이라고 말할 수 있다.

인상(印象)

그런데 파지와 예지가 존재할 수 있는 이유는 인상으로서의 감각이
존재하기 때문이다. 감각이란 현재 내 앞에 존재하는 내재적 대상에 대
한 직접적인 경험이다. 앞서 예로 든 선율의 경우 도 음, 미 음, 솔 음,
도 음 각각이 울려 퍼질 때 그것들 각각이 울려 퍼지는 순간 그것들 각
각에 대한 직접적 경험이 인상이다. 바로 내재적 대상에 대한 직접적
경험으로서의 인상이 다음 순간 파지로 이행하고 이 파지가 다시 파지
로 지속적으로 이행하게 되는데, 이는 원칙적으로 무한히 반복될 수 있
다. 그리고 바로 이러한 인상이 존재하기 때문에 그를 토대로 지금은
직접적으로 경험되지 않지만 다음 순간 직접적으로 경험될 음에 대한
예지가 등장하는 것이며, 이 예지가 인상으로 이행하면 그 순간 이 새
로운 인상에 토대를 두고 새로운 예지가 등장하는데, 이는 원칙적으로
무한히 반복될 수 있다.

그러면 이제 파지, 인상, 예지로 이루어진 내재적 시간으로부터 객관
적 시간이 구성되는 과정을 살펴보자. 이를 해명하기 위해서는 구성에
대한 쌓아가기 방법이 필요하다. 후설은 8절-13절에서 내재적 시간의
식에 대해 분석한 후 14절-33절에서 객관적 시간의 구성에 대해 분석

한다. 객관적 시간의 정체를 이해하기 위해서는 구성의 쌓아가기 방법을 통해 감각내용으로서의 음에 파악작용이 가해져 지각대상으로서의 음이 구성되는 과정을 살펴볼 필요가 있다. 감각내용으로서의 음에 파악작용이 가해지면 그것은 지각대상으로 탈바꿈한다. 바로 이 지각대상의 시간이 객관적 시간이다. 지각대상의 시간인 객관적 시간의 구성과 관련해 후설은 다음과 같이 적고 있다.

> 그러나 시간의식이 이처럼 끊임없이 변화함에도 불구하고, 이제 어떻게 객관적 시간이라는 의식이, 그리고 그보다 먼저 동일한 시간위치와 시간연장이라는 의식이 현출하는가? 대답은 이렇다. 이러한 의식이 현출하는 것은 시간적으로 뒤로 밀려나는 흐름에도 불구하고, 즉 의식 변양들의 흐름에도 불구하고, 뒤로 밀려 현출하는 대상은 통각될 때 바로 절대적 동일성을 유지하며, 나아가 지금점에서 경험되는, "이것"의 정립까지 모두 포함하여 절대적 동일성을 유지함을 통해서이다. 끊임없는 흐름 속에서 일어나는 파악의 변양은 파악의 "무엇임", 즉 의미와는 아무런 관계도 없다. 이러한 변양은 새로운 대상과 새로운 대상 위상을 의향하거나 새로운 시간점들을 산출하지 않으며, 다만 동일한 시간점을 지닌 동일한 대상을 계속해서 의향한다. 각각의 현행적인 지금은 모두 새로운 시간점을 낳는데, 그 이유는 그것이 새로운 대상을, (보다 정확히 말하자면) 새로운 대상점을, 즉 변양 흐름에서도 하나의 동일한 개체적 대상점으로 유지되는 새로운 대상점을 만들기 때문이다. (31절)

이 구절에 나타나 있듯이 파지, 인상, 예지 속에서 경험될 수 있는 감각내용에 파악작용이 가해져 감각내용이 자기동일성을 지닌 객관적 대상으로 "통각될" 때, 즉 객관적 대상으로 구성될 때 선경험적 시간(내재적 시간)으로부터 객관적 시간이 구성된다. 여기서 우리는 선경험적 시간(내재적 시간)이 바로 감각내용들의 시간이요, 객관적 시간이 객관적 대상의 시간이라는 사실에 주목할 필요가 있다. 따라서 감각내용을 토대로 객관적 대상이 구성되는 과정은 다름 아닌 선경험적 시간(내재적 시간)을 토대로 객관적 시간이 구성되는 과정인 것이다.

　여기서 우리는 객관적 대상을 향하고 있는 통각작용으로서의 파악작용이 두 가지 유형의 지향성을 가지고 있다는 사실에 유의할 필요가 있다. 그 하나는 객관적 대상의 내용을 향한 지향성이며 다른 하나는 객관적 대상의 객관적 시간위치를 향한 지향성이다. 어떤 음에 대한 지각을 예로 들어 이 점을 살펴보자. 내가 과거에 울려 퍼진 음을 그 당시 감각내용이 아니라, 파악작용을 통해 객관적 대상으로 파악하였고 현재 그에 대해 기억하고 있다고 가정하자. 나는 과거 시점에서는 음에 대한 지각작용을 가지고 있었지만 현재 시점에서는 음에 대한 기억작용을 가지고 있다. 그런데 나는 과거 시점뿐 아니라, 현재 시점에서도 음을 향한 서로 다른 두 가지 지향성을 가지고 있다. 우선 과거 시점의 경우 나는 객관적인 음의 내용을 향한 지향성을 가지고 있다. 예를 들어 나는 그 음을 바이올린 음으로, 도 음으로 파악할 수 있다. 그러나 나는 이 동일한 과거 시점에 음을 지금 울려 퍼지는 음으로 의식하면서 지향하고 있었다. 여기서 알 수 있듯이 과거 시점에 나는 음을 의식하면서 음의 내용을 향한 지향성과 음의 시간적 성격을 향한 지향성을 가지고 있는 것이다. 이와 마찬가지로 나는 이 동일한 음을 현재 시점에 기억할 경우에도 그를 향한, 서로 구별되는 두 가지 지향성을 가지고 있다. 그 하나는 이 음의 내용을 향한 지향성, 즉 바이올린 음, 도 음 등을 향한 지향성이며 다른 하나는 이 음의 시간적 성격을 향한 지향성, 즉 과거에 울려 퍼졌던 음으로서의 그 음을 향한 지향성이 그것이다. 파악작용이 가지고 있는 이러한 두 가지 유형의 지향성에 대해 후설은 다음과 같이 기술한다.

대상에 대한 파악 전체(Gesamtauffassung)는 두 요소를 포함한다. 하나의 요소는 대상을 그 시간외적 규정들에 있어 구성하고, 다른 하나의 요소는 시간위치, 지금임, 지나갔음 등을 형성한다. 시간질료(Zeitmaterie)로서의 대상, 즉 시간위치와 시간연장을 가지는 것으로서의 대상, 다시 말해 지속하거나 변화하며, 지금 있는 것이고 그 다음에는 있었던 것으로서의 대상은 순수하게 파악내용에 대한 대상화에 의해, 그러니까 감각대상의 경우에는 감각내용에 대한 대상화에 의해 현출한다. 이때 우리는 이 내용이 그래도 [그 자체로 이미] 시간대상이라는 사실, 근원인상 및 파지들의 연속체로서 서로 순차적으로 산출된다는 사실, 그리고 감각자료가 지니는 이러한 시간 음영이 그 감각자료를 매개로 구성되는 대상의 시간규정에 대해 나름의 의미를 지닌다는 사실을 간과하지 않는다. 그러나 사물의 성질을 순수한 무엇임의 관점에서 재현한다고 하는 파악자료의 특성에 있어서 파악자료의 시간성격은 아무런 역할도 하지 않는다. (30절)

이처럼 감각내용에 파악작용이 가해져 객관적 대상이 구성되면서 현재, 과거, 미래 등의 객관적 시간이 구성된다. 그런데 현재, 과거, 미래는 서로 분리할 수 없이 밀접하게 결합되어 있다. 현재는 과거, 미래가 없이는 현재로서 존재할 수 없고, 과거는 현재, 미래가 없이는 과거로서 존재할 수 없으며, 마찬가지로 미래 역시 현재, 과거가 없이는 미래로서 존재할 수 없다. 그런데 이처럼 과거라는 객관적 시간, 현재라는 객관적 시간, 미래라는 객관적 시간은 과거에서 현재를 거쳐 미래로 흘러가는 객관적인 "시간연관"(Zeitzusammenhang, 25절) 안에서만 존재할 수 있다. 따라서 현재라는 객관적 시간, 과거라는 객관적 시간, 미래라는 객관적 시간이 구성되는 과정은 동시에 객관적인 시간연관이 구성되는 과정을 뜻한다. 말하자면 현재라는 객관적 시간, 과거라는 객관적 시간, 미래라는 객관적 시간을 향한 의식이 작동함과 동시에 객관적 시간연관을 향한 의식이 작동하는 것이며 그 역도 타당한데, 이 점에 대해 후설은 다음과 같이 기술하고 있다.

> 이제 시간대상의 경우 "하나의" 시간연관 속에서 다양한 [시간]위치를 가질 수 있는 지속과 함께 그의 내용을 그의 시간위치와 구별해 보면, 우리는, 지속하는 존재의 재생에서, 채워진 지속의 재생 이외에도 위치 관련 지향들도 가지게 되는데, 그것도 필연적으로 그렇다. 하나의 지속은, 시간연관 안에서 정립되지 않으면, [즉] 시간연관 지향이 없으면, 전혀 표상될 수 없고, (더 적절하게 말한다면) 정립될 수 없다. 이때 이 지향들은 필연적으로 과거지향이라는 형태를 가지고 있거나 미래지향이라는 형태를 가지고 있다. 이처럼 채워진 지속을 향하는 지향과 그 시간위치를 향하는 지향이라는, 지향의 이중성에 이중적 충족이 대응한다. [이중적 지향성 중] 지나간 지속 대상의 현출을 형성하는 전체 지향 복합체는 지속하는 동일한 것에 속하는 현출들의 체계 속에서 충족될 수 있다. [이에 비해 이중적 지향성 중] 시간 안에서의 연관지향들은 [재생되는 과거부터] 현행적 현재까지 이르면서 충족된 연관들을 형성함으로써 충족된다. (25절)

이처럼 객관적 시간연관의 구성은 현재라는 객관적 시간의 구성, 과거라는 객관적 시간의 구성, 미래라는 객관적 시간의 구성과 등근원적이다. 현재, 과거, 미래 등의 객관적 시간이 구성되었다 함은 객관적 시간연관이 구성되었음을 뜻하며 동시에 객관적 시간연관이 구성되었다 함은 현재, 과거, 미래가 구성되었음을 뜻한다. 바로 이러한 이유에서 후설은『내적 시간의식의 현상학 강의』2장 8절-13절에서 구성의 헐어내기 작업을 통해 내재적 시간의식에 대해 분석한 후 14절-33절에서 구성의 쌓아가기 작업을 통해 객관적 시간의 구성에 대해 분석하면서 이차적 기억으로서의 회상, 현전적 의식으로서의 지각, 다가올 것에 대한 의식으로서의 예상 등의 의식을 분석하고 그와 결합되어 현출하는 현재, 과거, 미래 등의 객관적 시간에 대해 분석한다.

그러나 객관적 시간연관은 지금까지 살펴본 회상의 시간인 과거, 지각의 시간인 현재, 예상의 시간인 미래만을 포함하는 것이 아니다. 회상, 지각, 예상뿐 아니라 "상상"(Phantasie), "이미지 의식"(Bildbe-wusstsein), "현재기억"(Gegenwartserinnerung) 등도 객관적 대상에 대한 경험방식이며, 따라서 그것들 역시 나름의 방식으로 객관적 시간을 의식하는 경험이다. 따라서 객관적 시간의 정체를 총체적으로 해명하기 위해서는 회상, 지각, 예상 등의 의식 방식 이외에 객관적 대상을 의식하는 경험에 대해 분석할 필요가 있다. 바로 이러한 이유에서 후설은 "상상"(23절), "이미지 의식"(28절), "현재기억"(29절) 등 다양한 의식에 대해 분석하면서 그와 연관된 서로 다른 객관적 시간들도 해명하고자 시도한다. 물론 후설은『내적 시간의식의 현상학 강의』에서 그에 대해 상세하게 분석하지 않는다. 대개는 간단하게 언급하고 지나가며 이미지 의식의 경우는 이미지 의식만 간단히 언급할 뿐, 그와 연관된 객관적 시간에 대해서는 전혀 분석하지 않고 있다. 우선 상상에 대해 살펴보자.

상상이란 현실적으로 존재하지 않는 대상을 떠올리는 의식이다.[18] 우리는 상상 속에서 시간적인 대상을 떠올릴 수 있다. 예를 들어 우리는『백설공주』에서 백설공주가 일곱 난쟁이를 처음 만나는 장면을 읽어 나

---

[18] 후설은『내적 시간의식의 현상학 강의』의 23절에서는 상상의 시간의식에 대해 간단히 언급하고 있지만 부록 2,「재현과 상상 — 인상과 이미지작용」에서 그에 대해 자세하게 분석한다.

가면서 이 장면을 선경험적 시간(내재적 시간)이 아니라, 객관적 시간 속에서 떠올릴 수 있다. 이처럼 상상이 현재 눈앞에 있지 않은 것을 떠올리는 의식이라는 점에서 그것은 회상, 즉 기억과 유사한 구조를 가지고 있다. 그러나 상상은 기억과 다른 구조를 가지고 있으며 상상의 시간 역시 기억의 시간과는 전혀 다른 구조를 가지고 있다. 그 이유는 상상의 시간이 현실적인 객관적 시간과 연결되어 있지 않다는 데 있는데, 이 점에 대해 후설은 다음과 같이 기술한다.

> 이 질문에 답하기 위해서는 우리가 지금까지 넌지시 비추기만 했던 구별을, 다시 말해 시간적으로 연장된 대상에 대한 한낱 상상과 회상 사이의 구별을 해야 한다. 한낱 상상에서는 재생된 지금에 대한 정립도 주어지지 않고 재생된 지금과 지나간 지금의 합치도 주어지지 않는다. 이에 반해 회상은 재생된 것을 정립하고 이러한 정립에서 그 재생된 것에 [시간]위치를 부여하는데, 이 위치는 현행적 지금과의 관계에서의 위치이며, 회상함 자체가 속하는 [현재의] 원본적 시간장 영역과의 관계에서의 위치이다. 오직 원본적 시간의식 속에서만, 하나의 재생된 지금과 하나의 과거 간의 관계가 설정될 수 있다. (23절)

　이미지 의식이란 회화 감상, 조각 감상, 사진 감상의 경우처럼 현실적으로 지각되는 어떤 대상을 매개로 그 배후에 있는 대상을 경험하는 의식이다. 어릴 적 친구와 함께 찍은 사진을 보면서 그 당시 모습을 떠올리는 의식이 그 대표적인 예에 해당한다. 이미지 의식은 나름의 시간의식을 가지고 있다. 예를 들어 어릴 적 친구와 함께 찍은 사진을 보면서 그 당시 모습을 떠올릴 때 나는 과거의 객관적 시간에 대한 의식을 가지고 있다. 사진 지각에서 경험되는 대상들의 객관적 시간은 현재 내가 현실적으로 경험하는 객관적 시간의 연관 속으로 편입된다. 그러나 모든 이미지 의식이 향하고 있는 대상들의 시간이 내가 현실적으로 경험하는 시간 속으로 편입될 수 있는 것은 아니다. 예를 들어 신화를 주제로 한 회화에 대한 감상의 경우 신화 속에서 전개되는 객관적인 시간은 현실적인 시간 속으로 편입될 수 없다. 여기서 알 수 있듯이 우리는 다양한 유형의 이미지 의식을 분석하면서 그를 통해 경험되는 다양한 유형의 객관적 시간을 분석할 필요가 있다. 그러나 후설은 『내적 시간의식의 현상학 강의』에서 그에 대한 분석을 거의 수행하지 않았다. 그는 28절에서 기억의 시간성을 분석하면서 이미지 의식에 대해 다음과 같이 간단히 언급하고 있다.

> 여기에서 다루어진 것[기억]이 어떤 유형의 재현인지에 대해 고찰할 필요가 있다. 여기서 문제가 되는 것은 이미지(회화, 흉상 등) 의식의 경우처럼 비슷한 대상을 매개로 하는 재현이 아니다. 이러한 이미지 의식과 달리, 재생은 [대상의] 자체재현(Selbstvergegenwärtigung)이라는 성격을 가진다. 재생은 또다시 정립하지 않는지("한낱" 상상들), 아니면 정립하는지에 따라서 나누어진다. 그리고 정립 재생에는 이제 시간성격이 덧붙여진다. 기억은 과거라는 의미에서의 자체재현이다. 현재 일어나는 기억은 지각과 매우 유비적인 현상이며, 현재 일어나는 기억과 그에 대응하는 [과거의] 지각에서 대상의 현출은 같으나, 다만 기억에서 대상의 현출은 변양된 성격을 가지게 되는데, 이 성격 때문에 대상은 현재 있는 것이 아니라 현재였던 것으로 있게 된다.

현재기억이란 현재 눈앞에 존재하지는 않지만 어딘가에 존재하는 것을 떠올리는 의식이다. 예를 들어 서울에 있는 사람이 이전에 방문한적이 있는 외국의 어느 한 도시에 있는 건물에서 현재 화재가 났다는 소식을 전해 듣고 그 장면을 떠올리는 경우가 여기에 해당한다. 현재기억 역시 현재 눈앞에 존재하지 않는 대상을 떠올린다는 점에서 기억과 유사한 구조를 가지고 있다. 그럼에도 불구하고 그것은 기억과 다른 구조를 가지고 있는데, 그 이유는 그 안에서 경험되는 대상의 객관적 시간이 기억 안에서 경험되는 대상의 시간처럼 과거라는 객관적 시간으로 경험되지 않고 현재라는 객관적 시간으로 경험되기 때문이다. 후설은 현재기억의 구조에 대해 다음과 같이 기술한다.

> 나는 또한 어떤 현재의 것을 지금 내 앞에 생생하게 가지지 않더라도, 이전 지각들을 토대로 해서든, 그에 대한 기술 등을 통해서든, 지금 존재하는 것으로 표상할 수 있다. 전자의 경우[이전 지각들을 토대로 하는 경우] 나는 기억(Erinnerung)을 가지지만, 이 기억되는 것이 현행적 지금까지 지속되고 있다고 여긴다. [그러나 물론] 나는 이 지속에 대해 내적으로 기억되는 "현출"을 가지지는 않는다. 나는 "기억 이미지"를 이용하지만, 기억되는 것을, 내적 기억의 대상성으로서, 그에 귀속되는 그의 지속 안에서 정립하지 않는다. 지속하는 것은 이러한 현출에서 현시되는 것으로서 정립되며, 우리는 현출하는 지금, 늘 새로운 지금 등등을 정립하지만, 그러나 그것을 "과거의 것"으로서 정립하지 않는다. (29절)

이처럼 구성의 쌓아가기를 통해 지각, 기억, 예상, 상상, 이미지 의식, 현재기억 등 다양한 유형의 의식에서 경험되는 객관적 시간을 분석한 후[19] 후설은 2장 마지막 부분인 33절에서 지금까지의 분석을 토대로

---

19 앞서 언급하였듯이 후설은 『내적 시간의식의 현상학 강의』에서 이미지 의식에서

"몇 가지 선험적 시간법칙"을 제시한다. 이처럼 "몇 가지 선험적 시간 법칙"을 제시하는 작업은 구성의 쌓아가기의 마지막 작업이라 할 수 있다. 이러한 법칙은 모두 다양한 유형의 시간에 대한 명증적인 파악에 토대를 두고 있는데, 그 대표적인 예로는 다음의 것들을 들 수 있다. "시간위치들 사이에 거리가 존재한다.", "a가 b보다 먼저라면 b는 a보다 나중이다.", "시간은 시간위치들의 연속체이며 그 시간을 채우는 대상성들이 때로는 동일하고 때로는 변화한다.", "과거변양들의 흐름에서, 그리고 하나의 지금, 창조적 시간점, 시간위치 일반의 원천점 자체가 끊임없이 분출하는 가운데, 절대적 시간의 동질성이 폐기할 수 없이 구성된다."

3) 헐어내기의 심화와 쌓아가기를 통한 현상학적 시간론의 심화

후설은 『내적 시간의식의 현상학 강의』의 3장, 즉 34절-45절에서 헐어내기를 심화하고 쌓아가기를 하면서 현상학적 시간론을 심화시켜 나간다. 이러한 작업을 위해 그는 우선 34절에서 앞서 살펴본 구성의 3단계에 대해 논의하면서 "절대적인 시간구성적 의식흐름"이 가장 근원적인 차원의 구성단계임을 확인한다. 거기에 이어 그는 35절-39절에서 "절대적인 시간구성적 의식흐름"에 대해 분석한 후 40절-45절에서 이러한 의식흐름으로부터 어떻게 선경험적 시간(내재적 시간)이 구성되고 더 나아가 객관적 시간이 구성되는지 해명하면서 시간구성의 쌓아가기 작업을 수행한다.

앞서 언급하였듯이 후설은 절대적인 시간구성적 의식흐름에서 작동하는 시간성을 선현상적 시간성, 선내재적 시간성이라 부른다. 이러한 시간성의 정체를 이해하기 위해서는 "절대적인 시간구성적 의식흐름"의

경험되는 객관적 시간에 대해서는 전혀 분석하지 않았다.

구조를 이해해야 한다. 이러한 의식흐름의 정체를 올바로 이해하기 위해서는 앞서 살펴본 파악작용-감각내용의 도식을 다시 한번 살펴볼 필요가 있다. 파악작용-감각내용의 도식에 따르면 파악작용이 감각내용을 해석하면서 객관적 대상이 구성된다. 객관적 대상의 층에 대한 헐어내기를 통해 감각내용의 층에 도달하고 거기서 한 걸음 더 나아가 감각내용의 층에 대한 헐어내기를 통해 도달하는 층이 바로 파악작용의 층인데, 바로 이러한 파악작용의 층이 다름 아닌 절대적 의식흐름의 층이다.

　절대적 의식흐름의 층은 감각내용, 객관적 대상 등 구성된 통일체들과 본질적으로 구별된다. 후설은 앞서 8절에서 객관적 시간과 그를 향한 객관적 시간의식의 층에 대한 헐어내기를 통해 선경험적 시간(내재적 시간)과 그를 향한 선경험적 시간의식의 층에 도달한 후 후자의 구조를 분석하고자 시도하고 있으나, 그 과정에서 절대적 의식흐름의 층에 대한 분석도 함께 시도하고 있다. 8절-13절에서 수행된 시간의식의 분석은 양자를 명료하게 구별하지 않은 채 수행된다는 점에서 다소 문제점을 안고 있다. 이제 후설은 34절에서 세 가지 차원의 구성의 층을 명료하게 구별하고 그를 통해 헐어내기 작업을 철저하게 수행하면서 35절부터 감각내용 등 구성된 통일체와 비교하면서 구성하는 흐름의 정체를 해명하고 그를 토대로 선현상적 시간성의 구조를 해명한 후 다시 쌓아가기 작업을 통해 선현상적 시간성(선내재적 시간성)으로부터 선경험적 시간(내재적 시간), 객관적 시간이 등장하는 과정을 해명하고자 시도한다.

　감각내용이든 객관적 대상이든 구성된 통일체는 "동일자"라는 성격을 가지며 이처럼 동일자라는 성격을 가지기 때문에 그것은 원칙적으로 변화하거나 변화하지 않는다. 그러나 구성된 통일체와는 달리 의식흐름은 동일자라는 성격을 가지지 않은 채 끊임없이 변화한다. 말하자면 이 의식흐름은 그 어떤 두 순간에 있어서도 동일하지 않으며 부단히

변화한다. 마치 똑같은 강물에 두 번 들어갈 수 없듯이 의식흐름의 그
어떤 두 순간도 동일한 것으로 경험될 수 없다. 이러한 의식흐름을 후
설은 다음과 같이 기술한다.

> 이제 우리가 이와 비교하면서, 구성하는 현상들[절대적 의식]을 고찰
> 하면, 하나의 흐름을 발견하며, 이 흐름의 각 위상은 음영 연속체이다.
> 그러나 [개체 존재와는 달리] 원칙적으로 이 흐름의 어떠한 위상도 연
> 장되어 연속적 잇따름이 될 수 없으며, 말하자면 이러한 흐름 위상이 자
> 기 자신과의 동일성을 향해 연장되는 방식으로 이러한 흐름을 그렇게
> 변화시켜 생각해 볼 수 없다. 그와 정반대로, 우리는 원칙적이고 필연적
> 으로 끊임없는 "변화"의 흐름을 발견하며, 이 변화는 바로 그것이 진행
> 되는 그대로 진행되며 "더 빠르게"도 "더 느리게도" 진행될 수 없다는,
> 이치에 어긋나는 특징을 지닌다. 그렇다면 이 흐름에는 변화하는 그 어
> 떤 대상도 결여되어 있으며, 모든 사건 속에서 "어떤 것"이 일어나고 있
> 다고 하면, 여기 구성하는 이 흐름은 그 어떤 사건이 아니다. 여기에는
> 변화하는 그 어떤 것도 없고, 그래서 또한 지속하는 그 무엇에 대해서도
> 의미 있게 말할 수 없다. 그러므로 지속 안에서 한 번도 변하지 않는 그
> 무엇을 여기서 찾고자 하는 것은 무의미하다. (35절)

　이러한 흐름은 사건이나 대상이 아니기 때문에 그것은 그 어떤 이름
으로도 불릴 수 없다. 그 이유는 일상적으로 흐름이라 부르는 것은 구성
된 것으로서 동일성을 지니는 대상이나 사건이기 때문이다. 따라서 저
의식흐름은 비유적으로만 흐름이라 불릴 수 있지 진정한 의미에서는 흐
름이라 불릴 수도 없는 것이다. 실제로 그것은 구성된 것을 지칭하는 그
어떤 이름으로도 불릴 수 없는 것이다. 모든 구성된 것들을 상대적인 것

이라 부를 수 있다면 그것은 모든 상대적인 것의 구성적 토대가 되기 때문에 절대적 특성을 지니며 바로 이러한 이유에서 후설은 그것을 "절대적 주관성인 시간을 구성하는 흐름"이라 부르면서 다음과 같이 기술한다.

> 우리는 다음과 같이 말할 수밖에 없다. 우리는 구성된 것에 빗대어 그것을 흐름이라고 부르는 것이지만, 그러나 그것은 시간적으로 "객관적인 것"이 아니다. 그것은 절대적 주관성이며, 비유를 통해 "흐름"이라고 지칭될 수 있는 어떤 것이 지니는 절대적 특성들, 다시 말해, 그것은 현행적 점에서, 근원원천 점에서, "지금"에서 분출하는 것이 지니는 절대적 특성들을 가진다. 우리는 현행적 체험에서는 원천점을 가지고 있고 여운 계기들의 연속체를 가지고 있다. 우리에게는 이 모든 것을 부를 이름이 없다. (36절)

이처럼 근원적인 의식흐름이 그 어떤 이름으로 불릴 수 없음에도 불구하고 현상학은 그의 구조를 해명하면서 그의 시간성을 해명하려 시도해야 한다. 그런데 근원적인 의식흐름은 파지-근원인상-예지의 연속체라는 구조를 가지고 있다. 이러한 사실을 이해하기 위해 우리는 이 흐름이 "하나의 지금, 즉 하나의 현행적 위상을 지니고, 파지들 안에서 지금 의식되는 과거들의 연속체를 가지고"(36절) 있다는 사실에 유의할 필요가 있다. 현상학적 반성을 통해 알 수 있듯이 의식흐름은 현행 위상을 가지고 있으며 이러한 현행 위상은 곧바로 파지로 밀려나면서 새로운 현행 위상과 떼려야 뗄 수 없이 결합되어 있으며 이러한 새로운 현행 위상 역시 파지로 밀려나면서 한편으로는 새로운 현행 위상과 떼려야 뗄 수 없이 결합되고 다른 한편으로는 방금 전의 파지와 떼려야 뗄 수 없이 밀접하게 결합되어 있다. 말하자면 근원적 의식흐름의 현행 위상과 파지들은 연속체를 이루고 있으며 후설은 현행 위상과 파지들의 연속체를 현행 위상과 파지들의 "흐르는 이전-동시"(fluxionales Vor-Zugleich)(38절)라 부른다. 그런데 이처럼 "흐르는 이전-동시"를 향한 선반성적 의식이 존재하며, 바로 이러한 의식을 통해 의식흐름의 통일체가 "일차원적이고 준시간적인(quasi-zeitlich) 질서"(39절)로 구성되어 의식된다. 후설은 이처럼 의식흐름 안에서 확인할 수 있는 이러한 "준시간적인 질서"를 선현상적 시간성(선내재적 시간성)이라 부른다. 이러한 선현상적 시간성은 선반성적 차원에서 의식흐름이 흘러갈 경우 의식흐름의 형식으로 작동하는 시간성으로서 그것은 현상학적 반성을 통해 그 정체가 명료하게 드러날 수 있다.

"일차원적이고 준시간적인 질서"로서의 선현상적 시간성(선내재적 시간성)은 파지, 근원인상, 예지라는 구성요소를 가지고 있다. 그런데 의식흐름이 연속성을 가지고 있기 때문에 그의 시간성인 선현상적 시간성(선내재적 시간성)의 구성요소들인 파지, 근원인상, 예지 역시 연속성을 가지고 있다. 말하자면 파지라는 위상은 근원인상의 위상과 떼려야 뗄 수 없이 연속적으로 결합되어 있고, 근원인상의 위상 역시 예지와 떼려야 뗄 수 없이 연속적으로 결합되어 있다. 그리고 이러한 파지작용을 통해 파지된 것, 근원인상작용을 통해 경험된 것, 예지 작용을 통해서 예지된 것도 연속적으로 결합되어 있다.

이처럼 근원적인 의식흐름의 구조로서의 파지-근원인상-예지의 연속체는 앞서 살펴본 선경험적 시간(내재적 시간)의 차원에서 확인할 수 있었던 파지-인상-예지의 연속체와는 구별된다. 선경험적 시간(내재적 시간)의 차원에서 확인할 수 있는 파지-인상-예지의 경우 파지되는 것, 인상적으로 경험되는 것, 예지되는 것은 일정한 시간연장을 지니는 내재적 대상으로서의 음이며, 그에 대응해 선경험적 시간(내재적 시간)의 차원에서의 파지, 인상, 예지 각각 역시 일정한 시간연장을 가지고 있다. 그러나 근원적인 의식흐름의 계기로서의 파지, 근원인상, 예지는 그 어떤 시간연장도 가지고 있지 않다. 그것들 각각은 "위상"(Phase)으로서만 존재하며 매 순간 예지에서 근원인상으로, 근원인상에서 파지로의 부단한 변화가 일어난다.

바로 이 점에서 선현상적 시간성(선내재적 시간성)은 내재적 대상의 시간성인 선경험적 시간성(내재적 시간성)과 구별된다. 내재적 대상의 경우에도 『내적 시간의식의 현상학 강의』의 10절 전후에서 그랬듯이 우리가 그것을 근원적 의식흐름의 "경과현상"(Ablaufsphänomen) 속에서 고찰하면 파지된 내재적 대상, 근원인상 속에서 감각된 내재적 대상, 예지된 내재적 대상은 위상으로 파악되며 따라서 그것들은 근원적 의식흐름의 파지-근원인상-예지의 연속체처럼 연속적으로 결합되어 있다고 할 수 있다. 그러나 내재적 대상의 경우 그것을 "경과양상들" 속에서 고찰하지 않을 수 있는 가능성이 존재하며, 이 경우 파지된 내재적 대상, 인상 속에서 감각된 내재적 대상, 예지된 내재적 대상은 시간적 연장을 지니며 따라서 그것들은 연속적으로 결합되어 있지 않고 연속체를 구성할 수 없다. 이와는 달리 근원적인 의식흐름의 선시간성 속에서 경험되는 파지된 것, 근원인상 속에서 주어진 것, 예지된 것은 언제나 분리할 수 없는 연속체를 이루며 따라서 그것들은 시간적 연장을 지닌 것으로서 경험될 수 없다.

이러한 선현상적 시간성(선내재적 시간성)은 선경험적 시간(내재적 시간)뿐 아니라, 객관적 시간의 구성적 원천이다. 이제 남은 과제는 쌓아가기의 방법을 통해 이러한 시간성으로부터 선경험적 시간(내재적 시간)뿐 아니라 객관적 시간이 구성되는 과정을 해명하는 데 있다. 이러한 작업은 선현상적 시간성(선내재적 시간성)의 구성에 대한 논의를 마무리하고 "구성된 내재적 내용들"(40절)에 대한 논의가 시작되는 40절부터 본격적으로 시작되지만 부분적으로는 그 이전에도 이루어지고 있다.

절대적 주관성의 의식흐름에서 파지-근원인상-예지의 연속적 통일
체인 선현상적 시간성(선내재적 시간성)이 작동하면서 감각내용을 비
롯한 "내재적 내용들"(40절)이 구성된다. 이는 절대적 주관성의 의식흐
름이 파지-근원인상-예지의 연속체를 구성해 나갈 뿐 아니라, 이러한
연속체를 구성해 나가면서 동시에 대상적인 것을 구성하기 때문이다.
이와 관련해 후설은 절대적 의식흐름에서 두 가지 서로 다른 지향성이
동시에 작동한다고 말하는데, 그것은 바로 "횡단지향성"(Querinten-
tionalität)과 "종단지향성"(Längsintentionalität)이다. 절대적 의식흐름
에는 우선 "흐르는 이전-동시" 안에서 현행 위상으로부터 이 위상과 연
속체를 이루는 파지들로 지향성이 향하는데, 이러한 지향성이 종단지향
성이다. 이러한 종단지향성 때문에 파지-현행 위상-예지로 이어지는
의식흐름의 선현상적 시간성, 선내재적 시간성이 구성될 수 있다. 다른
한편 절대적 의식흐름에는 감각내용을 향한 지향성이 존재하는데, 이러
한 지향성이 횡단지향성이다. 이처럼 횡단지향성이 감각내용을 향하고
있기 때문에 그것은 감각내용의 시간인 선경험적 시간(내재적 시간)의
구성적 원천임이 드러난다.

횡단지향성이 감각내용을 어떻게 구성하느냐 하는 문제는 현상학적
시간론이 해결해야 할 가장 중요한 문제 중의 하나이다. 후설은 『내적
시간의식의 현상학 강의』에서 그에 대한 분석을 부분적으로 시도한다.
예를 들어 그는 40절에서 이 문제를 해명하려 시도하고 있다. 그러나
"구성된 내재적 내용들"이라는 40절의 제목이 보여 주듯이 후설은 거기
서뿐 아니라 41절에서도 구성된 내재적 내용들의 구성에 대한 구체적인
분석은 수행하고 있지 않다. 후설은 그 분석을 1920년대 이후 수행하고
자 시도한다. 이와 관련해 그는 『내적 시간의식의 현상학 강의』를 수행
한 후 감각내용의 구성 문제를 다각도로 해명하고 있다. 그 대표적인 예
는 1920년대 초반에 행한 「논리학 강의」이다. 1966년 『수동적 종합에

대한 분석』이라는 제목으로 후설전집 11권[20]으로 출간된 이 강의에서
후설은 다양한 유형의 연상 작용을 통해 다양한 유형의 감각내용이 구
성되는 과정을 해명한다. 이러한 해명은 곧바로 내재적 시간의 구성을
해명하는 과제와 직결된다. 그 이유는 객관적 시간의 구성의 토대가 되
는 선경험적 시간(내재적 시간)은 바로 감각내용의 시간이기 때문이다.

  후설이 『내적 시간의식의 현상학 강의』에서 수동적 종합의 영역에서
확인할 수 있는 선경험적 시간(내재적 시간)의 문제를 체계적으로 분석
하고 있지는 않지만 거기에는 장차 수동적 종합의 문제로 발전할 수 있
는 단초가 엿보인다. 이와 관련해 그는 42절에서 "인상과 재생"의 문제
를 다루면서 재생으로서의 "근원기억"의 문제를 언급하면서 "수용적인
것", "수동적 수용함"의 문제에 대해 다음과 같이 논의하고 있다.

> 우리가 지속하는 인상적 내용의 구성을 추적하지 않고 가령 기억적인
> 내용의 구성을 추적하면, 우리가 이 기억내용의 지금점에 대응하는 근
> 원인상이 존재한다고 말할 수 없다는 사실에 주목해야 한다. 여기에서
> 그 정점에는 근원기억이 (절대적 위상으로) 있는데, 이것은 [근원인상
> 처럼] "외부로부터" "의식에 낯설게" 끼워 넣어진 것이거나 근원산출
> 되어 분출된 것이 아니라, [의식에] 떠오른 것인데, 이는 (적어도 기억
> 에 있어서는) 다시 떠오른 것이라고도 말할 수 있다. 하지만 이 계기
> [근원기억]는 인상은 아니더라도, 인상과 마찬가지로 자발성의 산출물
> 이 아니라 어떤 방식으로는 수용적인 것(Rezeptives)이다. 여기서 우리
> 는 또한 수동적 수용(Empfängnis)이라고 말하면서, [한편으로는] 새로
> 운 것, 낯선 것, 원본적인 것을 들여오는 수동적 수용함[인상]과 [다른

---

20   E. Husserl, *Analysen zur passiven Synthesis. Aus Vorlesungs- und Forschungs-manuskripten (1918-1926)*, Den Haag: Martinus Nijhoff, 1966.

한편으로는] 다시 가져오고 재현할 뿐인 수동적 수용함[재생]을 구별
할 수 있을 것이다.

　『내적 시간의식의 현상학 강의』의 40절-45절에서 수행된 쌓아가기의
방법을 통한 내재적 시간의 구성과 객관적 시간의 구성에 대한 해명은
극히 단편적으로만 전개되었다. 이와 관련해 다음과 같은 두 가지 점을
지적하고자 한다.
　첫째, 후설은 40절-42절에서 내재적 내용의 구성 문제를 언급하면서
선경험적 시간(내재적 시간)의 구성의 문제를 해명하고자 시도한다. 그
러나 앞서 언급하였듯이 거기서 내재적 내용이 어떻게 구성되는지 하
는 점은 거의 해명되지 않고 있으며 그에 따라 선경험적 시간(내재적
시간)의 구성의 문제 역시 거의 해명되고 있지 않다. 41절은, "내재적
내용의 명증. 변화와 불변"이라는 제목이 보여 주듯이, 내재적 내용의
명증의 구조를 분석하고 있을 뿐 내재 내용이 어떻게 구성되는지 하는
점은 거의 해명하고 있지 않다.
　둘째, 시간의 구성에 대한 쌓아가기와 관련하여 2장에서 이미 선경험
적 시간(내재적 시간)으로부터 객관적 시간이 구성되는 과정에 대한 논
의가 이루어졌기 때문에 3장에서는 객관적 시간이 구성되는 과정에 대
해 별도로 논의할 필요는 없다. 그럼에도 불구하고 후설은 3장의 43
절-45절에서 객관적 사물의 구성과 객관적 시간의 구성에 대해 논의하
고 있다. 예를 들어 43절은 사물 구성을, 44절은 외적 지각의 문제를,
45절은 비시간적 초월자의 구성 문제를 논의하고 있는데, 이 모든 것은
객관적 대상에 대한 논의라 할 수 있다. 이러한 논의는 2장 14절-33절
에서 이루어진 객관적 대상의 구성과 객관적 시간의 구성에 대한 논의
와 동일한 차원에 속하는 논의이다.

6. 현상학적 시간론의 철학사적 원천 – 아우구스티누스와 브렌타노

후설의 현상학적 시간론을 보다 더 잘 이해하기 위해서는 그의 철학사적
원천을 살펴볼 필요가 있다. 후설의 현상학적 시간론의 철학사적 원천
으로서 중요한 의미를 지니는 철학자는 아우구스티누스(Augustinus)
와 후설의 스승인 브렌타노(F. Brentano)이다. 이러한 이유에서 후설은
『내적 시간의식의 현상학 강의』 서론에서 아우구스티누스의 시간론을
언급하며, 제1부 1장에서 시간의 근원에 관한 브렌타노의 이론을 소개
한다. 우선 아우구스티누스의 시간론이 후설의 현상학적 시간론에 대해
지니는 의의를 살펴보자.

후설에 따르면 철학사 전체에서 아우구스티누스의 시간론은 후설이
전개한 현상학적 시간론의 원천이다. 후설이 그랬듯이 아우구스티누스
역시 의식과 시간의 관계를 고찰하면서 시간의 정체를 해명하고 시간론
을 전개시켜 나갔다. 아우구스티누스로부터 시작되어 브렌타노를 거쳐
후설에 이르는 시간론의 전통은 아리스토텔레스의 『자연학』에서 전개
된 시간론의 전통과는 구별된다. 아리스토텔레스는 시간의 정체를 해명
함에 있어서 시간을 주관과 무관하게 존재하는 것으로 간주하고 그에
대한 분석을 수행한다. 이러한 아리스토텔레스적인 전통과 비교해 보면
시간을 주관과의 관계에서 분석한 아우구스티누스의 시간론은 시간론
에 있어서의 코페르니쿠스적 전회에 해당한다고 할 수 있다. 이러한 코
페르니쿠스적 전회를 철저히 관철시켜 가면서 후설은 『내적 시간의식의
현상학 강의』에서 시간에 대한 초월론적 현상학을 전개할 수 있었던 것
이다.[21] 이처럼 후설의 현상학적 시간론이 아우구스티누스의 시간론에

---

[21]   이 주제에 대한 보다 더 자세한 논의는 김태희, 『시간에 대한 현상학적 성찰: 후설
시간론의 새로운 해석과 재구성』, 68쪽 이하를 참조할 것.

크게 빚지고 있기 때문에 그는 『내적 시간의식의 현상학 강의』를 시작
하면서 서문에서 곧바로 아우구스티누스를 언급하면서 다음과 같이 말
한다.

> 시간의식의 분석은 아주 오래전부터 기술적 심리학과 인식론이 만나는
> 곳이었다. 여기에 놓여 있는 엄청난 어려움을 깊이 체감하고, 이를 해
> 결하기 위해 거의 절망하다시피 노력했던 첫 인물은 아우구스티누스
> (Augustinus)였다. 오늘날에도 시간의 문제에 몰두하는 사람이라면 누
> 구나 『고백록』 11권 14장-28장을 철저히 연구해야 한다. 지식을 뽐내
> 는 현대도 시간의 문제에 있어 이토록 진지하게 고투를 벌인 이 위대한 사
> 상가보다 훌륭하게 더 멀리, 두드러지게 더 멀리 나가지 못했기 때문이
> 다. (서론)

이러한 아우구스티누스적인 전통을 이어받아 시간론을 전개하고자
시도한 철학자는 후설의 스승인 브렌타노이다.[22] 후설은 브렌타노의 시
간론으로부터 커다란 영향을 받았다. 바로 이러한 이유에서 그는 『내적
시간의식의 현상학 강의』의 1부 1장(3절-6절)에서 브렌타노의 시간론
을 소개한다.

브렌타노는 시간의 기원에 대한 심리학적 이론을 비판하면서 자신의
시간론을 전개한다. 이러한 이론에 따르면 시간의식의 기원은 감각자료
의 기원과 동일한 방식으로 해명될 수 있다. 말하자면 "외부 자극은 물

---

[22] 브렌타노는 빈(Wien)대학에서 1800년대 후반에 행한 강의에서 시간의 문제를 다
루었으나, 시간론에 대한 저술을 출간하지는 않았다. 그의 시간론에 대해서는 마르티
(A. Marty)와 슈툼프(C. Stumpf)가 그들의 저서에서 간단하게 언급하고 있을 뿐이다.
이 점에 대해서는 『내적 시간의식의 현상학 강의』 서론을 참고할 것.

리적 과정이라는 형식을 통해 성질을 낳고, 그 사건의 생생한 힘을 통해 강도를 낳으며, 외부 자극의 계속적인 지속을 통해 주관적으로 감각되는 지속을 낳는다는 것이다."(3절) 그러나 이러한 설명은 타당하지 않다. 그 이유는 외적 자극이 지속될 경우 그를 통해 유발되는 감각은 지속할 수 있으나 이러한 감각의 지속이 곧바로 감각의 지속에 대한 감각, 즉 시간의식의 등장을 함축하는 것은 아니기 때문이다. 여기서 알 수 있듯이 1) 감각의 지속과 2) 시간의식의 일종인, 감각의 지속에 대한 감각은 별개의 것이다. 시간의식의 일종인, 감각의 지속에 대한 감각이 없을 경우 1) 자극들과 더불어 감각들이 사라지면 주체는 더 이상 지나간 감각들을 의식하지 못한 채 현재의 감각만을 의식하거나 2) 지나간 감각들이 현재 보존될 경우 주체는 이 감각들을 현재 경험되는 감각과 동일한 시점에 존재하는 감각으로 경험하면서 감각들의 뭉치를 경험하게 될 것이다. 그러나 이 두 경우 모두 사실과 부합하지 않으며 따라서 심리학적 시간론은 시간의식의 기원을 올바로 해명하지 못하고 있음이 드러난다.

브렌타노는 시간의식의 기원을 상상에서 찾는다. 그에 따르면 감각이 발생할 경우 거기에 이어서 상상이 발생한다. 감각은 자극을 통해 생겨난다. 자극은 감각을 낳고 자극이 사라지면 감각도 사라진다. 그런데 이처럼 감각이 사라지면서 그것은 그와 내용적으로 거의 동일한 상상표상을 낳으며 이 상상표상 역시 그와 유사한 상상표상을 낳고 이 상상표상 역시 유사한 상상표상을 낳으며 계속해서 이러한 과정이 반복된다. 브렌타노는 이처럼 감각이 계속해서 상상표상을 낳는 과정을 "연상"(Assoziation)이라 부르는데, 그에 의하면 이처럼 연상을 통해 계속해서 산출되는 상상표상들이 과거라는 시간에 대한 의식의 근원이다. 말하자면 주체는 이러한 상상표상들 덕분에 지나간 시간에 대한 의식을 가질 수 있는 것이다. 그러나 이처럼 근원적인 연상을 통해 등장하는 시간의식은 방금 지나간 과거에 대한 의식이지 아직 무한한 시간에 대한 의식은 아니다. 그런데 상상은 이처럼 방금 지나간 과거에 대한 의식을 토대로 그를 넘어서는 과거에 대한 의식뿐 아니라, 미래에 대한 의식도 낳는다. 더 나아가 개념적 표상 내지 사유는 이처럼 상상을 통해 의식된 과거에 대한 의식과 미래에 대한 의식을 토대로 먼 과거에서 현재를 거쳐 먼 미래로 향하는 무한한 시간에 대한 의식을 낳는다.

시간의 기원에 대한 브렌타노의 이론은 후설의 현상학적 시간론의 관점에서 볼 때 이중적인 의의를 지닌다. 우선 그것은 감각에 영향을 미치는 자극을 산출하는 초월적 대상들을 전제하면서 초월론적 현상학적 환원을 수행하지 않은 상태에서 전개된 "시간표상의 심리학적 근원에 대한 이론"(6절)이다. 그럼에도 불구하고 그것은 현상학적 시간론의 전개를 위해 꼭 필요한 "현상학적 핵심"(6절)을 담고 있다. 이 점과 관련해 우리는 브렌타노가 심리학적 시간론의 한계를 비판하면서 시간의 "현출"에 대해 언급하고 있다는 사실에 유의할 필요가 있다. 예를 들어 브렌타노는 "지속, 연쇄, 변화는 현출한다"는 사실을 통찰하고 "이 현출함에는 무엇이 있는가?"라는 질문을 제기하면서 시간론을 전개한다. 이는 브렌타노가 불완전하나마 초월론적 현상학적 환원을 수행한 상태에서 시간의식을 해명하고 있으며 이는 그가 현상학적 토대 위에서 시간론을 전개하고 있음을 뜻한다. 바로 이러한 이유에서 후설은 브렌타노의 시간론을 긍정적으로 평가하고 있다. 브렌타노가 "현상학적 자료"를 토대로 시간론을 전개하고 있다는 점에서 그의 시간론은 후설의 현상학적 시간론의 선구로 간주될 수 있다. 그럼에도 불구하고 브렌타노의 시간론은 후설의 현상학적 시간론의 관점에서 볼 때 다음과 같은 몇 가지 문제점이 있다.

첫째, 시간의식의 기원이 상상에 있다는 브렌타노의 견해는 문제점을 안고 있다. 브렌타노는 지각에 이어 등장하는 연상도 상상이라 부르고 과거의 것을 떠올리는 작용도 상상이라 부른다. 그러면 이 양자의 차이는 무엇인가? 지각에 이어 등장하는 연상도 상상이요, 과거의 것을 떠올리는 작용도 상상이라면 이 후자는 상상의 상상이라 불려야 하는가?

둘째, 브렌타노는 파악작용과 감각내용을 구별하지 않은 채 시간의식의 근원을 해명하고자 시도한다. 그러나 앞서 살펴보았듯이 후설의 입장에서 볼 때 시간의 근원을 체계적으로 해명하기 위해서는 우선 객관적 대상, 감각내용, 파악작용 등 세 가지 구성의 층을 구별하고 이 각각의 층에서 작동하는 시간의식 및 그들 사이의 연관을 체계적으로 해명해야 한다.

셋째, 앞서 언급한 세 가지 구성의 층에서 작동하는 시간의식 중에서 브렌타노가 근원적 연상과 관련하여 분석하고 있는 시간의식은 감각내용의 층에서 작동하는 시간의식처럼 보인다. 그러나 방금 체험된 어떤 음이 막 울려 퍼진 후 근원적 연상을 통해 다시 체험된다고 함은 그 음이 과거의 것이 아니라, 현전하는 것으로 체험됨을 의미한다. 이는 근원적 연상을 통해 과거에 대한 의식이 해명될 수 없음을 뜻한다.

넷째, 브렌타노에 의하면 현재 존재하는 것으로 경험된 대상만이 실재적인 대상이며 과거에 존재했던 것으로 경험된 대상, 미래에 경험될 것으로 존재하는 대상은 비실재적 대상이다.(5절) 이는 브렌타노가 암묵적으로 상상을 실재하지 않는 대상을 떠올리는 의식과 동일시하고 이런 의미의 상상을 과거의 대상, 미래의 대상에 대한 의식의 원천으로 간주하기 때문에 나타난 필연적인 귀결이다.[23] 그러나 어떤 대상이 과

---

23 물론 브렌타노는 상상을 현전화 작용 내지 재현작용과 동일한 의미로 사용하기도 한다. 이 점과 관련해 후설도 『내적 시간의식의 현상학 강의』 6절에서 브렌타노의 상상에 대해 주석을 달아 "여기서 '상상'(Phantasie)은 언제나 모든 재현하는 작용을 포괄하는 것이지, 정립작용의 반대 의미로 사용되지 않았다"고 말한다. 그럼에도 불구하고 브렌타노는 과거 경험의 원천으로서 상상의 문제를 논하면서 상상을 실재하지 않는 대상에 대한 경험과 동일시하는 경향을 보이고 있다.

거의 것, 미래의 것으로 경험된다고 해서 그것을 비실재적 대상이라 부르는 것은 타당하지 않다. 그리고 브렌타노에 따르면 비실재적인 과거의 시간규정들과 미래의 시간규정들이 오직 유일한 하나의 시간규정인 현재의 시간규정과 연속성을 이루고 있다고 말해야 한다. 그러나 이러한 주장은 과거, 현재, 미래가 하나의 연속적인 무한한 실재적인 시간의 구성요소들이라는 사실과 부합하지 않는다.

후설은 브렌타노의 시간론이 가지고 있는 이러한 한계를 넘어서면서 현상학적 시간론을 전개한다. 앞서 살펴보았듯이 우선 방법론적 관점에서 후설은 초월론적 현상학적 환원을 수행한 상태에서 현상학적 시간론을 전개한다. 더 나아가 그는 객관적 대상, 감각내용, 파악작용 등 세 가지 구성의 층을 구별하고 헐어내기의 방법과 쌓아가기의 방법을 사용해 현상학적 시간론을 전개한다. 마지막으로 브렌타노가 근원적 연상을 통한 상상을 시간의식의 원천으로 간주하는 것과는 달리 후설은 파지, 예지, 기억, 기대, 이미지 의식, 현재기억, 상상 등 다양한 유형의 시간의식을 분석하면서 시간론을 전개한다.

7. 『내적 시간의식의 현상학 강의』 이후에 전개된 후설의 현상학적 시간론

앞서 지적하였듯이 후설 현상학의 전체적인 맥락에서 볼 때 『내적 시간의식의 현상학 강의』에 나타난 시간의식에 대한 분석은 시간의식 분석의 초기 형태에 해당한다. 따라서 그것은 여러 가지 한계와 문제점을 가지고 있다. 후설 스스로 이러한 한계와 문제점을 의식하고 있었으며 바로 이러한 이유에서 그는 1905년 이 강의를 마친 후 그것을 출간하기 위해 1917년 7월까지 계속해서 이 강의 원고를 수정하면서 새로운 원고를 써 나갔다. 그러나 이러한 원고들을 통해서도 『내적 시간의식의 현상학 강의』에 들어 있는 여러 가지 한계와 문제점이 모두 극복되지 않았다. 이러한 문제점들과 한계들을 극복하기 위해 후설은 그 후 시간 의식에 대한 분석을 계속해서 수행했는데, 이러한 그의 작업과 관련해 다음과 같은 두 가지 사실을 언급하고자 한다.

후설은 1917년 7월 말부터 1918년 4월 말까지 프라이부르크 근처의 흑림(Schwarzwald)에 있는 베르나우(Bernau)라는 마을에 머물면서 시간의식에 대한 연구를 계속했고 그 결과 엄청난 양의 원고를 완성하였다. 이 원고들은 『시간의식에 관한 베르나우 원고들(1917/18)』이라는 제목으로 2001년에 후설전집 33권[24]으로 출간되었다. 이 원고들에서 수행된 내적 시간의식에 대한 분석은 『내적 시간의식의 현상학 강의』에서 수행된 분석의 연장이라 할 수 있지만 그럼에도 불구하고 그것은 몇 가지 점에서 후자와 구별된다. 예를 들어 이 원고들에서는 시간의식에 대한 발생적 분석이 본격적으로 수행되고 있으며 시간구성에서 예지가 수행하는 역할의 중요성이 강조되고 있다. 그리고 『내적 시간의식의 현상학 강의』에서 거의 분석되지 않았던 이미지 의식의 시간성, 상상의 시간성 등도 본격적으로 분석되고 있다.

후설은 또 1930년대에 들어서도 시간의식에 대한 분석을 수행하면서 많은 원고를 남겼다. 이 원고들은 『시간구성에 관한 후기 원고들 (1929-1934). C 원고들』이라는 제목으로 2006년 후설전집 자료집 8권[25]으로 출간되었다. 이 원고들에서 이루어진 시간의식에 대한 분석은 여러 가지 점에서 『내적 시간의식의 현상학 강의』에서 수행된 분석이나 베르나우 원고들에서 수행된 분석과 차이점을 보인다. 예를 들어 이 원고들에

---

24 E. Husserl, *Die Bernauer Manuskripte über das Zeitbewusstsein(1917/18)*.

25 E. Husserl, *Späte Texte über Zeitkonstitution(1929-1934). Die C-Manuskripte*, Dordrecht/Boston/London: Kluwer Academic Publishers, 2006.

서는 시간의식의 상호주관적 차원에 대한 분석, 시간의식과 연상 사이
의 관계에 대한 분석, 시간의식과 생활세계 사이의 관계에 대한 분석
등이 수행되고 있다.

『내적 시간의식의 현상학 강의』 후에 수행된 내적 시간의식에 대한
다양한 분석들을 염두에 둘 때 이 강의에서 수행된 내적 시간의식 분석
의 의의가 보다 더 명료하게 드러날 수 있을 것이다. 비록 이 강의가 여
러 가지 한계와 문제점을 가지고 있음에도 불구하고 거기서 전개된 시
간의식의 현상학은 그 후 후설이 전개한 다양한 유형의 시간의식의 현
상학의 틀을 마련해 주었다는 점에서 결정적으로 중요한 의미를 지닌
다. 『내적 시간의식의 현상학 강의』 이후에 전개된 여러 가지 시간의식
의 현상학을 이해하기 위해서는 이 강의에서 전개된 시간의식의 현상
학을 철저하게 연구할 필요가 있다.

I

1905년 내적 시간의식 강의[*]

* 역자주 이 강의는 1904년-1905년 겨울학기 괴팅엔대학에서 진행된 「현상학과 인식론의 주요 부분들」 강의 중에서 1905년 2월에 행해진 마지막 부분이다. 이 겨울학기 강의는 1) "지각", 2) "주목, 종적 의향 등", 3) "상상과 이미지 의식", 4) "시간의 현상학"이라는 네 부분으로 이루어졌는데, 처음 두 부분은 후설전집 38권 『지각과 주의』(Wahrnehmung und Aufmerksamkeit, 2004)의 일부로, 세 번째 부분은 후설전집 23권 『상상, 이미지 의식, 기억』(Phantasie, Bildbewußtsein, Erinnerung, 1980)의 일부로 출간되었다.

서론

시간의식의 분석은 아주 오래전부터 기술적 심리학과[1] 인식론이 만나
는 곳이었다. 여기에 놓여 있는 엄청난 어려움을 깊이 체감하고, 이를
해결하기 위해 거의 절망하다시피 노력했던 첫 인물은 아우구스티누스
(Augustinus)였다. 오늘날에도 시간의 문제에 몰두하는 사람이라면 누
구나 『고백록』 11권 14장-28장을 철저히 연구해야 한다. 지식을 뽐내
는 현대도 이 문제에 있어 이토록 진지하게 고투를 벌인 이 위대한 사
상가보다 훌륭하게 더 멀리, 두드러지게 더 멀리 나가지 못했기 때문이
다.[2] 오늘날에도 우리는 아우구스티누스와 더불어 다음과 같이 말해야

---

1 역자주 기술적 심리학(deskriptive Psychologie)은 브렌타노(F. Brentano)와 딜타
이(W. Dilthey) 등이 발전시킨 심리학이다. 기술적 심리학은 자연현상과 구별되는 심
리현상의 고유성에 주목하여, 자연인과적 설명의 방식을 도입하여 심리학을 전개하려
는 시도에 반대하고 심리현상을 면밀하게 기술하는 방법을 사용하여 심리현상을 해명
한다.

2 역자주 이 문장의 원문은 다음과 같다. Denn herrlich weit gebracht und erheblich
weiter gebracht als dieser große und ernst ringende Denker hat es die wissensstolze
Neuzeit in diesen Dingen nicht. 그런데 이 문장에서 "herrlich weit gebracht"는

할 것이다. "내게 아무도 묻지 않으면 나는 알고 있습니다. 만일 묻는
자에게 설명하려 하면 나는 알지 못합니다.(si nemo a me quaerat,
scio, si quaerenti explicare velim, nescio.)"[3]

물론 시간이 무엇인지 우리는 모두 알고 있다. 시간은 가장 잘 알려
져 있는 것이다. 그러나 우리가 시간의식에 대해 설명하고, 객관적 시
간과 주관적 시간의식의 올바른 관계를 정립하며, 시간적 대상, 즉 개
별적인 대상 일반이 어떻게 주관적 시간의식 속에서 구성될 수 있는지[4]
이해하고자 시도하면, 아니, 그저 우리가 순수하게 주관적인 시간의식
을 분석하고자 시도하고 시간 체험의 현상학적 내용을 분석하고자 시
도하기만 해도, 곧바로 매우 독특한 난점, 모순, 혼란에 빠져들게 된다.[5]

"erheblich weiter gebracht als"와 일치시켜 비교급인 "herrlich weiter gebracht"로 수
정되어야 하며, 이렇게 수정하여 번역했다.

3 편집자주 『고백록』 11장 14절.

4 역자주 후설에 따르면 개체성(Individualität)이 가장 근원적으로 구성되는 차원이
바로 시간성이다. 그 이유는 개체성이란 어떤 개체가 가진 고유성을 뜻하는데, 이러한
고유성은 매 순간 순간 변화하는 시간성 속에서 자신의 모습을 드러내기 때문이다.

5 역자주 이 문단에는 이 강의의 목표가 분명하게 드러나 있다. 이 강의의 목표는 내
적 시간의식에 대한 초월론적 현상학을 전개하면서 시간의 정체를 해명하는 데 있다.
그에 따라 이 강의에서는 초월론적 현상학적 환원의 방법을 사용하여 시간의 정체를 해
명한다. 후설은 이 강의를 행한 1905년 이후에 초월론적 현상학적 환원의 방법을 명시
적으로 발전시키고 있으나, 이미 이 강의에서 암묵적으로 이 방법을 사용하고 있다. 초
월론적 현상학적 환원의 방법의 핵심은 자연적 태도의 일반정립에 대한 판단중지이다.
초월론적 현상학적 환원을 수행하면 자연적 태도에서 존재자의 총체로 경험되던 세계
는 초월론적 주관에 의해 구성된 의미의 총체로서 자신의 모습을 드러내며, 따라서 의
미의 총체, 즉 노에마로서의 세계와 그것을 구성하는 노에시스로서의 초월론적 의식이
상관관계 속에서 탐구될 수 있다. 이는 시간에 대한 연구에서도 마찬가지이다. 우리는
자연적 태도에서 시간을 세계 속에 있는 여러 존재자 중의 하나인 객관적 시간으로 경
험한다. 그런데 이러한 객관적 시간에 대해 초월론적 현상학적 환원을 수행하면 그것은
노에시스로서의 의식에 의해 구성된 노에마로서 자신의 모습을 드러낸다. 말하자면 자
연적 태도에서 경험되던 동일한 객관적 시간이 초월론적 현상학적 환원을 수행하면 노
에마로서 자신의 모습을 드러내며 『내적 시간의식의 현상학 강의』에서 전개된 초월론

브렌타노(F. Brentano)의 시간 분석에 대한 서술이 우리의 연구의 출발점 역할을 할 수 있을 텐데, 아쉽게도 브렌타노는 이 분석을 책으로 출간하지 않고 강의들에서 밝혔을 뿐이다. 마르티(A. Marty)는 1870년대 말 출간된, 색채감각의 발달에 관한 저서[6]에서 브렌타노의 이 분석에 대해 아주 간략하게 서술했고, 슈툼프(C. Stumpf) 역시 『음(音)의 심리학』[7]에서 이를 몇 마디로 서술하였다.

§1. 객관적 시간의 배제

이제 몇 가지 일반적인 사항을 미리 언급해야겠다. 우리의 목표는 시간의식에 대한 현상학적 분석[8]이다. 현상학적 분석이 언제나 그런 것처

적 현상학적 시간론은 이처럼 노에마로서 드러난 객관적 시간과 그를 향한 노에시스로서의 의식(객관적 시간의식)을 노에시스-노에마 상관관계 속에서 해명하고 더 나아가 이러한 객관적 시간과 객관적 시간의식의 원천을 해명함을 목표로 한다. 후설에 따르면 객관적 시간과 그를 향한 객관적 시간의식의 층은 그의 원천으로서 그보다 더 근원적인 2개의 층, 즉 1) 선경험적 시간(내재적 시간)과 그를 향한 선경험적 시간의식의 층과 2) 선현상적 시간성(선내재적 시간성)과 그를 구성하는 의식의 층을 전제한다. 말하자면 자연적 태도에서 경험되는 객관적 시간에 대해 초월론적 현상학적 환원을 수행하면 이러한 두 가지 구성의 층과 더불어 그 위에 정초되어 있는 객관적 시간과 그를 향한 객관적 시간의식의 층이 현상학적 시선에 들어오며 현상학적 시간론은 이 세 가지 시간-시간의식의 층 각각의 구조 및 그들의 정초관계 등을 해명함을 목표로 한다.

6 편집자주 Anton Marty, *Die Frage nach der geschichtlichen Entwicklung des Farbensinnes* (『색채감각의 역사적 발전에 대한 물음』), Wien 1879, S. 41 ff.

7 편집자주 Carl Stumpf, *Tonpsychologie* (『음의 심리학』), II, Leipzig 1890, S. 277.

8 역자주 여기서 시간에 대한 현상학적 분석이란 초월론적 현상학적 환원을 수행하여 자연적 태도의 일반정립을 배제한 상태에서 전개되는 초월론적 현상학적 분석을 뜻한다. 이러한 분석은 자연적 태도의 일반정립의 토대 위에서 전개되는 시간에 대한 현상학적 심리학적 분석과도 구별되며 자연과학적 태도에서 전개되는 자연과학적 분석과도 구별된다.

럼, 여기에서는 객관적 시간(die objektive Zeit)^{9}과 관련한 모든 가정, 확정, 확신(그리고 존재하는 것에 대한 모든 초월하는 전제^{10})을 완전히 배제한다. 물론 객관적 관점에서 보면, 모든 실재적 존재(jedes reale Sein)^{11}와 실재적 존재 계기와 마찬가지로 모든 체험은—따라서 시간

---

9 역자주 『내적 시간의식의 현상학 강의』에서 "객관적 시간"은 맥락에 따라 서로 연결되어 있기는 하지만 서로 전혀 다른 두 가지 시간을 뜻한다. 그 하나는 자연적 태도에서 경험되는 객관적 시간이며, 다른 하나는 초월론적 현상학적 태도에서 경험되는 객관적 시간인데, 이처럼 초월론적 현상학적 태도에서 경험되는 객관적 시간은 객관적 시간의식의 노에마적 상관자이다. 전자는 초월론적 현상학적 환원을 통해 배제되어야 할 시간이며 후자는 초월론적 현상학적 환원을 통해 비로소 자신의 모습을 드러내면서 초월론적 현상학적 시간론의 주제가 되는 시간이다. 후설은 이 문단에서도 이 둘을 구별하는데, 그는 자연적 태도에서 경험되는 객관적 시간을 "현실적인 객관적 시간"이라 부르고 초월론적 태도에서 경험되는 객관적 시간을 "시간의식 속에서 객관적 시간으로 정립된 시간"이라 부른다. 따라서 독자들은 『내적 시간의식의 현상학 강의』를 읽어 가면서 이 두 가지 객관적 시간을 혼동하지 않아야 한다. 예를 들어 이 문단의 앞부분에서처럼 후설이 초월론적 현상학적 시간론을 전개하기 위해 초월론적 현상학적 환원을 통해 그와 관련된 "모든 가정, 확정, 확신"을 배제할 것을 촉구할 경우 이러한 객관적 시간은 자연적 태도에서 경험되는 객관적 시간이다. 그러나 예를 들어 31절에서 논의되고 있는 객관적 시간은 객관적 시간의식의 노에마적 상관자로서의 시간이다. 이 점과 관련해 후설은 31절에서 "객관적 시간에 대한 의식"에 대해 논의하면서 "시간의식의 부단한 변화 현상에도 불구하고, 객관적 시간에 대한 의식이 어떻게 나타나는가" 하는 점을 해명할 필요가 있다는 사실에 대해 말하는데, 이 경우 객관적 시간은 의식에 나타난 객관적 시간이기 때문에 초월론적 태도에서 경험되는 객관적 시간이다. 초월론적 현상학적 환원은 바로 초월론적 태도에서 경험되는 객관적 시간의 구조를 체계적으로 분석하기 위해 일차적으로 취해야 할 방법적 조치이다.

10 역자주 여기서 "초월하는 전제"는 초월론적 현상학적 환원을 수행한 후 경험할 수 있는 것들을 토대로 확인할 수 없는 일체의 전제, 즉 자연과학적 태도 내지 자연적 태도에서 타당한 것으로 받아들여지는 전제를 뜻한다.

11 역자주 이 국역본에서 real은 "실재적"으로 옮기고 wirklich는 "현실적"으로 옮긴다. 『이념들 I』에서 실재성(Realität)은 시공간 속에서 존재하는 것들의 존재 성격을 지칭하는 개념으로 사용되며 현실성(Wirklichkeit)은 실재성(Realität)뿐 아니라, 비실재적(irreal) 이념성(Idealität)까지 포괄하는 개념으로 사용된다. 이 두 개념과 혼동할 수 있는 소지가 있지만 실제로는 다소 다른 의미를 가지고 있는 reell과 aktuell은 각각 '내

지각과 시간표상이라는 체험 자체도—유일한 객관적 시간 속에서 자신의 위치를 가질 것이다. 어떤 사람이 체험의 객관적 시간, 그중에서도 특히 시간을 구성하는 체험의 객관적 시간을 규정하는 데 관심을 가질 수도 있다. 더 나아가 시간의식 속에서 객관적 시간으로 정립된 시간이 현실적인 객관적 시간(die wirkliche objektive Zeit)과 어떤 관계에 있는지,[12] 시간 간격에 대한 어림짐작이 객관적으로 현실적인 시간 간격과 일치하는지, 아니면 그로부터 얼마나 벗어나는지를 확정하는 일도 흥미로운 연구일 수 있다. 그러나 이것은 현상학의 과제가 아니다. 현실적인 사물과 현실적인 세계가 현상학적 자료[13]가 아닌 것과 마찬가지로, 세계시간, 실재적 시간, 자연과학과 또한 영혼에 대한 자연과학인 심리학이 염두에 두는 자연의 시간도 현상학적 자료가 아니다.

이제 우리가 시간의식의 분석에 대해 말하고, 지각의 대상들, 기억의 대상들, 예상의 대상들의 시간성격에 대해 말할 때, 마치 우리가 객관적 시간 경과를 미리 전제하고 그 다음에 기본적으로 그저 시간직관과 본래적 시간 인식[14]의 주관적 가능조건만 연구하는 것처럼 보일 수 있

실적', '현행적'으로 옮긴다. 모든 의식은 의식흐름 속에 있으며 그러한 한에서 각각의 의식은 의식흐름을 "그 안에서 실질적으로" 구성하는 요소라 할 수 있는데, 바로 각각의 체험이 이처럼 의식흐름을 "그 안에서 실질적으로" 구성한다는 사실을 가리키는 개념이 reell이다. 그에 따라 reell은 "그 안에서 실질적으로 구성하는"이라는 뜻을 살려 "내실적"이라 번역한다. 그 어떤 의식이 현재 생생하게 작용하거나 그 무엇이 현재 생생하게 의식되고 있을 경우 우리는 어떤 의식이 "현행적으로" 작용한다고 말하거나 그 무엇이 "현행적으로" 의식된다고 말할 수 있다. 이 "현행적으로"에 해당하는 용어가 aktuell이며 그에 따라 이 용어는 "현행적"으로 옮겼다.

12　역자주 정립(Setzung, Thesis)은 어떤 것이 존재한다고 믿는 의식작용을 말한다.
13　역자주 Datum과 Gegebenheit는 이 책에서는 대개 서로 바꾸어 써도 무방한 개념이나, 번역의 통일성을 위해 각각 '자료'와 '소여'(所與)로 옮긴다. gegeben은 문맥에 따라 '주어지다' 또는 '소여되다'로 옮기며, geben은 '내어주다' 또는 '부여하다'로 옮긴다.
14　역자주 시간에 대한 본래적(eigentlich) 인식은 여기에서는 객관적이고 실재적인

다. 그러나 우리가 받아들이는 것은 세계시간의 존재, 사물 지속의 존
재 등이 아니라, 현출하는[15] 시간, 현출하는 지속 자체이다. 그런데 이
것들은 절대적 소여로서 그에 대해 의심하는 일이 무의미한 것이다. 그
다음 우리는 물론 존재하는 시간도 연구주제로 받아들이지만, 이러한
시간은 경험적 세계의 시간이 아니라, 의식 경과의 **내재적인**[16] 시간이

시간에 대한 인식을 뜻한다. 우리가 생활세계에서 '본래' 시간이라고 부르는 것은 객관
적이고 실재적인 시간이기 때문이다. 따라서 하이데거의 본래성(Eigentlichkeit) 개념
과는 구별해야 한다.

15 역자주 Erscheinung, erscheinen은 "현출", "현출하다"로 옮긴다. Erscheinung은
그 무엇이 의식에 나타날 때 의식의 "작용"을 뜻하기도 하고 "의식에 나타난 것"을 뜻
하기도 한다. Erscheinung은 현상(Phänomen)과 무리 없이 바꾸어 쓸 수 있는 개념이
다. Phänomen 역시 그 무엇이 의식에 현출할 경우 의식의 "작용"을 뜻하기도 하고
"현출하는 것"을 뜻하기도 한다. 이처럼 Erscheinung뿐 아니라, Phänomen 역시 이중
적인 의미를 가지고 있는 용어이다.

16 역자주 "내재"(Immanenz)와 "초월"(Transzendenz) 및 "내재적"(immanent)과
"초월적"(transzendent)은 후설의 현상학의 핵심적인 개념들이며『내적 시간의식의 현
상학 강의』에서도 자주 등장한다. 후설의 현상학에서 "내재"와 "초월"은 상관적인 개념
이며 다음과 같이 다양한 의미를 가진다. 1) 첫 번째 의미에 따르면 "내재"는 의식의 지
향적 상관자를 뜻하며 "초월"은 의식의 상관자가 될 수 없는 것을 뜻한다. 이런 의미의
"내재"만 현상학의 연구대상이 되며 이런 의미의 "초월"은 현상학의 연구대상이 될 수
없다. 2) 두 번째 의미에 따르면 체험류만이 "내재"이고 체험류를 벗어나 존재하는 일
체의 것들은 "초월"이다. 첫 번째 의미에서 "내재"로 불릴 수 있는 것들 중에서 체험 이
외의 모든 것들은 두 번째 의미에서는 "초월"이다. 예를 들어 사물적 대상은 첫 번째 의
미에 따르면 내재지만 두 번째 의미에 따르면 "초월"에 해당한다. 3) 세 번째 의미에 따
르면 체험류 중에서 필증적 명증의 양상에서 경험될 수 있는 것, 예를 들어 인상적 의
식은 "내재"이고 그 이외의 것은 "초월"이다. 과거의 나의 체험은 체험류 속에서 존재
하기 때문에 두 번째 의미에 따르면 내재지만 세 번째 의미에 따르면 필증적 명증의 양
상에서 경험될 수 없기 때문에 "초월"에 해당된다. 문맥에 따라 Immanenz는 "내재",
"내재적인 것"이라고 옮기고 Tranazendenz는 "초월", "초월적인 것", "초월자" 등으로
옮긴다. 그에 따라 immanent는 "내재적"으로, transzendent는 "초월적"으로 옮긴다.
transzendental은 Transzendenz의 상관 개념으로서 후자를 가능하게 하는 의식 혹은
주체의 작용을 뜻하며 그에 따라 이 용어는 "초월론적"으로 옮긴다. 이 용어를 "초월론
적"으로 번역해야 할 이유에 대해서는 이남인, 『현상학과 해석학』, 332-339쪽을 참조.

다. 바로 지금 내가 듣고 있는 선율이나 음 경과에 대한 의식이 순차성을 보이고 있다는 사실에 대해 우리는, 그 어떤 의심이나 부정도 무의미하게 만드는, 명증을 가지고 있다.

객관적 시간을 배제함이 무엇을 뜻하는지는 아마 공간에 대해서도 동일한 작업을 해 보면 더 분명해질 것이다. 이제까지 많은 주목을 받았던 것처럼, 공간과 시간은 중요한 유사성을 보여 주기 때문이다. 공간의식, 즉 그 안에서 지각과 상상으로서의 "공간직관"이 이루어지는 체험은 현상학적 소여의 영역에 속한다. 우리가 눈을 뜨면 객관적 공간을 보게 된다. 다시 말해 (반성적 고찰이 보여 주듯이) 우리는 하나의 공간현출을 정초해 주는, 즉 공간적으로 그러저러하게 놓여 있는 특정한 사물들의 현출을 정초해 주는 시각적 감각내용을 가지고 있다. 모든 초월하는 해석[17]을 배제하고 지각현출을 주어진 일차내용들[시각적 감각내용들]로 환원해 보면 이러한 내용들은 시각장[18] 연속체를 이루는데, 이 연속체는 **준**공간적 연속체이지만 가령 공간은 아니고 공간의 어떤 면도 아니다. 대략적으로 말하자면 이 연속체는 이차원적인 연속적 다양체(Mannigfaltigkeit)이다. 우리는 이 시각장에서 병존[서로 나란히 있음]과 중첩[서로 겹쳐 있음]과 포함[하나가 다른 하나에 들어 있음] 관계를 발견하고, 그 장의 한 부분을 완전하게 둘러싸는 폐곡선들

---

17 역자주 여기서 "초월하는 해석"은 일차적으로 주어진 감각내용을 넘어서 이러한 감각내용을 객관적으로 실재하는 대상으로 파악하는 해석을 뜻한다.
18 역자주 우리는 여기서 논의되고 있는 시각장의 정체를 정확하게 이해할 필요가 있다. 1절에서도 확인할 수 있듯이 후설은 감각과 지각을 구별한다. 감각은 지각보다 더 낮은 단계의 의식이며 감각을 토대로 지각이 출현한다. 후설이 "모든 초월하는 해석을 배제하고 지각현출을 주어진 일차적인 내용들[시각적 감각내용들]로 환원해 보면 이러한 내용들은 시각장 연속체를 이룬다."고 말하듯이 여기서 논의되고 있는 것은 지각의 차원이 아니라, 일차적인 내용들, 즉 감각의 차원이다. 따라서 여기서 논의되고 있는 시각장은 구체적으로 지각적인 시각장이 아니라, 감각적인 시각장을 뜻한다.

도 발견한다. 그러나 이것들은 객관적인 공간적 관계가 아니다. 가령 그 시각장의 한 점이 여기 이 책상의 모서리로부터 1미터 떨어져 있다 거나 그 옆이나 그 위에 있다고 말하는 것은 아무 의미도 없다. 물론 이 와 마찬가지로 사물현출도 당연히 공간 위치나 어떤 공간적 관계도 가 지고 있지 않다. 즉, 집의 현출은 집의 옆에 있는 것도 아니고 위에 있 는 것도 아니며 집으로부터 1미터 떨어져 있는 것도 아니다.[19]

이제 시간에 있어서도 이와 비슷하다. 시간 파악, 즉 그 안에서 객관 적 의미의 시간적인 것이 현출하는 체험은 현상학적 자료이다. 또한 시 간 파악을 시간 파악이라는 종(種)으로서 정초하는 체험계기들, 말하자 면 (온건한 생득주의[20]가 근원적으로 시간적인 것이라 부르는) 경우에 따라 고유하게 시간적인 파악내용들도 현상학적으로 주어진다.[21] 그러 나 이러한 현상학적 자료들 중 어떤 것도 객관적 시간은 아니다. 여기 서 아무리 현상학적 분석을 해 보아도 객관적 시간을 조금도 발견할 수

---

19 역자주 공간의 현상학에서는 초월론적 현상학적 환원을 통해 객관적 공간을 일단 배제하고, 객관적 공간이 구성되기 위한 토대인 시각장, 청각장 등의 감각장으로 환원 해 들어간 후 이러한 감각장을 토대로 어떻게 객관적 공간이 구성되는지, 그리고 이러 한 감각장에서 경험되는 다양한 감각내용들을 토대로 어떻게 객관적인 공간적 사물들 이 구성되는지 해명한다. 이 경우 감각장뿐 아니라, 감각내용 등의 (2차원적인) 공간적 현출들은 공간 및 공간적 대상을 구성하는 토대이긴 하지만 아직 그 자체가 공간 및 공 간적 대상은 아니다. 시간의 현상학도 공간의 현상학과 유사한 방식으로 전개된다.

20 역자주 생득주의(Nativismus)는 지각, 특히 시각에 대한 심리학 이론으로, 인간이 지각장(시각장) 구조들을 경험하는 기초 요소들을 타고난다는 견해이다. 생득주의와는 달리 경험주의는 이러한 요소들이 후천적으로 습득된다고 본다.

21 역자주 후설의 초기 파악작용-감각내용의 도식에 따르면 파악내용(Auffassung-sinhalt)에, 즉 감각내용(Emfpindungsinhalt)에 파악작용(Auffassung)이 가해져 대상 에 대한 지각이 이루어진다. 이때 (지각의 계기인) 파악이 (역시 지각의 계기인) 파악 내용에 기초하여 이루어지므로 파악내용이 파악을 정초한다고 말할 수 있다. 그러므로 시간적 지각에 있어서도 시간적 파악내용들이 시간 파악을 정초한다. 그러나 아무런 파 악내용이나 모두 시간적 파악을 정초할 수 있는 것은 아니다. 그 종에 있어(speziell), 혹은 그 본질에 있어 시간적 파악내용이어야만 시간적 파악을 정초할 수 있다.

없다. "근원적 시간장"은 결코 객관적 시간의 일부가 아니며, 체험된 지금은 그 자체로 보면 객관적 시간의 한 점 등이 아니다. 객관적 공간, 객관적 시간, 그리고 이들과 더불어 현실적 사물 및 사건들로 이루어지는 객관적 세계—이 모든 것은 초월적인 것(Transzendenz)이다. 그러나 잘 살펴보면 "사물 자체"라는 어떤 신비로운 의미에서의 공간이나 현실이 아니라, 바로 현상적인 공간, 현상적인 시공적 현실성, 현출하는 공간형태, 현출하는 시간형태가 초월적(transzendent)이다. 이 모든 것은 체험이 아니다. 그리고 참된 내재(echte Immanenzen)인 체험들 속에서 발견할 수 있는 질서연관은 경험적이며 객관적인 질서 안에서 발견될 수 없으며 그러한 질서에 편입되지도 않는다.

충분히 전개된 공간적인 것에 대한 현상학에는(심리학적 태도에서 [전개되는] 생득주의가 상정하는) 장소 자료들에 대한 연구도 속할 것인데,[22] 이러한 장소 자료들은 "시감각장"의 내재적 질서를 이루고 시감각장 자체를 이룬다. 장소 자료와 현출하는 객관적 장소의 관계는 성질 자료와 현출하는 객관적 성질의 관계와 같다. 전자에서 [객관적 장소를 현시하는 장소 자료를] 장소 기호라고 부르면, 후자에서는 [객관적 성질을 현시하는 성질 자료를] 성질 기호라고 부를 수 있다. [성질 자료인] 감각되는 빨강은 현상학적 자료인데, 어떤 파악 기능들이 혼을 불어넣으면 이 자료는 객관적 성질을 현시한다(darstellt).[23] 그러나 감각

---

22 역자주 후설은 이 문장을 가정법으로 쓰고 있다. 이 강의가 진행된 1905년에는 아직 공간의 현상학이 충분히 전개되지 않았다. 공간의 현상학은 후설이 1907년에 행한 강의 『사물과 공간』(*Ding und Raum*, 후설전집 16권)에서 비로소 시도된다. 이 강의는 국역본이 출간되었다. 김태희(역), 『사물과 공간』, 서울: 아카넷, 2018.
23 역자주 후설에게서 darstellen은 주로 감각내용이 대상(혹은 대상의 규정)을 우리 눈앞에 내보이고 드러냄을 가리킨다. 여기에는 (darstellen의 사전적 의미에 따라) 감각내용이 대상을 '표현'하고 '묘사'하거나 '상연'한다는 어감도 들어 있다. 여기에서는 이를 '현시(顯示)한다'라고 옮긴다. '감각자료'에 '파악'이 의미를 부여해 '대상'이 구

되는 빨강 자체가 [객관적] 성질은 아니다. 본래적 의미에서의 성질, 즉
현출하는 사물의 속성은 감각되는 빨강이 아니라 지각되는 빨강이다.[24]
빨강이 [본래] 실재하는 성질의 이름이기 때문에, 감각되는 빨강은[감
각되는 빨강을 빨강이라고 하는 것은] 애매한 표현에 불과하다. 어떤
현상학적 사건들과 관련하여 한 사건과 다른 사건이 "합치"(Deckung)
한다고 말할 때, 다음과 같은 사실에 주의해야 한다. 감각되는 빨강은
그 자체로 보면 사물의 성질을 현시하는 계기라는 가치를 전혀 포함하
지 않으며, 파악을 통해서야 비로소 그러한 가치를 얻게 된다. 따라서
현시하는 것[감각되는 빨강 등의 성질 자료]과 현시되는 것[지각되는
빨강 등의 사물의 성질] 간의 "합치"란, "하나의 동일한 것"을 상관자로
가지고 있는 동일성 의식(Identitätsbewußtsein)에서 나타나는 합치가
결코 아니다.[25]

　　우리가 현상학적 자료를 감각되었다고 부르면 ─ 이 현상학적 자료는
파악작용을 통하여 어떤 객관적인 것을 생생하게(leibhaft)[26] 주어진 것

성된다는, 파악작용-감각내용의 도식에 있어서, 이 현시와 현출(現出, Erscheinung)은
동일한 기능을 하지만, (대상을) '현시'하는 것은 감각자료인 반면, '현출'하는 것은 대
상이므로, 강조점이 다르다고 할 수 있다.

24　역자주 앞서 객관적이며 실재적인 시간에 대한 인식을 시간에 대한 본래적 인식이
라고 한 것과 마찬가지로, 본래적 의미의 성질, 즉 일상적 의미의 '성질'은 지각된 대상
의 속성으로서의 성질을 뜻한다.

25　역자주 현상학에서 지향적 의식과 그것이 향하는 지향적 대상은 지향적 상관관계
에 있으며 서로 분리할 수 없다. 예를 들어 꽃을 보는 의식과 꽃은 지향적 상관관계에
있으며 서로 분리할 수 없다. 이처럼 지향적 상관관계 속에서 존재하는 지향적 의식은
지향적 대상의 상관자이며 지향적 대상은 지향적 의식의 상관자이다. 이는 모든 의식에
대해 그러하며 동일성 의식도 예외가 아니다. 동일성 의식의 경우에도 동일성 의식과 그
것이 향하는 지향적 대상인 '하나의 동일한 것'은 지향적 상관관계에 있으며 서로 분리
될 수 없다. 말하자면 동일성 의식은 "하나의 동일한 것"의 상관자요, "하나의 동일한
것"은 동일성 의식의 상관자이다. 동일성 의식이 "하나의 동일한 것"의 상관자이기 때
문에 "'하나의 동일한 것'을 상관자로 가지고 있는 동일성 의식"이란 표현이 가능하다.

으로 의식하도록 해 주고, 그러면 이 객관적인 것은 객관적으로 지각되었다고 불리는데ㅡ, 이와 같은 의미에서 우리는 "감각된" 시간적인 것과 지각된 시간적인 것도 구별해야 한다.[27] 여기에서 지각된 시간적인 것은 객관적 시간을 의미한다. 그러나 "감각된" 시간적인 것은 그 자체는 객관적 시간(혹은 객관적 시간에서의 위치)이 아니라 현상학적 자료이며, 이 현상학적 자료를 경험적으로 통각[28]함으로써 비로소 객관적 시간과의 관계가 구성된다. **시간 자료**는ㅡ혹은 그렇게 부르고 싶으면, 시간 기호는ㅡ[객관적] **시간**(tempora) 자체가 아니다. 객관적 시간은 경험 대상들의 연관에 속한다. "감각된" 시간 자료는 감각될 뿐 아니라,

---

26 역자주 지각에서 대상은 물질성을 지니고, 그 자체로서, 지금 여기 현출하는데, 이를 은유적으로 대상이 "몸소"(leibhaft) 있다고 표현한다. 대상이 "몸소" 있다 함은 대상이 "생생하게" 있음을 뜻하기 때문에 leibhaft라는 용어는 "생생하게"로 번역하기로 한다.

27 저자주 그렇다면 "감각됨"은 어떤 관계 개념(Relationsbegriff)을 가리키는 표지(Anzeige)일 것인데, 이 개념은 감각된 것(Empfundene)이 감성적(sensuell)인지, 아니, 그것이 대체 감성적이라는 의미에서 내재적인지 여부에 대해 그 자체로는 아무것도 알려주지 않을 것이다. 달리 말하자면, 감각된 것 자체가 이미 구성되었는지, 그리고 아마도 감성적인 것과 전혀 다르게 구성되었는지 하는 점은 [결정되지 않은 채] 열려 있을 것이다. 그러나 이 모든 구별은 모두 [논의하지 않은 채] 제쳐 두는 것이 가장 좋겠다. 모든 구성이 '파악내용-파악'의 도식을 가지고 있지는 않다.

역자주 이후 연구자들에게 매우 중요하게 받아들여진 이 각주는 (지각대상을 구성하는 기초인) 감각된 것 자체가 (또 다른 구성하는 의식, 즉 '절대적 의식'에 의해) 구성된 것인지 여부에 대해 묻고 있으며, 나아가 이러한 감각된 것의 구성 자체가 (지각대상의 구성과 마찬가지로) 파악작용-감각내용의 도식을 따르는지를 묻고 있다. 이후 연구자들이 이 각주를 중시하는 이유는 그들이 여기에서 후설의 초기 지향적 분석의 근간이 되었던 '파악작용-감각내용의 도식'이 시간구성의 깊은 층에서부터 흔들리고 있다는 사실을 감지하기 때문이다.

28 역자주 후설은 감각자료에 기초하여 지각대상을 구성하는 작용(Akt)을 감각자료에 대한 통각(Apperzeption), 파악(Auffassung), 해석(Interpretation), 풀이(Deutung), 혼을 불어넣음(Beseelung) 등으로 부른다. 여기서 "경험적으로"(empirisch) 통각한다고 말하는 이유는 후설에게서 종종 "경험"이라는 표현이 초월적 대상, 즉 통각을 통해 파악된 대상에 대한 의식을 뜻하기 때문이다.

나아가 거기에는 파악성격이 붙으며, 이 파악성격에는 다시 어떤 요구
와 권리가 속하는데, 그것은 감각되는 자료들의 토대 위에서 현출하는
[객관적] 시간들과 시간적 관계들을 서로에 의거해 측정하고, 그러그러
하게 객관적인 질서 속에 편입시키고, 그러그러한 가상의 질서와 현실
적 질서를 구별해야 한다는 요구와 권리이다. 여기서 객관적으로 타당
한 것으로 구성되는 것은 결국 하나의 무한한 객관적 시간인데, 이러한
시간 속에서 모든 사물과 사건, 물체와 그의 물리적 속성, 영혼과 그 영
혼적 상태는 시간측정기에 의해 규정될 수 있는 그들의 특정한 시간위
치를 가진다.

　이러한 객관적 규정의 근거가 궁극적으로 시간 자료들 간의 차이와
관계를 확인하는 데 기초할 수도 있고, 혹은 이러한 시간 자료와 직접
맞아떨어지는 데[29] 있을 수도 있는데, 여기서 우리가 그에 대해 판단을
내려야 할 필요는 없다. 그러나 예를 들어 감각된 "동시"(Zugleich)가
곧바로 객관적인 동시성(Gleichzeitigkeit)이 아니고,[30] 현상학적-시간
적 간격에 대한 감각된 동일성이 시간 간격 등에 대한 객관적 동일성이
아니며, 감각된 절대적 시간 자료가 그 어떤 유보조항도 없이 객관적
시간이 체험됨이 아니다. (이러한 사실은 현재의 절대적 소여에 대해서
도 타당하다.) 감각내용을 포착함(Erfassen)[31]이란, 그것도 그것이 체험
되는 그대로 명증적으로 포착함이란 아직은 경험적 의미에서의 객관

29　역자주 후설의 현상학에서 Adäquation은 대개 "충전"으로 번역되지만, 여기에서
는 단지 시간 자료들과의 "맞아 떨어짐", 혹은 "합치"를 의미한다.

30　역자주 여기에서 zugleich는 (감각자료와 같은) 현상학적 자료들이 동시에 나타남
을, gleichzeitig는 (현상학적 자료들에 토대를 두고 구성된) 객관적 사물, 사건, 관계
등이 동일한 시간에 나타남을 뜻하는데, 모두 "동시"로 옮긴다. 후자의 의미를 강조하
기 위해 경우에 따라 [객관적 의미의], [객관적 의미에서] 등의 수식어를 덧붙였다.

31　역자주 후설은 (대상을 구성하는) auffassen과 erfassen을 구별하는 경우가 있는
데, 전자는 '파악'으로, 후자는 '포착'으로 옮긴다.

성[32]을 포착함을 뜻하는 것은 아니다. 다시 말해 객관적 사물, 사건, 관계에 대해서, 객관적 공간 위치와 시간위치, 객관적으로 현실적인 공간형태와 시간형태 등에 대해서 말할 때와 같은 의미에서의 객관적 현실을 포착함을 뜻하는 것은 아니다.

우리가 분필을 보고 있고 눈을 감았다 뜬다. 그러면 두 개의 지각이 이루어진다. 이때 우리는 [두 개의 분필을 보았다고 말하지 않고] 같은 분필을 두 번 보았다고 말한다. 이때 우리는 시간적으로 분리된 [두 개의] [감각] 내용을 가지며, [이 내용들의] 현상학적이며 시간적으로 서로 떨어져 있음, 분리되어 있음도 직관하지만, 그러나 [객관적인] 대상에 있어서는 분리가 없으며 그 대상은 동일한 대상이다. 즉, 대상에는 [동일한 것의] 지속이 있으며, 현상에는 변화가 있다. 그렇게 우리는 객관적으로는 공존을 확인할 수 있는 경우에도, 주관적으로는 시간적 순차성도 감각할 수 있다.[33] 체험된 내용은 "객관화[대상화]"되며, 이제 체험된 내용이라는 재료로부터 [이 내용에 대한] 파악이라는 방식을 통해 대상이 구성된다. 그러나 대상은, 전혀 그 대상 속으로 편입될 수 없는, 이러한 "[감각] 내용들"의 단순한 총합이나 복합이 아니라, [감각] 내용 이상의 것이며 어떤 방식으로는 그와는 다른 것이다. 객관성[대상성](Objektivität)은 "경험"(Erfahrung)에 속하며, 그것도 경험의 통일성에, 자연의 경험 법칙적 연관에 속한다. 현상학적으로 말하자면, 객관성은 바로 "일차적" 내용들[파악내용들] 안에서가 아니라, 파악성격(Auffassungscharakteren) 안에서, 그리고 이러한 성격의 본질에 속하

---

32 역자주 Objektivität는 대개 "객관성"으로 번역한다. 그러나 여기에는 "대상성"이라는 의미 역시 개입되어 있음을 주의해야 한다. 따라서 "대상성"이라는 의미를 함께 새길 필요가 반드시 있을 경우에는 "대상성"을 괄호에 넣어 "객관성[대상성]"으로 번역한다.
33 역자주 가령 (객관적으로) 동시에 공존하는 두 개의 분필을 (주관적으로는) 차례대로 보는 경우가 이에 해당한다.

는 법칙성 안에서 구성된다. 이를 완전히 통찰하고 분명하게 이해하는 일이 바로 인식 현상학이다.

§2. "시간의 근원"에 대한 물음

우리는 이러한 성찰에 의거하여, 경험을 위해 구성적인 모든 개념과 관련하여, 그리고 시간 개념과 관련해서도, 현상학적(내지는 인식론적) 근원의 물음(Ursprungsfrage)과 심리학적 근원의 물음의 차이도 이해한다. **경험의 가능성에 대한 인식론적 물음은 경험의 본질에 대한 물음이며**, 경험의 현상학적 가능성에 대한 해명은 현상학적 자료들로의 귀환을 요구하는데, 경험된 것은 현상학적으로 볼 때 이 자료들로부터 형성된 것이다. 그런데 경험이 "비본래적" 경험과 "본래적" 경험이라는 대립을 통해 구별되고, 본래적 경험, 즉 직관적이고 최종적으로 충전적인 경험[34]

---

34 역자주 위에서와는 달리, 여기에서는 "본래적"(eigentlich)이라는 표현이 객관적 실재가 아니라 이를 구성하는 토대가 되는 더 근원적인 차원을 지시하는데, 이러한 근원적 차원은 객관적 실재 이전에 우리에게 직관적이고 충전적으로 주어지는 것이다. 한편, "충전적"(adäquat)이라는 용어는 어떤 대상을 경험할 때 그의 모든 측면이 남김없이 경험될 경우 이러한 경험의 특성을 지시하는 용어이다. 외부 대상에 대한 지각은 늘 그 대상의 한 측면만을 드러내므로 충전적이지 못하지만, 자기의 체험에 대한 지각은 그 체험의 측면을 남김없이 드러내므로 충전적이다. 충전적 경험과 비충전적 경험 중에서 인식 정당화와 관련해 더 높은 지위를 지니는 것은 충전적 경험이다. 바로 이러한 이유에서 인식 현상학을 전개하면서 후설은 시간과 관련해서도 "직관적이고 최종적으로 충전적인 경험"을 찾고자 하며 『내적 시간의식의 현상학 강의』에서도 마찬가지이다. 후설은 『내적 시간의식의 현상학 강의』를 비롯해 초중기 저술에서 체험과 관련해 충전적 경험을 획득하는 일이 가능할 것으로 간주하였으나 후기에 가면 이러한 입장을 철회한다. 외적 지각의 대상과 마찬가지로 체험에 대해서도 충전적 경험을 획득할 수 없는데, 그 이유는 개별적인 체험은 체험흐름 속에서 존재하며 체험흐름은 결코 충전적으로 경험될 수 없기 때문이다.

이 경험을 평가하는 척도를 제시하기 때문에, 특히 "본래적" 경험의 현상학이 필요하다.[35]

그에 따라 시간의 본질에 대한 물음 역시 **시간의 "근원"**에 대한 물음으로 소급된다. 그런데 이러한 **근원 물음**은 시간의식의 **원초적** 형태들을 향하는데, 이 형태들 속에서 시간적인 것의 원초적 차이가 시간과 관련된 모든 명증의 원본적 원천으로서 직관적이며 본래적으로 구성된다. 이러한 근원 물음을 **경험주의와 생득주의**가 다투는 쟁점인 **심리학적 근원에 대한 물음**과 혼동해서는 안 된다. 후자의 물음에서는, 그로부터 개인으로서의 인간에게서, 심지어 유로서의 인간에게서 **객관적인 공간 직관과 시간직관**이 생겨나는바, **근원적 감각재료**에 대한 물음이 제기된다. 경험적 발생의 물음은 우리에게 아무런 관심거리도 되지 못한다. 체험이 그 대상적 의미와 기술적 내용에 있어서 우리의 관심을 끈다. 심리학적 통각(Apperzeption)은 체험을 경험적 인격의, **심리물리적 주체**의 심적 상태로서 파악하고, 그 체험들 사이의 순수하게 심리적이거나 심리물리적인 연관을 확인하며, 심리적 체험들의 생성, 형성, 변형을 **자연법칙에 의거해** 추적하는데, 이러한 심리학적 통각은 **현상학적 통**

---

35 역자주 후설 현상학에서 모든 경험의 타당성(Geltung)을 평가하는 최종적인 기준을 제공하는 것은 명증적인 직관이다. 이러한 타당성과 관련된 물음은 정적 현상학(statische Phänomenologie)의 핵심적인 물음이며, 따라서 『내적 시간의식의 현상학 강의』에서 수행된 시간의식에 대한 분석의 정적 현상학적 특징이 뚜렷이 드러난다. 후설은 『내적 시간의식의 현상학 강의』 및 그와 관련하여 집필된 글의 여기저기서 발생의 문제를 언급하고는 있지만 이 주제를 체계적으로 해명하지는 않는다. 이처럼 후설이 여기서는 발생의 문제를 일단 연구 대상에서 제외하고 있지만, 이 문제는 이후 그의 중기와 후기 시간의식 분석에서 핵심적인 주제로 등장한다. 이때 발생적 현상학도 초월론적 현상학(transzendentale Phänomenologie)의 틀 안에 있으므로, 그것이 탐구 주제로 삼는 것은 심리학적 발생이 아니라 초월론적 발생이다. 내적 시간의식 분석과 관련된 정적 현상학과 발생적 현상학의 구별에 대해서는 다음을 참고할 수 있다. 김태희, 『시간에 대한 현상학적 성찰: 후설 시간론의 새로운 해석과 재구성』.

각과는 완전히 다른 것이다. [현상학적 통각에서] 우리는 체험을 그 어떤 현실성으로 편입하지 않는다. 우리가 현실과 관계하는 것은 그 현실이 의향³⁶되고 표상되고 직관되고 개념적으로 사유되는 현실인 한에서이다. 이는 시간의 문제와 관련해서 시간 **체험**이 우리의 관심을 끈다는 사실을 뜻한다. 이에 비해 시간 체험 자체가 객관적 시간적으로[객관적 시간 속에서] 규정되어 있고, **그 체험이 사물과 심리적 주체의 세계에 속하며** 이러한 세계 속에서 위치를 지니고 **효력**을 나타내며 경험적으로 존재하고 생성한다는 것은 우리와는 무관하며 그에 대해 우리는 아무것도 모른다. 이에 반해, 이러한 체험들 속에서 "객관적으로 시간적인" 자료들이 **의향**된다는 사실이 우리의 관심을 끈다. 해당 작용이 이런 "객관적인 것"이나 저런 "객관적인 것"을 **의향**한다는, 바로 이러한 기술이, 더 정확히 말하자면, 객관성을 구성하는 다양한 계기들과 관련한 선험적 진리를 제시하는 일이, 현상학의 영역에 속한다. 우리는 **시간의식**을 철저히 탐구하고, 시간의식의 본질적 구성을 들춰내며, 경우에 따라 선험적 시간법칙들이 본질적으로 그에 속하는바, 시간에 고유한 파악내용과 작용성격³⁷을 제시하면서, **시간의 선험성**을 **명료하게** 해명하고

---

36 역자주 후설에게서 Meinung은 대개 지향(Intention)과 대동소이한 뜻을 가지지만, 간혹 믿음이나 주의하는 지향을 뜻하기도 한다. Meinung의 동사형인 meinen은 영어에서는 주로 intend나 mean으로 번역된다. 한국어에서 "사념하다"로 번역되는 경우도 있으나, 여기에서는 "의향(意向)하다"로 번역하며, meinende Intention은 "의향(하는) 지향"으로 번역한다.

37 역자주 지향적 체험은 체험의 재료(Materie)와 성질(Qualität)이라는 두 가지 요소를 가지고 있는데, 여기서 재료는 체험이 지향하고 있는 내용을 뜻하며, 성질은 지각, 판단, 질문, 회의 등 체험의 방식을 뜻한다. 동일한 재료가 서로 다른 성질과 결합하여 다양한 유형의 지향적 체험을 이룰 수 있다. 예를 들어 "어떤 갈색의 나무"라는 재료는 지각, 판단, 질문, 회의 등의 성질과 결합하여 "어떤 갈색의 나무에 대한 지각", "어떤 갈색의 나무에 대한 판단", "어떤 갈색의 나무에 대한 질문", "어떤 갈색의 나무에 대한 회의" 등 다양한 유형의 지향적 체험을 이룬다. 지향적 체험의 질료와 성질의 구별에 대해서는 제5『논리연구』의 20절, 「어떤 작용의 성질과 질료의 구별」을 참고할 것.

자 한다. 여기서 선험적 시간법칙들이라고 할 때 나는 물론 다음과 같
은 자명한 유형의 법칙들을 염두에 두고 있다. 즉, 확고한 시간적 질서
는 두 개의 차원을 지닌[38] 무한한 계열이라는 것, 서로 다른 두 개의 시
간은 결코 동시에 존재할 수 없다는 것, 그들 간의 관계는 비상호적[39]이
라는 것, 이행성[40]이 존재한다는 것, 모든 시간에는 그에 앞서는 시간과
그보다 나중인 시간이 속한다는 것 등등이다. 여기까지가 일반적인 서
론이다.

---

38 역자주 여기서 "두 개의 차원을 지닌"(zweidimensional)이라는 표현에서 '두 개의
차원'은 과거 방향과 미래 방향이라는 두 개의 방향을 가진다는 의미이지, 평면과 같은
의미에서 2차원을 뜻하지 않는다.

39 역자주 비상호적(ungleichseitig)이라는 표현은 시간의 특성인 "비가역성"을 뜻한다.

40 역자주 이행성(Transitivität)은 가령 "A〉B이고 B〉C이면, A〉C이다"와 같은 특성
이며, 여기에서 시간의 이행성은 가령 "A가 B보다 이전이고 B가 C보다 이전이면, A는
C보다 이전이다"와 같은 시간의 본질적 특성을 의미한다.

1

시간의 근원에 관한 브렌타노의 이론[1]

§3. 근원적 연상

우리는 이제 시간의 근원에 관한 브렌타노의 이론에 연결시켜, 앞서 제기한 문제들에 접근할 수 있는 통로를 얻고자 한다. 브렌타노는 근원적 연상(ursprüngliche Assoziation) 속에서, 다시 말해 "직접적 기억 표상들의 발생, 즉 예외 없는 법칙에 따라 아무런 매개 없이 그때그때 주어

---

[1] 역자주 "시간의 근원에 관한 브렌타노의 이론"을 다루고 있는 1장(3절-6절)의 내용이 다소 난해하다고 느끼는 독자들이 있을 것이다. 이 부분에 대한 이해가 후설의 내적 시간의식의 현상학을 이해하기 위해 필수적인 것은 아니며, 따라서 이 부분을 이해하기 어려운 독자는 이 부분을 건너뛰어도 좋을 것이다. 물론 후설의 시간론을 이해하고 나면 이 부분을 이해하기도 더 수월할 것이며, 따라서 뒷부분을 먼저 읽고 후설의 시간론을 이해한 후 이 부분을 다시 읽어도 좋을 것이다. 이 부분이 어려운 이유는 무엇보다도 브렌타노의 시간론에 대한 기록이 극히 단편적으로만 남아 있어 그것을 총체적으로 재구성하는 일이 불가능할 뿐 아니라, 후설 자신도 자신의 기억에 의존해 브렌타노의 시간론을 독자들에게 소개하고 있기 때문이다. 독자들은 브렌타노의 시간론 부분을 이해하기 위해 다음을 참고할 수 있다. 김태희, 『시간에 대한 현상학적 성찰: 후설 시간론의 새로운 해석과 재구성』, 78쪽 이하.

지는 지각 표상에 결합되는 기억 표상들의 발생 속에서"[2] 해답을 찾았다고 믿었다. 우리가 어떤 것을 보고, 듣고, 또는 일반적으로 지각할 때, 지각되는 것은 어느 시간 동안 우리에게 현재적인 것으로 남아 있되, 변양되지 않은 채 남아 있지는 않은데, 이런 일은 규칙적으로 일어난다. 이때 강도와 충만함처럼 때로는 조금 약하게 때로는 조금 눈에 띄게 나타나는 변화들을 도외시하면 그럼에도 특히 주목할 만한 또 다른 변화를 언제나 확인할 수 있다. 그것은 바로 그러한 식으로 의식에 남는 것은 많이 지나갔든 조금 지나갔든 지나간 것으로 우리에게 현출하며 흡사 시간적으로 뒤로 밀려난 것처럼 나타난다는 것이다. 예를 들어 하나의 선율이 울릴 때, 자극이 그친다고 해서, 혹은 자극을 통해 야기된 신경 운동이 그친다고 해서 개별 음이 남김없이 사라지는 것은 아니다. 새로운 음이 울릴 때, 앞서 지나간 음이 모조리 사라지는 것은 아니다. 만일 그것이 흔적 없이 사라지면, 우리는 서로 잇따르는 음들 사이의 관계를 알아차릴 수 없을 것이며 매 순간마다 오로지 단 하나의 음만 가질 것이고, 경우에 따라서는 두 음의 울림 사이의 시간에는 오직 텅 빈 휴지기를 가지지, 선율이라는 표상은 결코 가지지 못할 것이다. 다른 한편 이처럼 음 표상이 의식에 남아 있다는 사실로 문제가 끝나는 것은 아니다. 만일 음 표상들이 변양되지 않은 채 남아 있으면, 우리는 선율이 아니라 한꺼번에 울리는 음들의 화음만 경험할 것이며, 아니면 그보다는, 이미 울렸던 저 음들이 한꺼번에 모두 울리면 들릴 그런 불협화음의 뒤섞임만 경험할 것이다. 저 고유한 변양이 나타나야 비로소, 즉 [감각들을] 산출하는 자극들이 사라지고 난 후 각각의 음 감각이 유사한 표상을, 시간규정을 갖춘 표상을 스스로 불러일으켜야, 그리고 이 시간규정이 계속 변화해야 비로소, 그 안에서 개별 음이 각각 특정한 자리와

---

2 편집자주 이 인용문은 프란츠 브렌타노의 강의를 필기한 필사본에 따른 것으로 보인다.

특정한 시간 크기를 가지게 될, 하나의 선율에 대한 표상이 나타날 수 있다.

그러므로 다음과 같은 사실은 하나의 일반적 법칙이다: 모든 주어진 표상에는 그 본성상 표상들의 연속적 계열이 연결되며, 이 표상들 각각은 그보다 앞선 표상의 내용을 재생하는데, 그것도 이 표상들 각각이 [재생된] 새로운 표상에 끊임없이 과거라는 계기를 부착하는 방식으로 재생한다.

그렇게 상상(Phantasie)은 여기서 독특한 방식으로 생산적임이 드러난다. 여기 상상이 참으로 새로운 표상의 계기, 즉 시간계기를 창조하는 유일한 경우가 존재한다. 그리하여 우리는 상상의 영역에서 시간표상의 근원을 발견하였다. 브렌타노 이전의 심리학자들은 이러한 표상의 본래적 원천을 발견하고자 헛수고만 했다. 이러한 헛수고는 물론 흔히 빠지기 쉬운 혼동, 즉 주관적 시간과 객관적 시간의 혼동에 기인하는데, 이러한 혼동은 심리학자들을 혼란에 빠뜨렸고 그들로 하여금 여기에 놓여 있는 본래적인 문제를 전혀 볼 수 없게 만들었다. 많은 사람들은 시간 개념의 근원에 대한 물음이 색깔, 음 등에 대한 개념의 근원에 대한 물음과 똑같이 대답될 수 있으리라고 생각했다. [그들에 따르면] 우리가 어떤 색깔을 감각하는 것처럼, 우리는 색깔의 지속도 감각하며, 성질과 강도와 마찬가지로 시간적 지속도 감각에 내재적인 계기라는 것이다. 외부 자극은 물리적 과정이라는 형식을 통해 성질을 낳고, 그 사건의 생생한[3] 힘을 통해 강도를 낳으며, 외부 자극의 계속적인 지속을 통해 주관적으로 감각되는 지속을 낳는다는 것이다. 그러나 이것은 명백한 오류이다. 자극이 지속한다는 사실을 언급함으로써 감각

---

3 역자주 lebendig는 문맥에 따라 "생생한"으로 옮기거나 "살아 있는"으로 옮긴다. "살아 있는"으로 옮길 때는 특히 그 무엇이 (파지 지평과 예지 지평을 포함하는) 현재에 있음을 뜻한다.

이 지속하는 것으로 감각된다는 사실은 아직 언급되지 않았고, 다만 감각도 지속한다는 사실만 언급되었을 뿐이다. 감각의 지속과 지속의 감각은 다른 것이다. 이는 연쇄[4]도 마찬가지이다. 감각들의 연쇄와 연쇄의 감각은 같은 것이 아니다.[5]

물론 지속과 연쇄의 표상을 심리 작용의 지속과 연쇄라는 사실로 소급해 설명하고자 하는 사람들에게도 이와 똑같은 반론을 제기해야 한다. 그렇긴 하지만 특히 감각에 대해서 이러한 반박을 수행해[반론을 제기해] 보자.

감각들이 지속하거나 서로 잇따르기는 하지만, 우리의 표상이 [지속이나 잇따름 같은] 시간규정을 조금도 가지고 있지 않기 때문에, 우리가 그러한 사실에 대해 전혀 알지 못하는 경우를 생각해 볼 수 있다. 예

---

4 역자주 여기에서 '연쇄'(Sukzession)는 여러 대상들이 차례로 나타난다는 뜻이며, 이와 의미가 비슷한 용어로는 '잇따름'(Folge)과 '순차성'(Nacheinander)이 있다. '계기'(繼起)라는 번역어는 '계기'(契機, Moment)와 발음이 중복되어 피했고, '연속'이라는 번역어는 '연속(체)'(Kontinuum)과 혼동되므로 피했다. 이와 관련하여, '끊임없는'(stetig)은 '연속적'(kontinuerlich)과 대개 같은 뜻으로 쓰이며 '이산적'(diskret)과 반대되는 뜻이다. '지속적'이라는 번역어를 쓰지 않은 이유는 '지속'(Dauer)과의 혼동을 피하기 위함이다.

5 역자주 감각의 지속이나 연쇄만으로는 이러한 지속이나 연쇄에 대한 "의식"이 나타나지는 않는다. 가령 선율을 이루는 두 개의 음 감각(혹은 음 감각을 일으키는 음 자극)이 연쇄한다고 해서 이들의 연쇄에 대한 의식이 나타나지는 않는다. 외부로부터 두 개의 음이 연쇄적으로 우리의 감각기관을 자극하고 이에 의해 두 개의 음 감각이 연쇄적으로 나타난다고 가정해 보자. 첫 번째 음 감각이 지나가고 두 번째 음 감각이 나타날 때, 그 지나간 첫 번째 음 감각이 어떤 방식으로든 의식에 머물지 않고 완전히 사라지면, 이처럼 음 감각들이 연쇄한다고 해도 이러한 연쇄에 대한 의식은 생겨나지 않을 것이다. 지나간 감각이 이처럼 (과거로 변양된 채) 머물 수 있어야 비로소 두 감각들의 연쇄 관계를 의식할 수 있다. 브렌타노의 연구가 이전의 시간 연구들에 비해 진전된 부분은 이처럼 객관적 시간(음 자극들 혹은 음 감각들의 연쇄)과 주관적 시간의식(연쇄에 대한 의식)을 구별하고, 이처럼 지나간 음이 여전히 머물기 때문에 연쇄에 대한 의식이 가능함을 시간의 근원으로 통찰한 점이다.

를 들어 어떤 [감각들의] 연쇄의 사례를 고찰하면서 [그] 감각들이 자신을 유발한 자극들이 사라질 때 함께 사라진다고 가정하면, 우리는 시간적 경과를 알아차리지 못한 채 감각들의 연쇄를 가지게 될 것이다. 그렇다면 새로운 감각이 출현할 때 우리는 확실히 앞선 감각이 있었음을 더 이상 전혀 기억하지 못할 것이다. 우리는 매 순간 막 산출된 감각에 대한 의식만 가지고 있을 뿐 그 이상은 가지고 있지 못할 것이다. 그러나 만일 이미 산출된 감각들이 [사라지는 것이 아니라] 계속 지속한다고 해도, [그것만으로는] 우리가 연쇄의 표상을 갖도록 하는 데 아무런 도움도 주지 못할 것이다. [감각된] 음들이 연속적으로 울려 퍼질 경우, 앞서 울려 퍼진 음들이 과거에 그랬던 것처럼 계속해서 울려 퍼지고 그와 동시에 계속해서 새로운 음들이 울려 퍼지면 우리는 우리의 표상 속에서 음들의 동시적 총합만 가지고 있을 뿐 음들의 연쇄는 가지고 있지 못할 것이다. [이 경우] 이 음들이 [실제로] 모두 한꺼번에 울리는 경우와 비교해 그 어떤 차이도 없을 것이다. 다른 예를 들어 보자. 운동의 경우, 움직이는 물체가 그 어떤 변화도 없이 그것이 처해 있는 그때그때마다의 위치에서 고정되어 의식에 포착된다면, 그 물체가 지나쳐 간 공간은 우리에게 [그 물체가 매 순간 현출하는 모양들로] 연속적으로 채워진 것으로 나타날 테고, 우리는 운동이라는 표상을 가질 수 없을 것이다. 이전의 감각이 변화 없이 의식에 남아 있는 것이 아니라 독특한 방식으로 변양될 때에야, 그것도 순간순간 계속 변양될 때에야 비로소 연쇄의 표상이 나타난다. 이전의 감각은 상상으로 이행하면서 끊임없이 변하는 시간적 성격을 획득하고, 그리하여 그 [감각]내용은 순간순간 점점 뒤로 밀려나는 것으로 나타난다. 그러나 이러한 변양은 더는 감각의 사태가 아니며 자극에 의해 유발되는 것도 아니다. 자극은 현재의 감각내용을 산출한다. 자극이 사라지면 감각도 사라진다. 그러나 감각은 이제 스스로 창조적이 된다. 감각은 내용적으로 동일하거나 거의 동일한, 그리고 시간성격이 덧붙여진 상상표상을 산출한다. 이 [상상] 표상은 거기에 끊임없이 연결되는 새로운 표상을 또다시 불러일으키고, 이는 계속된다. 주어진 표상에, 시간적으로 변양된 표상이 이렇게 끊임없이 결합되는 과정을 브렌타노는 "근원적 연상"이라고 부른다. 그런데 브렌타노는 그의 이론이 가지고 있는 귀결로서 연쇄와 변화에 대한 지각을 부정하기에 이른다. 우리는 하나의 선율을 듣는다고 [즉 지각한다고] 믿지만, 그러니까 방금 지나간 것도 여전히 듣는다고 믿지만, 이는 근원적 연상의 생생함 때문에 생기는 가상에 지나지 않는다.

§4. 미래의 획득과 무한한 시간

근원적 연상을 통해 생겨나는 시간직관은 아직 무한한 시간에 대한 직관은 아니다. 시간직관은 더 풍부해지면서 복잡한 형태를 지니게 되는데, 이는 과거 측면에서만 그런 것이 아니라, 미래가 첨가되면서 완전히 새롭게 분기한다. [근원적 연상을 통한] 순간 기억 현상에 기초하여, 상상은, 우리가 알려진 관계와 형식을 따라가면서 경우에 따라 어떤 새로운 유형의 색과 음에 대한 표상에 도달하는 과정과 유사한 과정 속에서, 미래에 대한 표상을 형성한다. 우리는 특정 조성 내에서 아주 특정한 음 종류에 기초하여 들었던 선율을 상상 속에서 다른 음역으로 옮길 수 있다. 이 경우 우리가 알려진 음들에서 출발하여 아직 한 번도 들은 적이 없는 음들에 이르는 일은 충분히 가능하다. 이와 유사하게 상상은 과거로부터 미래의 표상을 형성하는데, 말하자면 예상(Erwartung)[6] 속

---

6 역자주 Erwartung은 보통 "기대"로 번역되고 있으나 여기에서는 "기대"라는 표현이 지니는 긍정적 어감을 배제하기 위해 중립적 어감을 지닌 "예상"으로 번역한다.

에서 그러하다. 상상은 새로운 것을 조금도 제공해 줄 수 없다는 생각,
상상은 지각 속에서 이미 주어진 요소를 그저 반복하는 데 그치고 만다
는 생각은 그릇된 견해이다. 마지막으로, 완전한 시간표상, 즉 무한한
시간의 표상과 관련해 말하자면 그것은 무한한 수 계열, 무한한 공간
등처럼, 개념적 표상의 산물(ein Gebilde des begrifflichen Vorstellens)
이다.

§5. 시간성격에 의한 표상의 변화

이제 브렌타노에 따르면, 우리는 시간표상 안에서 특히 중요한 또 하나
의 특성을 주목해야 한다. 과거라는 시간 종과 미래라는 시간 종은 그
것들이 그와 결합하는 감각적 표상들의 요소들을, 그에 부가되는 여타
의 양상들과는 달리, 규정하지(determinieren) 않고 변경시킨다(al-
terieren) 독특한 성질을 가지고 있다. 도(c) 음은 조금 더 크더라도 도
음**이고** 조금 더 약하더라도 역시 도 음**이다**. 이에 반해, **존재했던** 도 음
은 도 음이 **아니고** 존재했던 빨강은 빨강이 아니다. 시간규정은, "표상
된"이나 "소망된" 등의 규정들이 그러한 것과 아주 유사하게, 규정하지
않고 본질적으로 변양시킨다. 표상된 1탈러, 가능한 1탈러는 1탈러가
아니다.[7] 오로지 "지금"이라는 규정만 예외이다. 지금 존재하는 A는 확

---

7 역자주 후설이 소개하는 브렌타노의 시간론에 따르면 오직 "존재하는"이라는 현재
의 시간규정만이 대상을 존재하는 것으로 표상하며 "존재했던"이라는 과거의 시간규정
과 "존재할"이라는 미래의 시간규정은 대상을 존재하는 것으로 표상하지 않는다. 바로
이러한 이유에서 "존재했던 도 음은 도 음이 아니고", 장차 존재할 도 음도 도 음이 아
니며 오직 지금 있는 도 음만이 도 음이다. 이처럼 현재 이외의 시간규정이 대상을 존
재하는 것으로 표상하지 않기 때문에 그것은 "존재하는 대상을 존재하지 않는 대상으
로" "변양시킨다"고 할 수 있다. 이러한 점에서 그것은 존재하는 대상을 상상의 대상으

실히 현실적인 A이다. 현재는 변양시키지 않으며, 그렇다고 다른 한편 규정하지도 않는다. 내가 어떤 사람의 표상에 지금을 덧붙여도, 그를 통해 그 사람은 그 어떤 새로운 특징도 획득하지 않으며, 그에게서 그 어떤 [새로운] 특징도 지시되지 않는다. 지각의 경우, 지각이 무엇인가를 지금 있는 것으로 표상할 경우, 그를 통해 그것의 성질, 강도, 공간 규정에 아무것도 덧붙여지지 않는다. 브렌타노에 따르면 변양시키는 시간 술어들[과거와 미래]은 비실재적이며, 지금이라는 규정만 실재적(real)이다. 여기서 주목할 만한 점은, [과거와 미래라는] 비실재적 시간규정들이 [지금이라는] 참으로 실재적인 유일한 규정을 가지고 있는 연속적인 계열에 무한소의 차이 속에서 이어지면서 이 계열에 속할 수 있다는 사실이다. 그리하여 이제 실재적 지금은 늘 다시 비실재적이 된다. 변양시키는 시간규정이 부가됨으로써 어떻게 실재적인 것이 비실재적이 될 수 있는지 누군가 물으면 다음과 같은 답 이외의 다른 답은 주어질 수 없다: 현재 속에서 일어나는 모든 생성과 시간의 경과에는 필연적 귀결로서 모든 유형의 시간규정들이 모종의 방식으로 연결된다. 왜냐하면, 완전히 명증적이고 자명한 일이듯이, 현재 존재하는 모든 것은, 현재 존재한다는 사실의 귀결로서, [미래에는] **존재했던 것**이 될 것이며, 또 현재 존재하는 모든 것은, 그것이 현재 존재한다는 사실의 귀결로서, 미래의 존재했던 것(ein zukünftig Gewesenes)[8]이다.

로 변양시키는 상상변양과 유사하다. 현재 이외의 시간규정이 대상을 존재하는 것으로 표상하지 않기 때문에 그것은 대상의 내용을 "규정할" 수 없다. 대상의 내용을 규정할 수 있는 것은 오직 현재라는 시간규정뿐이다.

8 역자주 "미래의 존재했던 것"이라는 표현은 현재 시점에 존재하는 것이 미래 시점에서 보면 이미 과거가 된 것이라는 뜻이다.

§6. 비판

이제 지금까지 서술한 [브렌타노의] 이론에 대한 비판으로 넘어가 보자. 그러면 우리는 우선 이렇게 물어야 한다. 이 이론은 무엇을 하고 있고 무엇을 하려고 하는가? 확실히 이 이론은 우리가 시간의식에 대한 현상학적 분석을 위해 필수적이라고 인식한 토대 위에서 전개되고 있지 않다. 이 이론은 초월적 전제들, 즉 "자극"을 행사하고 우리에게 감각을 "야기하는" 등의 존재하는 시간대상들을 가지고 작업을 시작한다. 그러므로 이 이론은 시간표상의 심리학적 근원에 대한 이론으로 드러난다. 그러나 동시에 이 이론은 객관적 시간성에 대한 의식의 가능조건들에 대한 인식론적 고찰의 편린들을 담고 있는데, 이러한 시간성 의식은 그 자체가 시간적인 것으로 현출하고 또 현출할 수 있어야 한다. 거기에 심리학적 술어들 및 현상학적 술어들과 관계를 맺어야만 하는 시간 술어들의 독특성에 대한 논의들이 더해지는데, 이 관계가 무엇인지는 더 이상 추적되지 않았다.

브렌타노는, 그에 따라 그때그때마다의 지각에 순간적 기억 표상이 연결되는바, 근원적 연상의 법칙에 대해 말한다. 분명히 이는 주어진 심리적 체험들에 기초하여 새로운 심리적 체험들이 새로 형성되는 과정에 대한 심리학적 법칙을 뜻한다. 이러한 체험들은 심리적 체험들이며, 객관화[대상화]되고, 그 자체의 시간이 있으며, 그의 생성과 발현에 대해 언급된다. 이런 것은 심리학의 영역에 속하고 여기서 [현상학자인] 우리의 관심을 끌지 못한다. 그러나 이러한 고찰에는 현상학적 핵심이 하나 숨어 있는데, 아래의 논의는 이제 이러한 핵심에만 제한하여 이루어질 것이다. 지속, 연쇄, 변화는 **현출한다**. 이 현출함에는 무엇이 있는가? 예를 들어 연쇄 속에서 "지금"이 현출하고, 이와 통일체를 이루면서 "지나갔음"이 현출한다. 현재의 것과 과거의 것을 지향적으로 포괄하는 의식의 통일체는 현상학적 자료이다. 이제 브렌타노가 주장하듯이, 이 의식에서 과거의 것이 실제로 상상이라는 방식에서 현출하는지 하는 점이 문제이다.

브렌타노는 미래의 획득을 논하면서, 그가 보기에, [한편으로] 근원적 연상의 창조물인 원본적 시간직관과, [다른 한편으로] 상상[9]에서도 발원하긴 하지만, 근원적 연상에서 발원하지는 않는 확장된 시간직관을 구별한다. 우리는 시간직관에 대립하여, 비본래적 시간표상, 즉, 무한한 시간의 표상, 직관적으로 현실화되지 않은 시간들과 시간관계들에 대한 표상이 있다고 말할 수도 있다. 그런데 브렌타노가 여기에서 떠오르는 구별을, 즉, 그가 도저히 간과했을 리 없는, 시간 지각과 시간 상상 간의 구별을 시간직관 이론에서 전혀 고려하지 않고 있다는 사실은 이제 아주 눈에 띈다. 물론 그가 (과거와 미래의 경계인 지금점은 예외이지만) 시간적인 것에 대한 지각이라는 표현을 거부할 수도 있다. 그러나 이러한 구별은 연쇄의 지각과 이미 지각된 연쇄의 기억(또는 그러한 연쇄의 단순한 상상)에 대해 말할 때 전제가 되므로 부정해 버릴

---

9   저자주 여기서 "상상"(Phantasie)은 언제나 모든 재현하는 작용을 포괄하는 것이지, 정립작용의 반대 의미로 사용되지 않았다.

   역자주 이 점과 관련해 후설은 "정립적 상상"(setzende Phantasie)과 "비정립적 상상"(nicht-setzende Phantasie)을 구별하는데, 그는 비정립적 상상을 "순수한 상상"(pure Phantasie), "단순한 상상"(blosse Phantasie)이라고 부른다. 비정립적 상상은 동화 속의 주인공을 떠올리는 경우처럼 대상이 실제로 존재한다고 정립하지 않으면서 그것을 떠올리는 작용을 뜻한다(물론 동화 주인공에 대한 정립적 상상도 가능한데, 가령 어린이의 경우가 그럴 것이다). 이러한 의미의 상상에는 대상이 실제로 존재한다고 하는 정립작용이 들어 있지 않다. 이와는 달리 정립적 상상은 기억, 예상, 현재기억처럼 눈앞에 있지는 않지만 실제로 존재하는 대상을 떠올리는 작용, 즉 정립적인 재현작용을 뜻한다. 두 종류의 상상의 구별에 대해서는 E. Husserl, *Phantasie, Bildbewußtsein, Erinnerung. Zur Phänomenologie der anschaulichen Vergegenwärtigungen. Texte aus dem Nachlass (1898-1925)*, The Hague/Boston/London: Kluwer Academic Publishers, 1980, 221, 350, 409, 464쪽 등을 참고할 것.

수 없으며 어떤 식으로든 해명되어야 한다. 원본적 시간직관이 이미 상상의 창조물이라면, 시간적인 것에 대한 이러한 상상[원본적 시간직관]을, 그 안에서 이전에 지나간 시간적인 것이 의식되는 상상과[확장된 시간직관과] 구별시켜 주는 것, 다시 말해 근원적 연상의 영역에 속하지 않고, 즉 [현재의] 순간 지각과 하나의 의식 속에서 연결되어 있지 않고, 한때 지나간 지각과 하나의 의식 속에서 연결되어 있었던 그러한 것에 대한 상상과 구별시켜 주는 것은 무엇인가? 어제 체험된 연쇄에 대한 재현[확장된 시간직관]은 어제 원본적으로 체험된 시간장에 대한 재현을 뜻하고 이러한 재현 자체가 이미 근원적으로 연상된 상상들의 [근원적 연상에 의한 상상들의] 연속체로서 드러나면, 우리는 이제 [어제 체험된 연쇄에 대한 재현에서] 상상의 상상과 관계하고 있는 것이 될 것이다. 여기서 우리는 브렌타노의 이론에서 해명되지 않은 난점들과 만나는데, 이러한 난점들이 원본적 시간의식에 대한 그의 분석의 타당성을 의심스럽게 만든다.[10] 브렌타노가 이 난점들을 해결할 수 없었던 것은 여기 설명한 결함 외의 또 다른 결함들에 기인하기도 한다.

브렌타노는 작용과 내용 사이의 구별 내지 작용과 파악내용과 파악되는 대상 사이의 구별을 하지 않았다. 그러나 우리는 시간계기가 이들 중 어디에 속하는지 하는 점을 분명히 밝혀야 한다. 근원적 연상이 그때마다의 지각에 표상의 끊임없는 이어짐을 연결시키고 그를 통해 시간계기가 산출된다면, 우리는 이렇게 물어야 한다. 그것은 어떤 종류의 계기인가? 이러한 시간계기는 본질적으로 작용성격에 고유한 차이로서 작용성격에 속하는가, 아니면 파악내용들에, 가령 우리가 색이나 음을

10　저자주 이에 상응하는 적극적인 상술은 §19를 참조하라.

　　역자주 후설은 19절, 「파지(일차적 기억)와 재생(이차적 기억 및 상상)의 차이」에서 (브렌타노가 상상의 산물로 보았던) '파지'는 직관의 산물이고 회상이나 상상은 재현의 산물이라는 사실을 상세히 서술한다.

그들의 시간적 존재에서 고찰할 때 감각적 내용들에 속하는가? 표상함 자체는 그 어떤 차이남도 허용하지 않고 표상들 자체 사이에는, 그의 일차적인 내용을 제외하면, 그 어떤 차이도 존재하지 않는다는 브렌타노의 이론에 따르면 지각의 일차적 내용들에 질적으로 동일하고 단지 강도와 충만함만 줄어드는 상상자료들[11]이 계속해서 연결되고 거기에 또 다시 상상자료들이 연결된다는 견해가 남아 있을 뿐이다. 이와 병행하여 상상은 새로운 계기, 즉 시간계기를 부가한다. 이러한 서술은 여러 면에서 불충분하다. 우리는 시간성격, 연쇄, 지속을 일차적 내용에서뿐 아니라, 파악되는 대상과 파악하는 작용에서도 발견한다. 하나의 층위에 국한된 시간 분석은 불충분하며, 시간 분석은 오히려 [파악작용, 파악내용, 파악대상이라는] 구성의 모든 층위를 추적해야 한다.

  그러나 [파악작용에 의한 파악대상 구성을 고려하는] 초월하는 해석은 모두 도외시하고 내재적인 내용[파악내용]에 한정하여, 성질, 강도 등 여타 내용들 전체와 뒤섞여 있는―시간계기라 불리는― 하나의 계기가 들어서면서 시간적 변양이 일어나는 것으로 이해되어야 한다는 견해[브렌타노의 견해]를 [타당하다고 간주하고 그것을] 관철시키도록 시도해 보자. 체험된 음 A가 지금 막 울려 퍼졌고, 근원적 연상을 통해 새로워지며, 우리의 의식이 그것을 그 내용에 따라 계속해서 꼭 붙들고 있다고 하자. 그런데 이것은 다음과 같은 뜻이 될 것이다. A는 (아무튼 강도가 약해질 때까지도) 결코 지나간 것이 아니라 현전적으로 남아 있다. [지금 울리는 A와 근원적 연상에 의해 유지되는 A의] 차이는 다만 연상이 창조적이기도 해야 하며, [따라서] "지나간"이라고 불리는 새로

---

11 역자주 파악작용이 파악내용들에 작용하여 파악대상을 구성한다는 "파악작용―감각내용의 도식"에 따르면, 지각이 감각자료들에 작용하여 지각대상을 구성하는 것과 마찬가지로, 상상(Phantasie)은 상상자료들(Phantasmen)에 작용하여 상상대상(Phantasiegegenstand)을 구성한다.

운 계기를 덧붙인다는 데 있을 것이다. 이 계기는 점멸하고[12] 연속적으로 변화하며, 그에 따라 A는 조금 더 또는 조금 덜 지나간다. 따라서 과거는, 그것이 원본적 시간직관의 영역에 포함되는 한, [과거이면서] 현재여야 할 것이다. 우리가 현행적으로 경험하는 빨강이라는 계기처럼 "지나간"이라는 시간계기는 동일한 의미에서 현재의 체험계기여야만 할 텐데, 그러나 이것은 명백한 모순이다.

아마 사람들은 반론을 제기할 것이다. A 자체는 지나갔으나, 의식에서는 근원적 연상 덕분에 새로운 내용이, 즉 "지나감"이라는 성격을 지닌 A가 남아 있다고. 그러나 같은 내용인 A가 의식 속에 계속 있다면, 그것이 새로운 계기를 가지고 있다고 한들, 바로 A는 지나간 것이 아니라 지속하는 것이며, 따라서 그것은 지금 현재 있고 계속 현재 있는데, 그것도 "지나감"이라는 새로운 계기와 더불어 현재 있으니, 결국 지나갔으면서 동시에 현재 있다. 그러나 그렇다면 우리는 A가 이전에 존재했다는 사실을, 즉 이 현전하는 A가 존재하기 이전에 존재했다는 사실을 어떻게 안단 말인가? 어떻게 우리가 과거라는 관념을 가진단 말인가? 우리가 그것을 과거의 계기라고 부르더라도, 이러한 새로운 계기가 결합되어 의식 속에서 A가 현전한다는 사실을 통해서 우리는, A가 지나갔다고 하는, [현재를] 초월하는 의식을 해명할 수 없다. 이러한 사실을 통해 우리는 새로운 [시간]성격을 지닌 A로서 지금 내가 의식 속에 가지고 있는 것이, 지금 의식 속에 있지 않고, [과거에] 있었던 것과 동일하리라는 사실에 대한 희미한 표상조차 가질 수 없다. 그렇다면 지금 체험되는, 근원적 연상의 계기들은 [도대체] 무엇인가? 그것들은 혹시

---

12 역자주 abstufen은 과거로 밀려가면서 단계별로 점차 사라지는 현상, 즉 파지변양을 뜻하는 개념이다(영역본에서는 shading off로 번역하였다). 여기에서는 "점차 사라짐"이라는 의미의 "점멸"(漸滅)을 번역어로 채택했다. 다만 "켜졌다 꺼졌다 함"이라는 의미의 "점멸"(點滅)과 발음이 같아 혼동하지 않도록 유의해야 한다.

그 자체가 시간들인가? 그렇다면 모순에 빠진다. 이 계기들은 모두 지금 있으며, 같은 대상 의식 속에 포함되어 있으니, 동시적이다. 그러나 시간의 순차성은 동시성을 배제한다. 그렇다면 그것들은 혹시 시간계기 자체가 아니라 시간 기호인가? 그러나 그와 더불어 우리는 우선 새로운 단어를 하나 가지고 있을 뿐이며, 시간에 대한 의식은 여전히 분석되지 않았다. 그리고 과거에 대한 의식이 그러한 기호를 토대로 하여 어떻게 구성되는지, 이 체험되는 계기들이 어떤 의미에서, 어떤 방식으로, 어떤 파악을 통해, 성질계기들과는 다르게 기능하는지는, 즉 지금이라는 의식이 비-지금(Nicht-Jetzt)[지금 아님]과 맺는 바로 그 관계를 산출하도록 기능하는지는 여전히 해명되지 않았다.

또한 과거의 것을 내실적이지[실재적이지] 않고 존재하지 않는 것으로 간주하려는 시도도 큰 문제가 있다. [실재성에] 부가되는 심리적 계기가 [실재적인 것을] 비실재적인 것(Irrealität)으로 만들 수는 없으며 현재의 존재를 제거할 수도 없다. 사실 근원적 연상의 영역 전체는 현전하는 내실적 체험이다. 이 영역에는 시간적 대상에 속하는 여타 계기들과 함께 근원적 연상을 통해 산출된 원본적 시간계기들 전체가 속한다.

따라서 우리는 연속적으로 점멸하는 새로운 계기들만을―그런데 이러한 계기들은 시간위치가 있는 대상적인 것을 구성하는 내용계기들에 어떤 식으로든 덧붙거나 녹아드는데―가지고 직관적 시간구간을 해명하고자 하는 시간의식의 분석이 쓸모없다는 사실을 확인한다. 간단히 말해, 시간형식은 그 자체가 시간 내용도 아니고, 시간 내용에 어떤 식으로든 연결되는 새로운 내용들의 복합체도 아니다. 물론 브렌타노는 감각주의(Sensualismus)처럼 모든 체험을 한낱 일차적 내용으로 환원하는 오류에 빠지지도 않았고, 그가 일차적 내용(primäre Inhalte)과 작용성격(Aktcharaktere)의 근본적 차이를 인식한 최초의 인물이기조차 하지만, 그의 시간 이론은 바로 시간 이론에서 결정적으로 중요한 작용

성격을 고려하고 있지 않다는 사실을 보여 준다. 시간의식이 어떻게 가
능하며 어떻게 이해되어야 하는지 하는 물음은 해결되지 않은 채 남아
있다.

2

시간의식의 분석

§7. 시간대상 파악에 대한 순간 포착 해석과 지속 작용 해석[1]

브렌타노의 이론을 추동하는 동기로서, 헤르바르트(J. F. Herbart)로부터 유래하고 로체(H. Lotze)에 의해 수용되었으며 그 이후 내내 커다란 역할을 했던 한 가지 생각이 작용하고 있다. 그것은 (예를 들어 a와 b라는) 표상들의 잇따름을 포착하기 위해서는, 이 표상들이 [그들을] 관계 짓는 하나의 앎의 대상들, 그것도 철저하게 동시적인 대상들이어야 하며, 이러한 앎은 나누어지지 않는 유일한 작용 속에서 그 표상들을 전혀 나누어지지 않는 방식으로 총괄해야 한다는 생각이다.[2] 하나의 길,

---

1 역자주 7절 역시 내용이 간단하지 않으며 후설의 내적 시간의식의 현상학을 이해하기 위해 필수적이지 않다. 따라서 7절의 내용을 이해하기 어려운 독자는 이 절 역시 건너뛰어도 무방하다. 7절의 내용에 대해서는 다음을 참조할 수 있다. 김태희, 『시간에 대한 현상학적 성찰: 후설 시간론의 새로운 해석과 재구성』, 87쪽 이하.

2 편집자주 Hermann Lotze, *Metaphysik: Drei Bücher der Ontologie, Kosmologie und Psychologie* (『형이상학: 존재론, 우주론과 심리학에 관한 세 권의 책』), Leipzig 1879, 294쪽. "만약 [시간적으로] 나중에 오는 b에 대한 표상이 정말로 [시간적으로]

하나의 이행, 하나의 거리에 대한 모든 표상은, 간단히 말해 다수 요소들의 비교를 포함하고 그들의 관계를 표현하는 모든 표상은, 오직 무시간적으로 총괄하는 하나의 앎의 산물로서만 생각될 수 있다. 만일 표상함 자체가 전적으로 시간적으로 연쇄하여 나타난다면 이러한 표상들은 모두 불가능할 것이다.[3] 이러한 견해[순간 포착 해석]에 따르면, 어떤 시간구간에 대한 직관은 하나의 지금, 하나의 시간점 속에서 일어난다는 사실이 전적으로 불가피하고 명증한 전제로 보인다. 분별 가능한 계기들로 이루어진 어떤 전체를, 어떤 다수를 향하는 모든 의식(다시 말해 관계 의식과 복합체 의식)은 모두 나눌 수 없는 하나의 시간점 속에서 [전체로서의] 자신의 대상을 포괄한다는 사실은 일반적으로 자명해보인다. 그의 부분들이 연쇄적으로 일어나는 어떤 전체를 의식이 향할때마다, 부분들이 재현자들(Repräsentanten)의 형식으로 함께 모여 순간적 직관의 통일성을 이룰 때만, 이 의식은 이 전체에 대한 직관적 의식이 될 수 있다. [지속 파악 해석을 주장하는] 슈테른(W. Stern)은 (그가 그것을 그렇게 불렀듯이) 이러한 "하나의 의식 전체의 순간성이라는 교의"에 이의를 제기했다.[4] 시간적으로 연장되는 의식내용을 토대

이전에 오는 a에 대한 표상을 따라 나타날 뿐이라면, 표상들의 변화는 있겠지만 이 변화에 대한 표상은 아직 없다. [말하자면] 거기에 하나의 시간 경과는 있을 수 있겠지만 누구에게도 그러한 시간 경과의 현상(Schein)은 아직 없다. 이러한 비교가 일어나 그 속에서 b가 [a보다] 이후의 것으로 의식되려면, a와 b에 대한 두 표상은 [양자를] 관계 짓는 앎의 철저하게 동시적인 대상이어야 하고, 이 앎은 나눌 수 없는 하나의 작용 속에서 이 두 표상을 완전히 나눌 수 없이 함께 파악해야 한다."

3 편집자주 위의 책, 295쪽. "어떤 과정 속에 있는 모든 표상들, 서로 떨어져 있는 모든 표상들, 이행 과정 속에 있는 모든 표상들, 간단히 말해 여러 요소들의 비교를 포함하고 그들 사이의 관계를 포함하는 모든 표상들은 그처럼 무시간적으로 함께 파악하는 지식의 산출물로서만 생각될 수 있다. 만일 표상작용 자체가 [무시간적으로 함께 파악하는 지식으로 응축되지 않은 채] 완전히 시간적인 계기로 나누어져 분해되고 만다면 이 표상들은 모두 불가능할 것이다."

4 편집자주 William Stern, "Psychische Präsenzzeit"(「심리적 현재 시간」), Zeitschrift

로 비로소 파악이 생겨나는 경우들이,[5] 즉 하나의 시간구간(이른바 "현전시간"(Präsenzzeit) 동안에 파악이 연장되는[6] 경우들이 있다는 것이다. 그리하여 가령 이산적 연쇄는 그것을 이루는 항들이 비동시적이더라도 하나의 의식 끈에 의해, 하나의 통일적 파악작용에 의해 연결될 수 있다.[7] 잇따라 일어나는 여러 음이 하나의 선율을 이룰 수 있음은, 오로지 심리적 사건들의 서로 잇따름이 "단번에" 하나의 전체 구조로 통합됨에 의해서이다. 이 음들은 의식 안에서 서로 순차관계에 있지만, 하나의 동일한 전체 작용 안으로 들어온다. 우리는 가령 [선율의] 음들을 한꺼번에 [경험하여] 가지고 있는 것이 아니고, [선율의] 마지막 음을 들을 때 이전 음들이 여전히 지속되고 있다는 상황 덕분에 선율을 듣는 것이 아니라, 음들은 하나의 공동적인 작용, 파악형식을 가지고 연쇄적인 통일체를 구성한다.[8] 물론 연쇄적 통일체는 마지막 음과 더불

---

für Psychologie und Physiologie der Sinnesorgane, XIII (1897), 325-349쪽. "하나의 전체 의식의 순간성이라는 교의, 혹은 그 부분들의 필연적인 동시성(Isochronismus)이라는 교의"라는 표현은 이 논문의 330쪽 이하를 보라. William Stern, *Psychologie der Veränderungsauffassung*(『변화 파악의 심리학』), Breslau 1898도 참조하라.

5 편집자주 "Psychische Präsenzzeit", 위의 책, 326쪽. "시간적으로 연장된 의식내용을 토대로 비로소 파악이 나타나는 경우들."

6 편집자주 위의 책, 327쪽. "그 안에서 그러한 심리적 작용이 연장될 수 있는 시간구간을 나는 그의[그러한 작용의] **현전시간**이라고 부른다."

7 편집자주 위의 책, 329쪽. "그러나 연쇄하는 부분요소들이, 추상을 통해서 비로소 창출되는 것이 아니라 처음부터 존재하는 경우에 있어서도(우리는 이미 위에서 여러 음절로 이루어진 단어들에 대한 파악에 대해 언급했다), 연쇄하는 부분요소들은 이산적으로 연쇄하지만 통일적인 의식의 끈을 통해 결합될 수 있다. 이 의식의 끈은 결과로 등장하는 파악작용이다."

8 편집자주 위의 책, 329쪽 이하. "서로 잇따르는 네 개의 소리가 (…) 특정 선율로 나타날 수 있는 것은 오로지 네 개의 심리적 사건들이 서로 차이가 있지만 그래도 곧바로 하나의 전체 이미지로 결합함에 의해서이다. 이 네 개 항은 물론 의식 속에서 서로 나란히 있긴 하지만, 그럼에도 불구하고 하나의 동일한 파악작용 안에, [즉] 현전시간 안에 있다. 우리는 네 개의 음을 한 번에 듣는 것이 아니라, 다시 말해 네 번째 음이 울리

어 비로소 완성된다. 그에 상응하여 공존하는 통일체에 대한 지각과 마찬가지로 시간적으로 연쇄적인 통일체에 대한 지각이 존재하며, 그 다음에는 자기동일성, 동일성, 유사성, 차이에 대한 직접적인 파악도 존재한다. "두 번째 음 곁에 첫 번째 음의 기억 이미지가 언제나 존재해야만 비교가 이루어질 수 있으리라는 인위적인 가정은 필요하지 않다. 오히려 현전시간 안에서 전개되는 전체 의식내용이 똑같은 방식으로 결과로서 현출하는 동일성 파악 혹은 차이 파악의 토대가 된다."[9]

이러한 서술과[10] 이와 관련한 모든 논의에서 쟁점이 되는 문제를 해명하는 데 걸림돌이 되는 것은, 우리가 이미 브렌타노에게서 발견했던 것처럼, 꼭 필요한 구별들이 없다는 사실이다. 다음과 같은 물음을 한

는 동안 첫 번째, 두 번째, 세 번째 음이 여전히 지속함을 통하여 그 집단 전체[1, 2, 3, 4 전체]를 의식에 가지는 것이 아니라, 이 네 음은 바로, 공동의 결과, 즉 파악형식을 가지는 하나의 연쇄 통일체를 이룬다."

9 편집자주 위의 책, 337쪽 이하. "연쇄하는 것들(Sukzessiva)도 동시적인 것들(Simultanea)과 전적으로 똑같이 현전시간 속에서 하나의 통일적인 의식작용을 형성할 수 있기 때문에, 둘[연쇄하는 것들과 동시적인 것들] 사이의 엄격한 구별은 상당히 완화되며 시간적인 순차성 관계 속에서 배치되는 의식내용들은 상호병치관계로 배치되는 의식내용들과 아주 유사한 파악 결과를 낳을 수 있다. 안구운동을 통해서만 나타날 수 있는 시선장의 현출들은 동시적 인상들 덕분에 생성되는 시각장의 현출들과 완전히 동질적이다. 이와 유사한 것이 촉각 영역에서도 확인된다.

이제 상위 파악형식들의 전체 계열도 있는데, 그것이 등장하기 위해서는, 구성하는 요소들이 하나의 통일적인 의식의 요소들이라는 사실만 전제되면, 연쇄적 내용들이 있든지 동시적 내용들이 있든지 아무 문제가 되지 않는다. 여기에는[상위 파악형식들에는] **자기동일성, 동일성, 유사성, 차이**에 대한 파악이 속한다. 그러니까 우리는 서로 인접한 색을 가진 두 개의 평면의 일치나 차이를 직접 지각할 수 있는 것과 마찬가지로, 서로 잇따르는 두 개의 음의 일치나 차이도 직접 지각할 수 있다. 여기에서도 항상 두 번째 음 곁에 첫 번째 음의 기억 이미지가 존재해야만 비교가 이루어진다는 부자연스러운 가정은 필요하지 않다. 오히려 현전시간 안에서 흘러가는 의식내용 전체가 균등하게 [그로부터] 결과로 나오는 동일성 파악 혹은 차이 파악의 토대가 된다."

10 편집자주 이제 이어질 7절의 결말 단락의 텍스트는 부분적으로 1905년의 강의 유고에 속하며 "52"와 "53"이라 표시된 두 장의 텍스트에 토대를 두고 있다.

번은 제기해야 한다. 어떤 지속에 걸쳐 펼쳐져 있으면서 이 지속을 (변화하지 않는 사물들처럼) 연속적으로 똑같이 채우거나, 아니면 (가령 사물의 사건, 운동, 변화처럼) 부단히 변화하면서 채워가는, 초월적인 시간대상에 대한 파악을 어떻게 이해해야 하는가? 이러한 유형의 대상은 스스로 순차적인 것으로서 흘러가는 내재적인 자료들과 파악작용들의 다양체 속에서 구성된다. 이렇게 순차적으로 흘러가며 [대상을] 재현하는 자료들을 하나의 지금 순간 속에서 통일하는 일이 가능한가? 그 다음에는 완전히 새로운 물음이 제기된다. 시간대상, 즉 내재적인 시간대상과 초월적인 시간대상뿐 아니라 시간 자체, 대상들의 지속과 연쇄는 어떻게 구성되는가? 이런 물음들이 모두 서로 긴밀하게 연관되어 있고 하나의 질문은 다른 질문 없이 해결될 수 없음에도 불구하고, (여기에서는 단지 지나가면서 슬쩍 언급되었고 좀 더 분별이 필요한) 이러한 [파악내용, 파악작용, 대상이라는 각 층위에 따른] 다양한 기술 방향들이 분석에 있어 올바로 고려되어야 한다. 시간대상의 지각은 그 자체가 시간성을 지닌다는 사실, 지속의 지각은 그 자체가 지각의 지속을 전제한다는 사실, 임의의 시간형태의 지각은 그 자체가 시간형태를 지닌다는 사실은 확실히 명백하다. 그리고 우리가 초월적인 것[대상]을 모두 도외시하면, 지각을 이루는 현상학적 구성요소들[파악내용과 파악작용]에 따라서 볼 때 지각의 폐기할 수 없는 본질에 속하는 현상학적 시간성이 지각에 남게 된다. 객관적[대상적] 시간성이 그때그때 현상학적으로 구성되고, 이런 구성을 통해서만 우리에게 대상(Objektivität)으로서 또는 대상의 계기로서 현출하여 존재하기 때문에, 현상학적 시간분석은 시간대상의 구성을 염두에 두지 않고서는 시간의 구성을 해명할 수 없다. 우리는 **고유한 의미의 시간대상을** 시간 속에 있는 통일체일 뿐 아니라 자기 안에 시간연장도 포함하는 대상으로 이해한다. 음이 울릴 때 나의 객관화하는 파악은 거기서 지속하는 음을 대상으로 삼을 수 있으나, 음의 지속이나 지속 속에 있는 음을 대상으로 삼을 수는 없다. 지속 속에 있는 음 자체는 시간대상이다. 이는 선율이나 온갖 변화, 그리고 그 자체로 고찰했을 때 모든 불변 자체에 대해서도 타당하다. 선율의 예나 서로 연관된 선율 부분의 예를 들어 보자. 사태는 우선 아주 단순해 보인다. 우리는 선율을 듣고, 다시 말해 그것을 지각하는데, 그 이유는 듣는 것은 지각하는 것이기 때문이다. 지각하는 동안 첫째 음이 울리고 나서 둘째 음이 오고 그리고 나서 셋째 음이 오며 계속 이렇게 진행된다. 둘째 음이 울릴 때 나는 **그 음을** 듣지만 첫째 음은 더는 듣지 않는다고 말해야 하지 않는가? 그러니까 실은 나는 선율을 듣는 것이 아니라 단지 개별적인 현재 음만 들을 뿐이다. 선율의 지나간 부분이 내게 대상적으로 있다는 사실은 (사람들은 그렇게 말하고 싶어 할 것이다) 기억 덕분에 가능하며, 내가 그때그때 [현재] 음에 이르러서 그것이 **전부일 것이라고** 가정하지 않는다는 사실은 미리 내다보는 예상 덕분이다. 그러나 우리는 이런 해명에 만족할 수 없는데, 그 이유는 방금 이야기한 것은 전부 개별 음에도 적용되기 때문이다. 모든 음은 각각 그 자체로 시간연장을 가진다. 처음 소리가 날 때에는 나는 그 음을 지금으로 듣는다. 하지만 그 음은 계속 울리면서 계속 새로운 지금을 가지며 그때마다 이전의 지금은 과거로 변화한다. 그러므로 나는 그때마다 오로지 음의 현행 위상[11]만 듣고, 지속하는 전체 음이라는 대상은 하나의 작용연속체에서 구성되는데, 이 작용연속체의 일부는 기억이고, 점적인 최소 부분은 지각이며, 나머지 부분은 예상이다. 이는 브렌타노 이론으로 회귀하는 것처럼 보인다. 여기에서 이제 더 깊이 있는 분석이 들어서야 한다.

---

11 역자주 Phase는 "위상"(位相)으로 번역한다. 이 개념이 시간연속체 속에서 위상이 차지하는 "위치"(位置)를 뜻하며 동시에 위상은 하나의 동일한 대상이 그때그때 현상에서 다르게 현출하는 "양상"(樣相)을 의미하기도 하기 때문이다.

§8. 내재적인 시간대상과 그것의 현출방식[12]

이제 모든 초월적인 파악과 정립을 배제하고,[13] 음을 순수하게 질료적
자료(hyletisches Datum)로 받아들여 보자. 음은 시작하고 끝나며, 그
음의 지속 통일체 전체는, 즉 음이 시작하고 끝나는 전체 사건의 통일체
는 그 음이 끝난 후에는 점점 더 먼 과거로 "밀려난다". 이처럼 뒤로 밀
려나는 중에도, 나는 여전히 음을 굳게 "붙들어서" "파지"(Retention)
속에 가지고 있다. 파지가 계속되는 한, 그 음은 고유한 시간성을 지닌
다. 그 음은 동일한 음이며, 그 음의 지속은 동일한 지속이다. 나아가
나는 음이 주어지는 방식에 주의를 기울일 수 있다. 음, 그리고 그 음이
채우고 있는 지속은 이 주어지는 "방식들"이 이루는 연속체 속에서,

---

12 편집자주 8절-10절은 1911년 11월 10일-13일에 작성된 기록 텍스트에 토대를 두
고 있는데, 이 기록은 뒤의 보충 텍스트들 중 53번째 텍스트에 원형으로 완전하게 수록
되었다. 무엇보다도 359쪽 22행부터 367쪽 13행까지를 비교해 보라.
　　역자주 이 기록 텍스트는 본 한국어 번역본에 수록되지 않았다.
13 역자주 여기서 후설이 언급하고 있는 "배제"는 초월론적 현상학적 환원을 통해 자
연적 태도 또는 자연과학적 태도에서 주어지는 객관적 시간의 배제를 뜻하지 않는다.
『내적 시간의식의 현상학 강의』의 전체적인 진행과정에서 볼 때 이러한 의미의 객관적
시간의 배제는 이미 강의를 시작하면서 수행되었다. 이 점과 관련해 우리는 1절의 제목
이 "객관적 시간의 배제"라는 사실에 유의할 필요가 있다. 그러면 여기 8절 첫 문장에서
후설이 언급하고 있는 "배제"는 구체적으로 무엇을 뜻하는가? 후설이 말하고 있듯이
이러한 배제를 통해 우리는 "질료로서의 음", 즉 감각내용으로서의 음을 획득할 수 있
으며 따라서 『내적 시간의식의 현상학 강의』의 맥락에서 보자면, 우리는 이러한 배제를
통해 감각내용으로서의 음의 시간 및 그를 향한 의식의 층에 도달할 수 있다. 그런데
이러한 층이 바로 선경험적 시간(내재적 시간)과 선경험적 시간의식의 층이며 이러한
층에 도달하기 위해서는 초월론적 현상학적 환원을 통해 일차적으로 자신의 모습을 드
러내는 객관적 시간과 그를 향한 객관적 시간의식의 층에 대한 헐어내기 작업을 수행해
야 한다. 따라서 후설이 8절 첫 문장에서 언급하고 있는 "배제"는 객관적 시간과 그를
향한 객관적 시간의식의 층에 대한 헐어내기를 뜻한다. 여기서 알 수 있듯이 시간 및
시간의식의 구성에 대한 헐어내기 작업은 8절부터 시작된다.

"끊임없는 흐름" 속에서 의식된다. 이 흐름 중에서 어느 한 점은, 어느 한 위상은 "시작하는 음의 의식"이며, 여기서 음 지속의 이 처음 시간점은 지금이라는 방식으로 의식된다. 음이 주어진다. 다시 말해 음은 지금으로 의식된다. 그런데 그 음의 위상 중 어느 한 위상이 지금으로 의식되는 "한에서", 그 [전체] 음은 지금으로 의식된다. 그런데 이처럼 (음 지속의 한 시간점에 대응하는) 어느 시간위상이 현행의 지금(시작 위상은 제외)이라면, [지나간] 위상들의 연속체는 "방금"으로 의식되고, 시작점부터 지금점까지의 시간 지속의 전체 구간은 지나간 지속으로 의식되며, 그러나 [이와는 달리] 그 지속의 [현출하지 않은] 나머지 구간은 아직 의식되지 않는다. 최종점에 이르면, 최종점 자체가 지금점으로 의식되고 지속 전체가 지나갔다고 의식된다(내지는 더 이상 음 구간이 아닌 새로운 시간구간의 시작점에서는 음의 지속 전체가 지나갔다고 의식된다). 이러한 전체 의식이 흐르는 "중에는", 그 동일한 음은 지속하는 음으로, 지금 지속하는 음으로 의식된다. "그 이전에는" (그 음이 가령 예상했던 음이 아니라면) 음은 의식되지 않는다. "그 이후에는" 음은 "잠시 동안" "파지"에서 과거에 있었던 음으로서 "여전히" 의식되며 그 음은 붙들려서 응시하는 눈길에 있고 거기 머문다. 그 이후에는 음 지속의 전체 구간은, 그러니까 [시간적으로] 펼쳐진 "그" 음은 더는 살아 있으면서 산출하는 것이 아니라, 말하자면 죽은 것으로 있고, 지금이라는 산출하는 점에 의해 혼이 불어넣어지지 않은 형성물로 있는데, 이것은 끊임없이 변양되며 "공허" 속으로 가라앉는다. 그리하여 [모두 지나가 버린] 구간 전체가 겪는 이러한 [파지] 변양은, 그 음이 아직 현행적으로 들리고 있을 때, 그리고 의식이 늘 새로운 [지금 시점들의] 산출로 옮겨갈 때, 그 지속 중 [지금 시점을 제외한] 지나간 부분이 겪는 [파지] 변양과 유비적이며 본질적으로 동일한 변양이다.

여기서 우리가 기술한 것은 내재적 시간적 대상이 부단한 흐름 속에서 "현출하는" 방식, 그것이 "주어지는" 방식이다. 이러한 방식을 기술함은 현출하는 시간 지속 자체를 기술함과 다르다. 왜냐하면 내재적-시간적 대상은 기술되지는 않았지만, 기술 속에서 전제되었던 동일한 음이기 때문이다. 지금 현행적으로 구축되는 지속과 그 다음 과거의 "지나간" 지속, 즉 [파지에서] 여전히 의식되거나 회상[14] 속에서 "흡사"(gleichsam) 새로 산출된 지속은 동일한 지속이다. 지금 울리는 음은, 이후의 의식흐름 속에서 그 음이 존재했고 그 음의 지속이 지나갔다고 이야기하게 될 바로 그 음과 같은 음이다. "내가" [정지해 있는] 어떤 대상으로부터 공간적으로 멀어질 때 이 대상을 이루는 점들이 내 의식으로부터 멀어지는 것과 유사하게, 시간 지속을 이루는 점들은 나의 의식으로부터 멀어진다. 대상은 자신의 위치를 유지하며, 이와 마찬가지로 음도 자신의 시간을 유지하고, 각각의 시간점은 불변이지만, 그것은 명료한 의식의 영역을 벗어나 멀리 달아나며, 산출하는 지금으로부터의 거리는 점점 더 커진다. 음 자체는 동일하지만, "현출하는 방식에서의"[15] 음은 항상 다른 음이다.

---

14 역자주 Wiedererinnerung은 흔히 "재기억"으로 직역되고 있으나, 여기에서는 한국어 일상어법에 더 어울리는 "회상"으로 번역한다. 기억은 의식을 '저장'한다는 의미와 이를 다시 '인출'한다는 의미(플라톤의 구분에 따르면, 전자는 mnêmê, 후자는 anamnêsis)를 가지는데, 여기에서 회상(상기)은 물론 후자의 의미이다. 전자의 의미의 기억은 파지에 의해 이루어진다.

15 역자주 "어떠함의 방식"(in der Weise wie)은 대상 자체가 아니라, 대상이 그때그때 우리에게 현출하는 다양한 방식을 의미한다. 이렇게 그때그때 다른 "어떠함의 방식"으로 우리에게 현출하는 대상은 "어떠함에서의 대상"(Gegenstand im Wie)이다.

§9. 내재적 대상의 현출에 대한 의식

좀 더 자세히 보면 우리는 여기서 기술에 있어 기술의 다양한 방향을
더 나누어 볼 수 있다. 1. 우리는 내재적 대상[16] 그 자체에 대해서 다음
과 같이 명증하게 진술할 수 있다. 그 대상은 지금 지속하고 있다, 지속
의 어떤 부분이 흘러갔다. 지금 포착된 음의 지속점이 (물론 음 내용도
포함해서) 끊임없이 과거로 밀려나고, 늘 새로운 지속점이 지금으로 들
어와서 지금 존재하며, 지나간 지속은, 계속하여 어떤 식으로든 채워진
점인 현행적인 지금점[17]으로부터 멀어지고 계속 "더 먼" 과거로 밀려난
다 등등. 2. 우리는 또한 내재적인 음과 그의 지속내용의 "현출함"이 가
지고 있는 그 모든 차이들이 "의식되는" 방식에 대해서도 말할 수 있다.
우리는 현행 지금 안으로 들어선 음 지속과 관련하여 지각에 대해 말하
며, 음이, 즉 지속하는 음이 지각된다고 말하고, 음의 지속 구간 중에서
그때그때 지금이라는 특징을 지니는 지속점만 완전하게 본래적으로 지
각된다고 말한다. 우리는 지나간 구간에 대해 그것이 파지 속에서 의식
된다고 말하며, 특히 현행 지금점에 가장 가까이 놓여 있어서 [현행 지
금점과] 엄밀하게 경계를 지을 수 없는 지속 부분들 혹은 지속 위상들
은 명료성이 점점 더 줄어들면서 의식된다고 말한다. 그리고 더 먼, 더

---

16   역자주 "내재적 대상"의 대표적인 예는 감각자료이다. 그러나 후설은 『내적 시간의
식의 현상학 강의』의 40절에서 내재적 대상의 예로서 감각자료뿐 아니라, 진술작용, 소
망작용, 의지작용, 상상작용, 기억작용 등을 들기도 한다. 이 점과 관련해 우리는 이처
럼 다양한 작용이 1) 절대적인 시간구성적 의식으로 작동하는 작용과 2) 절대적인 시간
구성적 의식에 의해 내재적 대상으로 구성된 작용 등 두 가지로 나누어지며, 이 중에서
후자는 내재적 대상이지만 전자는 그렇지 않다는 사실에 유의할 필요가 있다. 이 점에
대해서 「옮긴이 해제」의 4절, 『내적 시간의식의 현상학 강의』에서 사용된 현상학적 방
법"에서 자세하게 논의하였다.

17   역자주 "현행적인(aktuell) 지금"이나 "현행적인 현재"는 "지나간 지금/현재"나
"다가올 지금/현재"와 구별하기 위한 표현이다.

뒤로 밀려난 과거 위상은 완전히 불명료하며 공허하게 의식된다고 말한다. 그리고 [지속 중의 한 점만 흘러간 것이 아니라] 지속 전체가 흘러간 후에도 마찬가지이다. 현행 지금으로부터의 거리에 따라, 그 지금에 아직 가장 가까이 놓여 있는 것은 경우에 따라 약간의 명료함을 지니며, [그 다음에] 그 전체는 어둠 속으로, 공허한 파지의식 속으로 사라지고, [그 다음에] 파지도 그치면 (우리가 이렇게 주장할 수 있다면) 결국 완전히 사라진다.[18]

이때 우리는 명료한 영역에서 대상이 더 잘 구별되고 나누어짐을 확인한다. (그것도 이 영역이 현행적인 지금에 가까이 놓여 있으면 있을수록 더욱 더 그렇다). 그러나 지금으로부터 더 멀어질수록 더 많이 흘러감과 응축됨이 나타난다. 그 분절된 과정의 통일체 속으로 반성적으로 침잠해 들어가면, 우리는 그 과정의 분절된 부분이 과거로 가라앉으면서 "응축됨"을 관찰할 수 있는데, 이는 공간적 원근법(Perspektive)과 유비를 이루는 (원본적인 시간적 현출 안에서의) 일종의 시간적 원근법이다. 시간대상이 과거로 밀려남에 따라 그 대상은 응축되고 이와 함께 희미해진다.

이제 우리가 여기서 시간구성적 의식 현상으로서―즉, 그 안에서 시간적 대상들이 그의 시간적 규정성들과 더불어 구성되는 의식의 현상으로서―찾아내고 서술할 수 있는 것을 더 자세하게 연구할 필요가 있다. 우리는 지속하는 내재적 대상과 현출함의 방식 속에서의 대상을 구분하는데, [후자는] 현행적으로 현재적인 것으로서 또는 지나간 것으로서

---

18 저자주 시간대상이 이렇게 현출하는 방식, 의식되는 방식을, 정위(Orientierung)가 변화하는 가운데 공간사물이 현출하고 의식되는 방식과 평행 관계에 놓는 것은 쉽게 이해된다. 나아가 (시간대상이기도 한) 공간사물이 여기에서 현출하는 "시간적 정위"를 추적하는 것도 마찬가지이다. 그럼에도 불구하고 우리는 우선 내재적 영역에 머물기로 한다.

의식된 대상이다. 우리가 [한편으로는] 대상과 대상의 시간의 각 점과 이 시간 자체가 하나이며 동일하다고 말하기는 하지만, [다른 한편으로는] 모든 시간적 존재는 연속적으로 변하는 특정 경과양상(Ablaufsmo- dus) 속에서 "현출하며", "경과양상 속에서의 대상"은 이러한 변화 속에서 늘 다시 다른 대상이다. 우리는 "경과양상 속에서의 대상"이라는 이 현출을 의식이라고 부를 수 없을 것이다. 이는 우리가 공간 현상을, 이 측면 또는 저 측면에서, 가까이서 또는 멀리서 나타나는 현출방식 속에서의 물체를 의식이라고 부를 수 없는 것과 마찬가지이다. "의식", 즉 "체험"은, 그 안에서 바로 "현출방식 속에서의 대상"이 존재하는바, 현출을 매개로 하여 자신의 대상과 관계한다. 우리가 한편으로 현출이 현출하는 것과 맺는 관계, 즉 의식이 "현출방식 속에서 현출하는 것"과 맺는 관계를 염두에 두는지 아니면 다른 한편으로 의식이 단적으로 현출하는 것과 맺는 관계를 염두에 두는지에 따라 우리는 "지향성"이라는 말을 분명히 두 가지 의미로 파악해야 한다.

§10. 경과현상들의 연속체. 시간도해

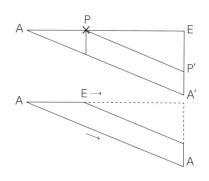

AE – 지금점들의 계열
AA′ – 가라앉음
EA′ – 위상들 연속체(과거 지평을 지니는 지금점)

E→ – 경우에 따라 다른 대상으로 채워진 지금들의 계열

내재적인 시간대상을 구성하는 현상들에 대해서 이제 우리는 "현출"
이라는 표현을 되도록 삼갈 것이다. 왜냐하면 이 현상들은 그 자체가
내재적인 대상이며 [외적 시간대상을 구성하는 현상들이 현출이라고
할 때와는] 전혀 다른 의미에서 "현출"이기 때문이다. 여기서 우리는
"경과현상" 또는 좀 더 낮게는 "시간정위 양상"이라는 표현을 쓰거나,
내재적인 대상 자체와의 관계에서는 그 대상의 "경과성격"(예를 들어
지금이나 과거)이라는 표현을 쓸 것이다. 우리는 경과현상이 끊임없는
변화들의 연속체[19]로서 하나의 불가분의 통일체를 이룬다는 사실을 안

---

19 역자주 8절에서 객관적 시간에 대한 헐어내기 작업을 통해 우선 감각내용의 층에
도달하였기 때문에 8절의 연장선상에서 이루어지는 9절, 10절, 11절의 일차적인 과제는
감각내용의 층에서 확인할 수 있는 선경험적 시간(내재적 시간)과 선경험적 시간의식의
구조를 해명하는 일이다. 실제로 후설은 9절-11절에서 선경험적 시간(내재적 시간)과
선경험적 시간의식의 구조를 해명하고자 시도한다. 예를 들어 그는 11절에서 시간의식
의 한 유형으로서 파지를 다루면서 감각내용으로서의 "과거에 있었던 음의 파지"에 대
해 언급한다. 여기서 알 수 있듯이 후설의 일차적인 관심사는 감각내용의 시간성을 해명
하는 일이라 할 수 있다. 그러나 후설은 9절-11절에서 감각내용의 시간성뿐 아니라, 근
원적인 의식흐름의 시간성인 선현상적 시간성(선내재적 시간성)도 함께 다루고 있다.
이 점과 관련해 그는 10절에서 "각 시간점(그리고 각 시간구간)이 이른바 '개체적으로'
모든 각 시간점과 구별되고 그 어떤 시간점도 두 차례 나타날 수 없듯이, 그 어떤 경과
양상도 두 차례 나타날 수 없다."고 말하면서 근원적인 의식흐름에서 확인할 수 있는 선
현상적 시간성(선내재적 시간성)에 대해서도 다루고 있다. 이 점을 염두에 둔다면 10절
에 나오는 시간도해는 선현상적 시간성의 시간도해, 다시 말해 근원적인 의식흐름에서
확인할 수 있는 파지-근원인상-예지의 시간도해라 할 수 있다. 그러나 객관적 시간에
대한 헐어내기를 통해 우선 도달하는 구성의 층이 선경험적 시간(내재적 시간)의 층이기
때문에 10절의 도해는 동시에 선경험적 시간(내재적 시간)의 시간도해, 다시 말해 감각
내용으로서의 음과 같은 내재적 대상에 대한 파지-인상-예지의 시간도해로 해석될 수도
있다. 이 점과 관련해 우리는 8절에서 이루어진 객관적 시간에 대한 헐어내기 작업이 예
비적인 성격을 가지고 있음을 알 수 있다. 거기서 이루어진 헐어내기 작업은, 1) 내재적
대상의 층과 근원적인 의식흐름의 층을 명료하게 구별하지 않고, 2) 내재적 대상의 층으
로부터 근원적인 의식흐름의 층으로 헐어내기 작업을 구체적이며 체계적으로 수행하지
않았다는 점에서, 예비적이며 일차적인 헐어내기 작업으로 규정할 수 있다.

다. 이 통일체는 독자적으로 존재할 수 있는 구간들로 분리될 수 없으며, 독자적으로 존재할 수 있는 위상들 또는 연속체의 점들로 분해될 수 없다. 우리가 그로부터 추상하여 끄집어내는 어떤 구간은 실은 전체 경과 속에서만 존재할 수 있으며, 경과연속체의 위상 또는 점도 마찬가지이다. 우리는 또한 이 연속체에 대하여 그것이 그 형식에서 볼 때 어떤 방식으로 불변적이라고 명증적으로 말할 수 있다. 가령, 위상들 연속체[A-P-E]가, 동일한 위상양상[가령 P]을 두 차례 포함하거나 그러한 양상을 심지어 어떤 부분구간 전체에 펼쳐진 채로 포함하는 연속체라는 사실은 상상할 수 없다. 각 시간점(그리고 각 시간구간)이 이른바 "개체적으로" 모든 다른 각각의 시간점과 구별되고 그 어떤 시간점도 두 차례 나타날 수 없듯이, 그 어떤 경과양상도 두 차례 나타날 수 없다. 그러나 여기에서 우리는 더 구별을 하면서 더 분명하게 규정해야 한다. 우선 우리는 하나의 내재적 시간대상을 이루는 경과양상들이 하나의 시작을, 이른바 원천점[A]을 가짐을 강조한다. 그것은 내재적 대상이 존재하기 시작하는 경과양상이다. 이때 그 양상은 지금이라는 특징을 가진다. 그리고 우리는 경과양상들이 끊임없이 나아가면서, 이후의 각 경과위상[예를 들어 A에서 A′ 사이에 있는 모든 점들, P에서 P′ 사이에 있는 모든 점들]은 그 자체가 하나의 연속체[A-A′, P-P′]이며, 그것도 [시간흐름에 따라] 끊임없이 확장되는 연속체, 과거들의 연속체라는 주목할 만한 사실을 발견한다. 우리는 대상 지속[A, 그리고 A에서부터 A와 E 사이의 임의의 점 사이의 모든 거리들]의 경과양상 연속체[A, A를 꼭지점으로 하는, 삼각형 AEA′와 닮은꼴인 모든 삼각형, 그리고 삼각형 AEA′의 연속체]와 이 지속의 각 점[A와 E를 포함하여 이 둘 사이에 있는 모든 점들 각각]의 경과양상 연속체[A-A′, P-P′와 그에 평행한 모든 사선들]를 대비시키는데, 후자는 당연히 전자의 경과양상 연속체에 포함된다. 그러니까 하나의 지속하는 대상의 경과연속체

[A, A를 꼭지점으로 하는, 삼각형 AEA′와 닮은꼴인 모든 삼각형, 그리고 삼각형 AEA′의 연속체]는 위상들[A와 E-P′-A′에 평행한 모든 수직선들]의 연속체인데, 이 위상들은 [그 자체로 다시] 대상 지속의 상이한 시간점들[A와 E를 포함하여 이 둘 사이에 있는 모든 점들]의 경과양상들로 이루어진 연속체들[E-P′-A′에 평행한 모든 수직선들]이다. 우리가 구체적 연속체[A, 삼각형 AEA′를 포함하여 이 삼각형과 닮은꼴인 모든 삼각형들의 연속체]를 따라가면 우리는 끊임없는 변화 속에서 앞으로 나아가게 되고, 여기에서 그 해당 시간점들의 경과양상, 즉 경과연속체[A-A′, P-P′에 평행한 모든 사선들 각각]는 끊임없이 변화한다. 늘 하나의 새로운 지금[가령 E]이 나타남에 따라, 지금[P]은 과거[P′]로 변화하고, 이때 앞선 점[P]의 과거들[A와 P 사이에 있는 모든 점들]의 전체 경과연속체[E-P′-A′에 평행하며 P를 지나는 수직선]가 "아래로", 과거의 깊은 곳으로 균일하게 가라앉는다. 우리의 도해에서 세로축들[E-A′ 등]의 끊임없는 계열[E-P′-A′를 비롯해 그에 평행한 모든 수직선의 연속적인 계열]은 지속하는 대상의 경과양상들을 가리킨다. 지속하는 대상의 경과양상들은 A(라는 하나의 점)로부터 시작하여, 최후의 지금[삼각형 AEA′]을 최종점으로 가지는 어떤 특정한 구간까지 자라난다. 그 후 더 이상 (이 지속의) 지금을 포함하지 않는 경과양상들[E→]이 시작되고, 그러면 [그 대상의] 지속은 더 이상 현행 지속이 아니라 과거의 지속이 되고, 계속해서 과거로 깊이 잠기는 지속이 된다. 그러므로 도해는 경과양상들의 이중연속체(Doppelkontinuität)에 대한 완전한 그림을 제공한다.[20]

---

20 역자주 후설은 "경과양상들의 이중연속체"가 존재한다고 말하는데, 이것이 정확하게 무엇을 뜻하는지 불투명하다. 이 시간도해에는 다음과 같이 네 종류의 연속체가 존재한다. ① AE: 지금점들의 연속체. ② E-P′-A′ 및 그에 평행한 모든 수직선들: 각 점에서 존재하는 파지들의 연속체(위상들의 연속체). ③ A-A′ 및 그에 평행한 모든 사선

§11. 근원인상과 파지변양

지속하는 대상의 "산출"이 시작되는 "원천점"은 근원인상(Urimpression)이다. 이 의식은 부단히 변화한다. 생생한 음-지금은 (말하자면, 의식되면서, 의식 "안"에서) 과거의 것으로 끊임없이 변화하고, 늘 새로운 음-지금이 변양 속으로 이행해 간 음의 자리를 지속적으로 차지한다. 그러나 음-지금에 대한 의식인 근원인상이 파지로 이행할 때, 이러한 파지 자체[21]는 다시 지금이고 현행적으로 존재하는 것이다. 파지 자체는 (현행 음이 아니라) 현행적이면서 과거의 음에 대한 파지이다. 의향의 시선은 지금, 즉 [지금 현행적으로 작동하는] 파지를 향할 수 있으나, 그 시선은 또한 파지적으로 의식된 것, 다시 말해 지나간 음을 향할 수도 있다. 그러나 의식의 각 현행적 지금은 변양 법칙에 종속된다. 따라서 그것[파지]은 파지의 파지로 변화하고, 파지의 파지도 끊임없이 그렇게 변화한다. 이에 따라 끊임없는 파지 연속체가 현출하는데 이 연속체의 이후 점은 모두 이전 점의 파지가 된다. 그리고 모든 파지는 이미 연속체이다. 음은 시작되고, "그 음"은 끊임없이 계속된다. 음-지금은 음-있었음으로 변화되고, **인상** 의식은 끊임없이 흐르면서 계속해서 새로운 **파지**의식으로 넘어간다. 흐름을 따라서, 다시 말해 흐름과 더불어 가면서, 우리는 저 시작점에 딸린 파지들의 끊임없는 계열을 가진

들: 직선 A-P-E 위에 있는 모든 시간점의 파지변양들의 연속체. ④ 삼각형 AEA′와 닮은꼴인 모든 삼각형: 대상 지속의 경과양상 연속체. 그런데 이 네 가지 연속체 중에서 후설이 의미하는 이중연속체가 무엇을 뜻하는지 불투명하다. 후설이 ③과 ④를 대비시켜 가면서 논의하고 ③이 ④에 포함된다고 말하고 있는 것으로 보아 그가 염두에 두고 있는 이중연속체가 ③과 ④일 가능성이 높다.

21 역자주 파지와 관련해 파지된 것과 파지하는 작용을 구별할 수 있는데, 여기서 파지는 파지하는 작용을 뜻한다. 파지하는 작용으로서의 파지는 "지금이고 현행적으로" 존재하지만 파지된 것은 방금 지나간 것, 즉 과거의 것으로 의식된다.

다. 그러나 그뿐 아니라, 하나의 지금으로서 이 계열의 각각의 이전 점은 다시 파지된다는 의미에서 음영진다.[22] 이러한 각 파지[예를 들어 P′]마다 그렇게 파지변양들 연속체가 연결되며, 이 연속체는 그 자체로 다시 파지적으로 음영지는 현행성의 한 점[한 위상, E-P′-A′]이다. 이것은 단순하지 않은 무한퇴행[23]으로 이끄는데, 그 이유는 모든 각 파지는 그 자체가 이른바 음영 계열의 형식에서 과거의 유산을 품고 있는 연속적 변양이기 때문이다. 흐름의 종단방향[24]에서 각각의 이전 파지가 새로운 파지로 대체되는 것만은 아닌데, 그것이 아무리 끊임없이 대체된다고 하더라도 그렇다. 오히려 각각의 이후 파지는 근원인상에서 기원하는 연속적 변양일 뿐만 아니라, 오히려 동일한 시작점의 모든 이전의 끊임없는 변양들[파지들]의 연속적 변양이다.

이제까지 우리는 우선적으로 시간대상의 지각을, 달리 말해 시간대상의 원본적 구성을 고찰해 왔고, 지각에서 주어지는 시간의식을 분석적으로 이해하려고 시도했다.[25] 그러나 시간성에 대한 의식은 단지 이

---

22 역자주 음영짐(abschatten)은 맥락에 따라 각기 다른 것을 뜻한다. 예를 들어 음영짐은 외부대상에 대한 지각의 경우, 대상의 한 측면(앞면)은 의식에 직접 현출하고 다른 측면들(뒷면, 옆면)은 가려지는 현상을 뜻한다. 그러나 시간의식 분석에서는 시간적 대상(시간위상들의 연속체) 중에서 하나의 위상이 근원인상으로 현출하고 다른 위상들은 파지로서 가려지는 현상을 뜻한다.

23 역자주 "단순하지 않은 무한퇴행"이란 무한퇴행의 양상이 단순하지 않고 복잡함을 뜻한다.

24 역자주 흐름의 종단방향(Längsrichtung) 혹은 종단지향성(Längsintentionalität)은 흐름을 따라가는(längs) 방향을 뜻한다. 이에 비해 일상언어에서 횡단보도라는 단어가 보여 주듯이 흐름의 횡단방향(Querrichtung) 혹은 횡단지향성(Querintentionalität)은 흐름을 가로질러(quer) 대상을 향하는 방향을 뜻한다. 근원적인 의식흐름에서 확인할 수 있는 이러한 두 가지 유형의 지향성은 39절, 「파지의 이중적 지향성과 의식흐름의 구성」에서 자세히 다루어진다.

25 역자주 여기서 "시간대상의 지각"에 대해 말하는데, 이 경우 지각은 본래적인 의미의 지각, 즉 감각내용을 토대로 한 파악작용을 통한 지각을 뜻하지 않는다. 그 이유는

러한 형식에서만 이루어지는 것은 아니다. 하나의 시간대상이 지나가
고 [그 대상의] 현행적인 지속이 끝나면, 그와 더불어 이제 지나간 대상
에 대한 의식은, 비록 이 의식이 지금 더는 지각의식으로서, 혹은 (아마
더 적절한 표현이겠지만) 인상 의식으로서 기능하지 않음에도 불구하
고, 결코 사라지지 않는다. (여기에서 우리는 이제까지처럼 내재적 대
상을 염두에 두고 있는데, 이 대상은 본래적 의미에서의 "지각"에서 구
성되지 않는다.) "인상"에는 일차적 기억이, 혹은 우리가 말한 것처럼,
파지가 연속적으로 연결된다. 기본적으로 우리는 이제까지 고찰한 경
우에 있어서 이러한 의식방식도 이미 더불어 분석했다. 왜냐하면 그때
그때의 "지금"에 연결되었던 위상 연속체[E-P′-A′에 평행한 수직선들
각각]는 그러한 하나의 파지 내지는 파지들의 연속체 이외의 것이 아니
었기 때문이다. 시간대상에 대한 지각의 경우 (우리가 내재적 대상을
취하는지, 초월적 대상을 취하는지는 지금 우리 고찰에서는 중요하지
않다.) 그것[하나의 파지 내지는 파지들의 연속체]은 지금 파악에서,
즉 "지금으로 정립함"이라는 의미의 지각에서 종결된다. 하나의 운동이
지각되는 동안 매 순간마다 "지금으로 파악함"이 일어나고, 그 속에서
이 운동의 지금 현행적인 위상 자체가 구성된다. 그러나 이러한 지금
파악은 꼬리를 지닌 혜성의 핵과 흡사한데, 이 혜성의 꼬리는 운동의
이전의 지금점들과 관련된 파지들로 이루어져 있다.[26] 그러나 더 이상
지각이 일어나지 않으면, 즉, 우리가 더는 어떠한 운동도 보지 않으면,

구성의 헐어내기를 통해 내재적 대상의 영역으로 귀환했기 때문이다. 뒤에서 언급되고
있듯이 이 경우 지각은 내재적 대상에 대한 "인상의식"을 뜻한다. 이와 관련해 후설은
11절 뒷부분에서 "여기에서 우리는 이제까지처럼 내재적 대상을 염두에 두고 있는데,
이 대상은 본래적 의미에서의 '지각'에서 구성되지 않는다."라고 말하면서 여기서 문제
되고 있는 것이 내재적 대상의 층임을 밝히고 있다.
26 역자주 시간도해에서 E-P′-A′의 경우 핵은 E점을, 꼬리는 E를 제외한 나머지 부분
을 뜻한다.

또는 (선율과 관련해 말하면) 선율이 더 이상 울리지 않고 고요해지면, 마지막 위상에 [그 대상에 대한] 새로운 지각 위상이 연결되는 것이 아니라, 한낱 신선한 기억[파지] 위상[27]이 연결되며 이 위상에 또 다시 그러한 위상이 연결되는 방식으로 계속 이어진다. 이때 과거로의 밀려남이 계속해서 일어나고, 동일한 연속적 복합체는 계속 변양을 겪다가 결국 사라진다. 왜냐하면 [파지] 변양이 일어나면서 그와 함께 [파지가] 약화되다가 마침내 알아차릴 수 없는 상태에 이르기 때문이다. 지각에서와 마찬가지로 [여기에서도] 원본적 시간장(das originäre Zeitfeld)은 명백히 제한되어 있다. 전체적으로 보면 우리는 시간장이 늘 동일한 연장을 지닌다고 감히 주장해 볼 수 있을 것이다. 시간장은 지각되는 운동과 신선하게 기억되는 운동에 걸쳐서, 그리고 그 운동의 객관적 시간에 걸쳐서, 말하자면 펼쳐져 있는데, 이는 시각장(Gesichtsfeld)이 객관적 공간에 걸쳐서 펼쳐져 있는 것과 비슷하다.[28][29]

§12. 특유한 지향성으로서의 파지

우리가 파지변양이라고 표현했던 것이 어떠한 유형의 변양인지에 대해

---

27 역자주 "신선(新鮮, frisch)한" 파지는 (시간위치에 있어서) 근원인상으로부터 갓 생긴 새로운(新) 파지이고 그래서 (내용에 있어서) 선명한(鮮) 파지이다. 이를 가까운 파지(Nahretention) 또는 살아 있는 파지(lebendige Retention)라고 부르기도 한다. 그러나 파지가 점점 멀어질수록 먼 파지(Fernretention) 또는 죽은 파지(tote Retention)가 되어 끝내 의식 아래로 가라앉아 침전된다.
28 저자주 도해에서는 시간장의 제한성에 대해서는 주목하지 않았다. 거기에는 파지의 끝남도 고려되지 않았으며, 이념적으로는 그 안에서 모든 것이 파지적으로 포함되어 존재하는 의식 또한 가능할 것이다.
29 편집자주 §11에 대해서는 부록 1 「근원인상과 그 변양 연속체」를 참조하라.

아직 좀 더 상세히 논구할 필요가 있다.

본래적 지각(eigentliche Wahrnehmung)이 파지로 이행할 때, 우리는 감각내용이 차차 흐려지고 퇴색한다고 말한다. 그러나 이제까지의 서술을 통해 이미 파지의 "내용"은 결코 근원적 의미에서의 내용이 아니라는 사실이 분명해졌다. 어떤 음이 울리면 그것 자체는 우선 어떤 충만함(강도)을 가진 것으로 감각되고, 거기에 이어 강도가 급격히 약해진다. 음은 아직 거기에 있고 아직 감각되지만 한낱 여운 속에서 감각된다. 이러한 참된 음-지각은 파지 속에서의 음적인 계기와 구별되어야 한다. 파지된 음은 현재 울리는 음이 아니라, 바로 지금 "일차적으로 기억된 음"이다. 즉, 그 음은 파지적 의식 안에서 내실적으로 존재하지 않는다. 이러한 파지의식 안에 들어 있는 음 계기는 결코 내실적으로 존재하는 또 다른 음일 수도 없으며, 성질이 동일하면서 매우 미약한 (여운으로서의) 음일 수도 없다. 물론 어떤 현재 음이 지나간 음"에 대해" 기억하게 하고 그 음을 재현하며 모사할 수 있다. 그러나 이는 이미 다른 과거 표상을 전제한다. [이에 비해] 과거 직관 [파지] 자체는 모사일 수 없다. 과거 직관은 원본적 의식이다. 물론 여운이 존재함을 부정해서는 안 된다. 그러나 우리가 여운을 인지하고 구별할 때, 이 여운 자체는 가령 파지가 아니라 지각에 속한다는 사실을 곧 확인할 수 있다. 바이올린 음의 여운은 바로 현재 울리는 미약한 바이올린 음이며, 방금 있었던 강한 음 자체의 파지와는 구별된다. 좀 더 강한 감각소여로부터 남게 되는 여운이나 잔상 자체는 파지의 본질과는 전혀 무관하며 파지의 본질에 필연적으로 속하는 것은 더욱 아니다.

그러나 분명히 시간직관이 (우리가 반성적으로 대상화할 수 있는) 그의 지속의 모든 점에서 **방금 있었던 것에 대한** 의식이지, 단순히 지속하는 것으로 현출하는 대상적인 것의 현재에 대한 의식이 아니라는 사실이 시간직관의 본질에 속한다.[30] 그리고 대상적인 것의 현재에 대한 이러한 의식 속에서 방금 전에 있었던 것은 그에 귀속하는 연속성 속에서 의식되며 모든 위상에서 "내용"과 "파악"의 구별과 더불어 나타나는 특정한 현출방식 속에서 의식된다. 막 울려 퍼지는 기적 소리에 주목해 보자. 각각의 점에 하나의 연장이 있으며, 하나의 연장에는 이러한 연장의 모든 위상에서 자신의 성질계기와 파악계기를 지니는 "현출"[감각대상이 아닌 지각대상, 즉 객관적 대상의 현출]이 있다. 그러나 다른 한편 성질계기는 내실적 성질이 아니고 지금 있는 내실적인 음, 다시 말해 아무리 내재적인 음-내용이라고 하더라도, 지금 존재하는 음 내용이라고 불릴 수 있는 음이 아니다. 물론 지금의식의 내실적 내용은 경우에 따라 감각된 음을 포함할 수 있으며, 이 경우 이 감각된 음은 객관화하는[대상화하는] 파악에 의해서 필연적으로 지각된 음으로서, 현전하는 음으로서 표현되지만, 결코 과거로서 지칭되지는 않는다. 파지의식은 음의 과거에 대한 의식, 일차적인 음-기억을 내실적으로 포함하며, 감각된 음과 기억으로서의 파악으로 분해될 수 없다.[31] 음-상상[32]이 음이 아니라 음에 대한 상상이듯이, 또는 음-상상과 음-감각이 원칙적으로 다른 것이며 단지 상이하게 해석되고 파악되기만 할 뿐 동일한 것이 아니듯이, 직관적으로 일차적으로 기억된 음은 지각된 음과는 **원칙적으로** 다른 것이며 음에 대한 일차적인 기억(파지)은 음에 대한 감각과는 다른 것이다.

30 역자주 반성을 위해서는 파지가 먼저 있어야 한다. 직관에 대한 반성은 언제나 그 직관의 파지에 대한 반성이며, 따라서 반성은 그 본성상 반성되는 대상보다 사후적이다.
31 역자주 그러나 지각작용의 경우 파악작용-감각내용이 도식에 따르면 감각된 음과 지각으로서의 파악으로 분해될 수 있으며 감각된 음에 지각으로서의 파악작용이 가해지면서 음이 지각대상으로 경험된다.
32 역자주 원문에는 "상상-음"(ein Phantasie-Ton)으로 되어 있는데, 이는 문맥상 "음-상상"(eine Ton-Phantatie)으로 바꿔야 하며, 그에 따라 그렇게 번역하였다.

§13. 인상이 파지에 앞선다는 사실의 필연성. 파지의 명증

이제 앞선 감각 내지 지각에 연속적으로 결합해야만 일차적 기억이 있을 수 있다는 법칙, 각 파지 위상은 위상으로만 상상할 수 있다[33]는 법칙, 달리 말해, 각 파지 위상은 모든 위상들에서 동일하다고 할 수 있을 하나의 구간으로 펼쳐질 수 없다[34]는 법칙이 성립하는가? 우리는 그것이 철저히 명증적이라고 단호하게 말할 수 있다. 물론 심리적인 것을 모두 사실적인 것에 불과하다고 여기는 데 익숙한 경험 심리학자는 이러한 사실을 부인할 것이다. 그는 이렇게 말할 것이다. 지각을 먼저 가지지 않고 신선한 기억[파지]으로 시작하는 최초의 의식을 왜 상상할수 없는가? 신선한 기억을 산출하기 위해 사실적으로 지각이 필연적으로 있어야 할 수는 있다. 사실적으로는 인간 의식이 지각을 가진 다음에야 비로소 기억을, 또 일차적 기억을 가질 수 있으나, 그 반대의 경우도 생각해 볼 수 있다. 이러한 주장에 반대하여 우리는 파지보다 그에 상응하는 지각 또는 근원인상이 앞선다는 선험적 필연성을 설파한다. 우선 우리는 하나의 위상은 연장될 수 없고 위상으로만 떠올려 볼 수 있다는 주장을 견지한다. 그리고 지금 위상은 파지들의 연속체의 한계

---

33 역자주 denkbar는 "생각 가능한", "상상 가능한"이라는 의미를 지닌다. 현상학의 주요 사유실험 방법인 (본질직관의) 상상변양(imaginative variation) 및 현대 영미철학의 주요 사유실험 방법 중 하나인 상상 가능성(conceivability)과의 연관을 염두에 두고, "상상 가능한"으로 옮긴다. 여기에서 후설은 상상변양을 활용하여 파지의 본질을 파악하고 있다.

34 역자주 "파지 위상은 모든 위상들에서 동일하다고 할 수 있을 구간으로 펼쳐질 수 없다" 함은 파지가 위상으로만 존재하지 펼쳐질 수 없다는 사실을 뜻한다. 파지가 위상으로만 존재할 수 있기 때문에 그것은 매 순간 다르며 따라서 파지가 그를 향해 펼쳐질수 있는바, 모든 위상들 속에서 동일하다고 할 수 있을 구간은 생각해 볼 수 없다. 파지가 위상으로만 존재할 수 있다는 사실은 이 절의 핵심적인 내용인 "인상이 파지에 앞선다는 사실의 필연성"과 직접적으로 관련된 것처럼 보이지 않는다.

2. 시간의식의 분석   125

로만 떠올려 볼 수 있으며 그것도 시간의식의 모든 현재에 대해서 그러
한데, 이는 각 파지 위상 자체가 그러한 연속체[파지들의 연속체]의 한
점으로서만 떠올려 볼 수 있는 것과 마찬가지이다. 또한 이제 완료된
파지 계열 역시, 그에 대응하는 선행하는 지각이 없이는 떠올려 볼 수
없다. 여기에는 다음과 같은 사실이 놓여 있다. 하나의 지금에 딸린 파
지들의 계열 자체가 [이 지금과 마찬가지로] 하나의 한계이고 필연적
으로 변양된다.[35] 즉, 기억된 것은 "계속 과거로 가라앉는다." 그러나 이
것이 전부가 아니다. 기억된 것은 필연적으로 가라앉은 그 무엇, 즉 다
시 주어지는 [과거의] 지금으로 거슬러 올라가는 명증한 회상을 필연적
으로 허용하는 그 무엇이다.

그러나 이제 사람들은 다음과 같이 말할 것이다. 나는 어떤 A가 실은
전혀 일어나지 않았음에도, A에 대한 기억을 가질 수 있고 일차적 기억
까지 가질 수 있지 않은가? 물론 그렇다. 심지어 그 이상도 가능하다.
나는 A가 실은 전혀 일어나지 않았음에도, A에 대한 지각까지 가질 수
있다. 그리고 이와 더불어 우리는 가령 (A가 초월적 대상이라고 전제하
면) 우리가 A에 대한 파지를 가지고 있을 때, A가 앞서 일어났어야 한
다는 사실이 아니라, A가 앞서 지각되었어야 한다는 사실이 명증적이
라고 주장한다. 그 A에 대해 일차적으로 주의했을 수도 있고 그렇지 않
았을 수도 있지만, 감지되지 않거나 부차적으로만 감지되더라도 여하
튼 의식되는 방식으로 그 A는 생생하게 있었다. 그러나 [초월적 대상이
아니라] 내재적 대상일 경우, 다음과 같이 말하는 것이 옳다. 만일 내재
적 자료들의 어떤 잇따름이나 변전이나 변화가 "현출하면", 이는 또한
절대적으로 확실하다. 이와 마찬가지로, 초월적인 지각에서도 그 지각

---

[35] 역자주 11절에서 서술한 것처럼, 근원인상만 파지변양되는 것이 아니라, 파지도
파지변양을 겪음을 말한다.

구조에 본질적으로 속하는 내재적 잇따름은 절대적으로 확실하다.³⁶ 다음과 같이 논증하려는 것은 근본적으로 그릇된 것이다.³⁷ 비-지금[지금 아님](Nicht-Jetzt)은 더는 없으므로 지금(즉, 지금 존재하는 기억 이미지)과 비교할 수 없는데, 지금 내가 어떻게 비-지금[지금 아님]에 대해 알 수 있단 말인가? 이는 마치 지금 존재하는 이미지가 그와 비슷

---

36   저자주 §44의 내적 지각과 외적 지각 구별도 참조하라.

37   역자주 이 논증의 내용은 이해하기 쉽지 않다. 13절에서 후설은 우선 파지가 감각 (혹은 지각)을 전제한다는 사실을 해명한 후 거기서 한 걸음 더 나아가 감각 혹은 지각 이 지금 존재하는 대상에 대한 "직접적인" 직관이듯이 파지 역시 방금 전에 존재했던 대상에 대한 "직접적인 직관"이라는 사실을 해명한다. 이러한 사실을 해명하면서 후설은 자신의 견해에 대해 제기될 수 있는 가능한 반론 하나를 검토한다. 이러한 반론의 핵심은 감각 혹은 지각이 지금 있는 대상에 대한 직접적인 직관인 데 반해 일차적 기억으로서의 파지는 방금 있었던 대상에 대한 직접적인 직관이 아니라, 현재 의식되고 있는 그 무엇과의 유사성을 토대로 방금 지나간 것을 경험하는 의식이며 그러한 점에서 이미지 의식과 유사하다는 것이다. 이러한 가능한 반론에 따르면 사진 지각과 같은 이미지 의식은 현재 주어지는 이미지(예를 들어 사진 속에 있는 나의 어린 시절의 친구)를 토대로 실물(어린 시절의 나의 친구의 모습)을 떠올리는 의식인데, 일차적 기억으로서의 파지는 그 구조에 있어 이미지 의식과 유사하다. 바로 이러한 이유에서 후설은 반론과 관련해 "이는 마치 지금 존재하는 이미지가 그와 비슷한 다른 사태를 위해 전제되며, 내가 이 둘을 이미지 표상에서처럼 서로 비교할 수 있고 비교해야 한다는 사실이 기억의 본질에 속하기라도 하는 양 말하는 것이다."라고 말하는 것이다. 그러나 이미지 의식과 일차적 기억으로서의 파지 사이에 구조적 동일성이 존재한다는 이러한 반론은 타당하지 않다. 그 이유는 이미지 의식에 대한 현상학적 분석이 보여 주듯이 이미지 의식은 현재 경험되는 어떤 이미지를 매개로 하여 "간접적으로" 대상과 관계를 맺지만, 일차적 기억으로서의 파지는 방금 전에 경험된 대상을 "직접적으로" 직관하기 때문이다. 그런데 파지와 이미지 의식 사이의 구조적 동일성을 주장하는 이러한 반론은 파지 자체의 가능성을 부정하면서 다음과 같이 말한다. "비-지금[지금 아님]은 더는 없으므로 지금(즉, 지금 존재하는 기억 이미지)과 비교할 수 없는데, 지금 내가 어떻게 비-지금[지금 아님]에 대해 알 수 있단 말인가?" 그러나 이러한 반론이 암암리에 전제하는바, "비-지금[지금 아님]은 더는 없다"는 견해 역시 부당하다. 그 이유는 "비-지금"은 지금 있지 않은 것으로서 있기 때문이다. 따라서 파지 자체의 가능성을 부정하는 이러한 반론은 타당하지 않다.

한 다른 사태를 위해 전제되며, 내가 이 둘을 이미지 표상에서처럼 서로 비교할 수 있고 비교해야 한다는 사실이 기억의 본질에 속하기라도 하는 양 말하는 것이다. 기억 내지 파지는 이미지 의식(Bildbewußtsein)이 아니라 그와 전혀 다른 어떤 것이다. 기억되는 것은 물론 지금 있지 않다. 기억되는 것이 만일 지금 있다면, 그것은 과거에 있었던 것이 아니라 현재 있는 것이리라. 그리고 기억된 것은 기억(파지)에서 지금으로 주어지지 않는다. 만일 그것이 지금으로 주어진다면 기억 또는 파지는 기억이 아니라 지각(또는 근원인상)이리라. 더 이상 지각되지 않고 파지로만 의식된 것을 그것 이외의 무엇과 비교함은 전혀 의미가 없다. 내가 지각에서 지금 있음을 직관하고, 구성되는 대로의 연장된 지각에서는 지속하는 있음을 직관하듯이, 나는 기억 안에서—그것이 일차적인 기억인 한에서—과거의 것을 직관하며, 과거의 것은 기억 속에서 주어지고, 과거의 것이 주어짐이 바로 기억이다.

이제 우리가 인상적 의식의 지속이 아닐 수 있는 파지의식을 상상해 볼 수 있는가 하는 물음을 다시 살펴보면, 이렇게 말해야 한다. 이는 불가능한데, 그 이유는 모든 파지는 스스로 인상을 돌이켜 지시하기 때문이다. "과거"와 "지금"은 서로를 배제한다. 물론 동일한 것이 지금 있으면서 지나간 것일 수도 있으나, 그것이 지금과 과거 사이에 지속했어야만 그럴 수 있다.

§14. 시간대상의 재생(이차적 기억)[38]

우리는 일차적 기억 또는 파지를 그때그때마다의 지각에 연결되는 혜성

---

38 역자주 8절-13절에서 일차적인 헐어내기 작업을 통해 내재적 대상의 시간과 근원

의 꼬리로 표현했다. 이차적 기억 또는 회상은 그와 분명히 구별된다. 일차적 기억이 사라진 후에 저 운동이나 저 선율에 대한 새로운 기억이 나타날 수 있다. 파지와 회상 사이의 차이에 대해 이미 암시했지만, 이제 상세히 해명할 필요가 있다. 지각이 흐르는 중이든 아니면 지각이 다 지나간 후 연속적으로 통일되는 과정에서든, 파지가 현행 지각에 연결되면 이에 대해 일단 (브렌타노처럼) 다음과 같이 말하기 쉽다. 현행적 지각은 감각에 토대를 두고 현전(Präsentation)으로 구성되고, 일차적 기억은 상상에 토대를 두고 재현(Repräsentation), 즉 현전화(Vergegenwärtigung)로 구성된다.[39] 그런데 [일차적 기억의 경우] 현전화 작

적인 의식흐름의 시간성이 파지-근원인상-예지의 통일체로 이루어져 있다는 사실을 해명한 후 후설은 14절-33절에서 시간구성의 쌓아가기 작업을 통해 파지-근원인상-예지의 통일체로부터 어떻게 객관적 시간과 그를 향한 객관적 시간의식의 층이 출현하는지, 그리고 그의 구조는 무엇인지 해명한다. 그 첫 작업으로서 후설은 14절에서 파지-근원인상-예지의 통일체의 영역을 넘어서는 의식 유형으로 이차적 기억에 대한 분석을 시작하는데, 이차적 기억은 파지에 의해 의식되는 가까운 과거를 넘어서는 먼 과거에 대한 의식이다. 이차적 기억에 대한 분석을 수행한 후 후설은 그 이외에도 객관적 시간의 구성과 관련된 의식 유형인 지각, 예상, 현재기억, 상상, 이미지 의식 등에 대해 분석한다.

39 역자주 후설의 현상학에서 현전(Gegenwärtigung)과 현전화(Vegenwärtigung)는 서로 구별되는 두 가지 유형의 의식이다. Gegenwärtigung은 지각처럼 현재 인식주체 앞에 생생하게 존재하는 대상을 경험하는 작용을 뜻하기 때문에 "앞에 있음"을 뜻하는 "현전"으로 번역하고 Vegenwärtigung은 기억, 예상, 상상, 현재기억처럼 현재 인식주체 앞에 생생하게 존재하지 않는 대상을 앞에 있는 대상처럼 떠올리는 작용을 뜻하기 때문에 "현전하지 않는 것을 현전하게 함"을 뜻하는 "현전화"로 번역한다. 후설은 현전을 지칭하기 위하여 Gegenwärtigung 이외에 Präsentation이라는 용어도 사용한다. 양자를 구별할 필요가 있을 경우 Gegenwärtigung은 "현전작용"으로, Präsentation은 "현전"으로 번역하기로 하고 양자를 구별할 필요가 없을 경우 "현전" 또는 "현전작용"으로 번역하기로 한다. 후설은 "현전화"를 지칭하기 위하여 Vergenwärtigung 이외에 Repräsentation이라는 용어를 사용하기도 한다. 양자를 구별할 필요가 있을 경우, Repräsentation이 흔히 "재현"으로 번역되는 점을 고려하여, Vergenwärtigung은 "현전화"로, Repräsentation은 "재현"으로 번역하기로 하고, 양자를 구별할 필요가 없

용이 직접 지각에 연결되듯이 현전화 작용이 지각에 연결되지 않고 독
자적으로 나타날 수도 있는데, 이것이 이차적 기억이다. 그러나 이러한
주장에 대해 (브렌타노의 이론에 대한 비판에서 이미 상세히 서술한 것
처럼) 심각한 의구심이 제기된다. 이차적 기억의 사례를 살펴보자. 우
리가 가령 최근에 연주회에서 들었던 선율을 기억한다고 하자. 그러면
이 기억 현상 전체가, 이 서술에 적절한 수정이 이루어지기만 하면, 선
율의 지각과 똑같은 구조를 가진다는 점이 분명해진다. 지각처럼 기억
도 우대받는 점[지금점]을 하나 가지고 있다. 지각의 지금점에 기억의
지금점이 대응한다. 우리는 상상 속에서 선율을 쭉 훑는다. 우선 첫 음
을, 그 다음에 둘째 음을, 그 다음에 계속해서 [음들을] "흡사" 듣는다.
그때마다 늘 하나의 음(내지 하나의 음 위상)이 지금점에 있다. 그러나
그보다 앞서 지나간 음들이 의식에서 지워지지는 않는다. [기억에서]
흡사 방금 들렸던 것과 같은 음들에 대한 일차적 기억과 아직 들리지
않은 음들에 대한 예상(예지)이 흡사 지금 들리는 것처럼 지금 현출하
는 음에 대한 파악과 융합된다. [지각에서처럼 기억에서도] 지금점은
의식에 대해 기억파악들의 연속체 속에서 작동하는 하나의 시간장
(Zeithof)을 가지고 있으며, 선율의 기억 전체는 그러한 시간장 연속체
들 내지는 앞서 기술한 방식의 [지금 음 파악, 파지, 예지의] 파악 연속
체들 속에서 존재한다. 그러나 재현된 선율이 지나가고 나면, 이 흡사
들음[재현]에 마침내 하나의 파지가 연결되고, 흡사 들린 것은 잠시 동
안 여전히 울리며 하나의 파악 연속체가, 더 이상 들린 것으로서는 아
니지만, 여전히 있다. 그래서 [이차적 기억에서도] 지각과 일차적 기억

을 경우 "현전화" 또는 "재현"으로 번역하기로 한다. 동사형의 경우 gegenwärtigen,
präsentieren 등은 "현전하다"로 번역하고, vergenwärtigen, repräsentieren 등은 그에
대응하는 명사형에 따라 "현전화하다", "재현하다" 등으로 번역하며 gegenwärtig는
"현재적인"으로 번역한다.

에서와 모든 것이 **같지만**, 그래도 그것 자체는 지각이나 일차적 기억이 아니다. 우리가 기억이나 상상에서 선율이 한 음 한 음 울리도록 하면서, 우리는 선율을 실제로 듣고 있는 것도 아니고 실제로 들었던 것도 아니다. 앞서 [지각과 일차적 기억의] 경우에 우리는 실제로 들으며, 시간대상 자체가 지각되고 선율 자체가 지각되는 대상이라고 말했다. 그리고 시간, 시간규정, 시간관계 자체가 똑같이 주어지고 지각된다. 그리고 또한 선율이 다 울리고 난 후에, 우리는 그 선율을 더 이상 현재 존재하는 선율로 지각하지는 않지만 아직 [파지] 의식 속에서 가지고 있으며, 그 선율은 지금의 선율이 아니라 방금 지나간 선율이다. 그 선율의 방금 지나갔음은 한낱 의향이 아니라 주어진 사실, 스스로 주어진 사실, "지각된" 사실이다. 이와는 달리 회상 속에서 시간적 현재는 기억된 현재, 재현된 현재이다. 그리고 마찬가지로 [회상 속에서] 과거는 기억된 과거, 재현된 과거이지, [파지에서처럼] 실재로 현재 존재하는 과거, 지각된 과거, 일차적으로 주어지고 직관된 과거가 아니다.

다른 한편 회상 자체는 현재 원본적으로 구성된 회상이며, 그 후에는 [파지에서] 방금 있었던 회상이 된다. 따라서 회상 자체는 근원자료들과 파지들이 이루는 하나의 연속체 속에서 구성되며, 그와 더불어 (회상이 내재적인 것을 향하는지, 초월적인 것을 향하는지에 따라서) 지속하는 내재적 대상 또는 초월적 대상을 구성(아니면 더 나은 표현으로는, 재구성)한다. 이에 반해, 파지는 지속하는 대상들을 (원본적으로도, 재생적으로도) 산출하지 않으며, 단지 산출된 것을 의식에 붙들며, 그 산출된 것에 "방금 지나간 것"이라는 성격을 각인할 뿐이다.[40]

40 저자주 파지와 재생 사이에 존재하는 그 이상의 차이들에 대해서는 §19를 참조하라.

§15. 재생의 수행양상

그런데 이제 회상은 다양한 수행형식 속에서 일어날 수 있다. 어떤 기억이 "떠오르고" 우리가 기억되는 것을 한 번의 시선 속에서 바라보는 경우처럼 우리는 기억을 단적인 붙듦 속에서 수행할 수 있는데, 이때 기억되는 것은 모호하고 그것이 아마도 우대받는 어떤 순간위상을 직관적으로 가져오겠지만, [지각을] 되풀이하는 기억은 아니다. 또는 우리는 [지각을] 참으로 다시 산출하고 되풀이하는 기억을 수행하는데, 이러한 기억에서는 재현들의 연속체 안에서 시간대상이 다시 완전하게 구축되며, 우리는 그 대상을 흡사 다시 지각하지만, 바로 흡사 지각할 뿐이다. 이 과정 전체는 파지들에 이르기까지 모든 위상과 단계와 더불어 지각 과정을 재현하는 변양이다. 그런데 이때 모든 것은 재생적 변양의 부호를 지닌다.[41]

파지의 통일체 안에 놓여 있는 하나의 선율이 흘러갔고 우리가 그 선율의 어느 부분을 [흡사 지각하듯이] 다시 산출하지는 않으면서 그 부분에 다시 주목(반성)하는 경우처럼 우리는 파지에 직접적으로 토대를 두고 단순한 바라봄, 단순한 붙듦도 발견한다. 이것은 연쇄하는 단계들 속에서 생성된 모든 것에 대해서, 자발성, 예를 들어 사유자발성의 단계들 속에서 생성된 모든 것에 대해서도 가능한 작용이다. 사유의 대상들도 확실히 연쇄해서 구성된다. 그러므로 다음과 같이 말할 수 있을 것이다. (연속적이고 다양한 형태로 서로 연관된 통일적인 작용들의 상관자로서) 시간과정 속에서 한 마디씩 또는 한 위상씩 원본적으로 구성되면서 형성되는 대상들은, 마치 그것들이 한 시점에 완성된 대상이기라도 한 것처럼, 단 한 번의 돌이켜 봄 안에서 파악될 수 있다. 그러나

---

41 역자주 18절에서는 기억을 프라임 부호(')로 표시한다.

이때 이러한 소여는 바로 "근원적인" 다른 소여를 소급하여 지시한다.

파지적으로 주어진 것(그리고 파지 자체)을 바라봄 또는 되돌아봄은 이제 본래적인 다시 재현함 속에서 충족된다. 즉, [바라봄에서] 방금 전에 있었던 것으로 주어진 것은 [다시 재현함에서] 회상된 것과 동일한 것임이 입증된다.[42]

일차적 기억과 이차적 기억 사이의 또 다른 차이들은, 우리가 그것들을 지각과 연관지어 보면, 자신의 모습을 드러내게 될 것이다.

§16. 파지 및 회상과 구별되는 현전으로서의 지각

물론 여기서 "지각"이라는 표현은 아직 약간의 해명을 필요로 한다. "선율 지각"에 있어 우리는 [선율 중에서] 지금 주어진 음과 지나간 음을 구별하여, 전자를 "지각된" 음이라 부르고, 후자를 "지각되지 않는" 음이라고 부른다. 다른 한편, [위의 의미에서는] 지금점만 지각된 점이긴 하지만, 우리는 선율 전체를 지각된 선율이라고 부르기도 한다. 그렇게

---

42 역자주 (상대적으로) 내용이 빈 지향은 (상대적으로) 내용이 충만한 직관에 의해 "충족"(erfüllen)되며, 이때 빈 지향의 대상과 충만한 직관의 대상은 동일하다. 이 부분의 논의 맥락에서 보면, 단순한 붙듦, 단순한 바라봄에서 주어진 것은 "모호"하므로, (그보다 내용이 충만한) 본래적 재현, 참으로 반복하는 기억에 의해 충족될 수 있다. 전자가 모호한 이유는 원래 여러 단계를 거쳐 하나의 위상씩 형성된 것을 마치 하나의 시간점에서 완성된 대상처럼 "한 번의 시선에서" 포착하기 때문이다. 그러나 이렇게 "단순한 붙듦"에서 포착되는 것은 근원적인 단계적 구성을 "돌이켜 지시"하기 때문에, 이를 따라서 이러한 단계적 구성을 반복 재생한다면 충족될 수 있다. 가령 곰곰이 어떤 생각에 잠겨 있을 때 그 생각의 지나간 부분은 여전히 파지되고 있다. 이때 우리는 파지되는 그 부분을 단번에 돌이켜 바라볼 수 있으나 이 경우 그 재생되는 부분은 모호하게 나타난다. 그러나 거기까지 이르게 된 생각의 단계들을 반복 재생하면 그 부분은 다시 충만한 내용을 지니게 된다.

하는 이유는, 지각작용의 연장[펼쳐짐] 속에서 선율의 연장이 한 점씩 주어지기만 하는 게 아니라, 파지적 의식의 통일체가 지나간 음들까지 여전히 의식 속에서 "굳게 붙들어서", 선율이라는 통일적 시간대상에 대한 의식 통일체를 계속 산출하기 때문이다. 선율 같은 대상은 이러한 형식 속에서만 "지각되며" 근원적으로 자체소여된다. 이렇게 구성된 작용, 즉 지금의식과 파지의식으로 구축된 작용[43]은 **시간대상에 대한 충전적인 지각**이다. 시간대상은 확실히 시간적 차이들을 포함하며 시간적 차이들은 바로 그러한 작용들 속에서, 즉 근원의식(Urbewußtsein), 파지, 예지 속에서 구성된다. 의향하는 지향이 선율이라는 전체 대상을 향할 때, 우리는 바로 지각을 가지고 있다. 그러나 그 의향하는 지향이 개별 음을 따로 향하거나 하나의 소절을 따로 향할 때면, 바로 이처럼 사념된 것이 지각된 한에서 우리는 지각을 가지며, 이처럼 사념된 것이 지나가자마자 우리는 단순한 파지를 가진다. 그러면 객관적 관점에서 볼 때, 이 소절은 더 이상 "현재적인 것"으로 현출하지 않고 "지나간 것"으로서 현출한다. 그러나 선율 전체가 아직 울리고 있는 한, 즉 하나의 파악작용의 연관 속에서 사념된, 선율에 속하는 음들이 아직 울리고 있는 한, 선율 전체가 현전적으로 현출한다. 마지막 음이 사라진 다음에 비로소 선율은 지나간 것이 된다.

앞의 서술에 따라 우리가 그렇게 말해야 하듯이, 이러한 상대화[44]는 **개별 음**에도 적용된다. 각 음은 [그 음을 이루는] 음 자료들의 연속체 속에서 구성되며 그때그때 하나의 점적 위상만 지금 현전하는 것으로 있으며, 이와는 달리 그 이외의 다른 위상들은 파지라는 꼬리로서 그

---

43 저자주 근원적 시간의식 안에서 구성된 통일체로서의 작용에 대해서는 §37을 참조하라.
44 역자주 '지각' 개념을 개별 음에 대한 지각뿐 아니라, 소절이나 선율 전체에 대한 지각까지 적용함을 뜻한다.

위상에 연결된다. 그러나 끊임없이 새로 현출하는 근원인상들 속에서 [개별 음이라는] 시간대상이 여전히 산출되고 있는 한, 우리는 [음 자료뿐 아니라] 이 시간대상이 지각된다고(인상에 의해 의식된다고) 말할 수 있다.

그 다음 우리는 **과거** 자체를 **지각된 것으로서** 표현했다. 참으로 우리는 지나감을 지각하지 않는가? 앞서 서술한 사례들에 있어서 우리는 방금 있었음을, "방금 지나갔음"을, 자체소여 속에서, 자체소여 됨의 방식 속에서 직접 의식하고 있지 않은가? 여기에서 사용하는 "지각"의 의미는 분명 이전의 의미와 일치하지 않는다. 따라서 추가적 구별들이 필요하다. 우리가 어떤 시간대상에 대한 파악에서 지각하는 의식과 기억하는(파지적인) 의식을 구별하면, [의식에서의] 지각과 일차적 기억의 이러한 대비에는 대상에 있어서의 "지금 현재"와 "과거"의 대비가 대응한다. 시간대상들은 자신의 질료를 어떤 시간구간에 걸쳐 펼쳐 놓으며— 이러한 사실이 시간대상의 본질에 속한다—, 그것들은 바로 시간의 차이들을 구성하는 작용들[근원인상, 파지, 예지] 속에서만 구성된다. 그런데 시간을 구성하는 작용들은 (본질적으로) 현재와 과거를 구성하는 작용들이며, 그의 독특한 파악 구성에 따라 우리가 상세하게 기술했던 "시간대상-지각"이라는 유형을 가지고 있다. 시간대상은 그렇게 구성되어야 한다. 이는 다음과 같은 뜻이다. 시간대상 자체를 부여하고자 하는 요구를 지닌 작용은 "지금 파악", "과거 파악" 등을 포함해야 하며, 그것도 근원적으로 구성하는 파악이라는 방식 속에서 포함해야 한다.

이제 지각이라는 표현을 시간대상이 드러나는 소여방식의 차이들과 연관지어 살펴보면, 지각과 대비되는 것은 여기서 나타나는 일차적 기억과 일차적 예상(파지와 예지)인데, 이 경우 지각과 비-지각(Nicht-Wahrnehmung)은 연속적으로 서로에게로 이행해 간다. 예컨대 선율 같은 시간대상을 직접 직관하며 포착하는 의식 속에서 지금 들리는 소

2. 시간의식의 분석 135

절이나 음이나 음의 부분은 지각되지만, 이 순간에는 지나간 것으로 직관된 것은 지각되지 않는다. 여기서 이런 파악들은 연속적으로 서로에게로 이행해 가며, 하나의 이념적 한계일 뿐인, 지금을 구성하는 파악에서 종결된다. 이는 하나의 이념적 한계를 향해 상승하는 연속체이다.[45] 이는 빨강의 종들이 이루는 연속체가 이념적인 순수 빨강으로 수렴함과 비슷하다. 그러나 우리의 경우 우리는 확실히 자체적으로 주어질수 있는 개별적인 빨간 색조에 대응하는 개별적인 파악들을 가지고 있지 않고, 파악의 연속체 또는 오히려 지속해서 변양되는 유일한 연속체만을 늘 가지고 있고―사태의 본질에 따라 볼 때―가질 수 있다. 우리가 어떤 방식으로든 이 연속체를 서로 인접하는 두 부분으로 나누면, 지금을 포함하는, 혹은 지금을 구성할 능력이 있는 부분이 두드러져서 "두툼한" 지금을 구성하는데, 이 지금은 다시 즉시, 하나의 더 얇은 지금과 하나의 과거로 나누어지며, 우리는 이를 계속해서 더 나눌 수 있다.

그러므로 여기서 지각은 하나의 작용성격인데, 이 작용성격은 작용성격들[근원인상과 파지들]의 연속체를 통합하고, 저런 이념적 한계[지금]를 가지고 있다는 점에서 [기억 등보다] 특출난 작용성격이다. 이러한 이념적 한계를 가지지 않는 연속체는 한낱 기억이다. 그러면 이념적 의미에서 지각(인상)은 순수한 지금을 구성하는 의식위상일 것이며, 기억은 이 연속체 중에서 그 외의 모든 위상들일 것이다. 그러나 순수한 지금은 바로 하나의 이념적 한계일 뿐이고 스스로 존재할 수 없는 추상적인 그 무엇일 뿐이다. 더 나아가 이러한 이념적 지금 역시 비-지금[지금 아님]과 **완전히** 구별되는 것이 아니라 비-지금과 연속적으로

---

45 역자주 파지들의 연속체는 근원인상에서 끝나는데, 이러한 근원인상은 따로 존재한다기보다는, 파지들 연속체의 이념적 한계(경계)로서만 존재한다. 이때 파지 연속체의 각 파지들은 이 근원인상에 가까울수록 직관적이며 따라서 직관적 충족도가 "상승"한다.

연결된다는 사실은 변함없다. 그리고 그에 대응하여 지각[근원인상]은 일차적 기억[파지]으로 연속적으로 이행해 간다.

§17. 재생에 대립되는, 자체부여 작용으로서의 지각[46]

지금까지 주어진 현재 속에서 자신의 상관자를 가지고 있는 지각 개념과 주어진 과거 속에서 자신의 상관자를 가지고 있는 기억 개념이 다루어졌다. 그러나 이제 우리가 지각과 회상, 즉 이차적 기억을 대비시켜 보면 어떨까?[47] 회상에서는 하나의 지금이 우리에게 "현출하지만", 그러나 그것은 지각에서 지금이 현출하는 것과는 완전히 다른 의미에서 "현출한다."[48] [회상에서 현출하는] 이 지금은 "지각"되지 않고, 즉 자체소여되지 않고, 다만 재현된다. 그것은 주어지지 않는 하나의 지금을 표상한다. 마찬가지로 회상 속에서 [경험되는] 선율의 경과는 "방금

---

46 역자주 16절에서는 1) 좁은 범위의 지각, 즉 '지금'을 구성하는 근원인상으로서 파지 및 예지와 대비되는 지각과 2) 넓은 범위의 지각, 즉 근원인상, 파지, 예지를 포괄하는 현전장으로서 회상이나 예상과 대조되는 지각을 구별했는데, 17절에서는 후자에 대해 주로 서술한다.

47 역자주 후설전집 10권 17절의 첫 번째 문장은 다음과 같다: "Der Wahrnehmung oder Selbstgebung der Gegenwart, die ihr Korrelat hat im gegebenen Vergangenen, tritt nun ein anderer Gegensatz gegenüber, der von Wahrnehmung und Wiedererinnerung, sekundärer Erinnerung." 그러나 이 문장은 뜻이 통하지 않는다. 후설전집 10권에 나오는 이 부분에 대한 "본문 비평 주석"(416쪽)이 보여 주듯이 유고 원문에는 이 문장 대신에 다음과 같은 두 문장이 나온다: "Bisher war der Wahrnehmungsbegriff in Behandlung, der sein Korrelat hat im gegebenen Jetzt, und der Erinnerungsbegriff, der sein Korelat hat im gegebenen Vergangen. Wie aber, wenn wir nun gegenübersetzen Wahrnehmung und Wiedererinnerung, sekundäre Erinnerung?" 본 번역본의 17절 처음 두 문장은 원문에 나오는 이 두 문장을 번역한 것이다.

48 저자주 부록 2 「재현과 상상 — 인상과 이미지작용」을 참조하라.

지나갔음"을 표상할 뿐 부여하지는 않는다. 한낱 상상에서도 모든 개체는 어떤 방식으로든 시간적으로 연장되며 그 개체 자신의 지금과 이전과 이후를 지니지만, 이러한 지금, 이전, 이후는 전체 대상과 마찬가지로 단지 상상된 것이다. 그러므로 여기에서는 [근원인상을 뜻하는 지각 개념과는] **완전히 다른 지각 개념**이 쓰이고 있다. 여기에서 지각은 어떤 것을 그것 자체로서 눈앞에 세우는 작용, 대상을 **근원적으로 구성**하는 작용이다. 그 반대는 현전화(Vergegenwärtigung), 즉 재-현(Re-Präsentation)인데, 이는 하나의 대상 자체를 눈앞에 세우지 않고 바로 **재현**하는데, 이는 본래적인 이미지 의식의 방식 속에서 그런 것은 아니지만, 흡사 이미지 속에서처럼 [대상을] 눈앞에 세우는 것이다. 여기에서는 지각이 그 반대와 연속적으로 매개[연결]된다고는 전혀 말할 수 없다. 앞에서는 과거의식, 즉 일차적인 과거의식[파지]은 지각[근원인상]이 아니었는데, 이는 지각을 지금을 원본적으로 구성하는 작용으로 간주했기 때문이다. [이와는 달리] 과거의식[파지]은 지금을 구성하는 것이 아니라, "방금 있었음", 지금에 직관적으로 앞섰음을 구성한다. 그러나 우리가 지각을, **원본적으로 구성하는 모든 "근원"**이 거기 놓여 있는 **작용**이라고 부르면, **일차적 기억은 지각**이다. 왜냐하면 오로지 일차적 기억 속에서만 우리는 과거를 **보며**, 오직 거기에서만 과거가 구성되며, 그것도 현전화적으로가 아니라 현전적으로 구성되기 때문이다. 방금 있었음, 즉 지금에 대립하는 이전은 오로지 일차적 기억에서만 직접적으로 직관될 수 있다. 이러한 새롭고 독특한 것[방금 있었음]을 일차적이고 직접적으로 직관하는 것이 일차적 기억의 본질인데, 이는 지금을 직접 직관하는 것이 지금 지각의 본질인 것과 마찬가지이다. 이에 반해 회상은 상상과 마찬가지로 재현만 제공한다. 그것은 시간을 창출하는 지금 작용 및 과거 작용과 **흡사 동일한** 의식이며, **흡사 동일하지만 변양된** 의식이다. 상상된 지금은 하나의 지금을 표상하지만, 그 자체로 지금을 부여하지 않으며, 상상된 이전과 이후는 이전과 이후를 다만 표상할 뿐이다.

§18. 지속과 잇따름에 대한 의식의 구성을 위해 회상이 지니는 의미

지속하는 대상성의 소여 대신에 **지속과 잇따름 자체**의 소여를 살펴보면, 일차적 기억과 이차적 기억이 가지고 있는 구성적 의미는 다소 다르게 드러난다.

다음과 같이 가정해 보자. A가 근원인상으로서 등장하고 잠시 동안 지속하며 어느 정도 진행된 A의 파지와 더불어 B가 등장하여 지속하는 B로 구성된다. 여기에서 이 전체 "과정" 동안에 의식은 "과거로 밀려나는" 동일한 A에 대한 의식이고, 이 소여방식들의 흐름에서 동일한 A에 대한 의식이며 그 존재내용과 결부된 존재형식인 "지속"에서, 또 이 지속의 모든 점들에서, 동일한 A에 대한 의식이다. 이러한 사실은 B에 대해서도 타당하고, [A와 B의] 두 지속 사이의 거리, 혹은 그 [지속들의] 시간점들 사이의 거리에 대해서도 타당하다. 그러나 여기에서 이에 덧붙여 다음과 같은 새로운 것이 등장한다. **B가 A에 잇따르고**, 지속하는 두 소여의 잇따름이 이 순차관계를 포괄하는 특정한 시간형식, 특정한 시간구간과 더불어 주어진다. 이 **연쇄의식**은 원본적으로 부여하는 의식이고, 이러한 순차관계에 대한 "지각"이다. 이제 이러한 지각의 재생적 변양, 그것도 회상을 고찰해 보자. 나는 **이러한 연쇄에 대한 의식을 "반복하고"**, 이 연쇄를 기억하면서 재현한다. 나는 이것을 **"할 수 있고"**, 그것도 "하고 싶을 때마다" 할 수 있다. 어떤 체험을 재현함은 선험적으로 (a priori) 나의 **"자유"** 영역에 있다.("나는 할 수 있다"는 실천적인 "나는 할 수 있다"이지, "한낱 표상"이 아니다.) 그러면 체험의 잇따름에 대한 재현은 어떤 모습을 보이며 어떤 본질을 가지는가? 일단 이렇게 말할 수 있다. 나는 먼저 A를 재현하고 그 다음에 B를 재현하며, 내가 원래 A - B를 가졌다면, 지금은 ([프라임] 부호가 기억을 뜻한다면) A′ - B′를 가지고 있다. 그러나 이는 불충분하다. 이는 지금 내가 A′라는 기억을 가지고 "그 다음에" B′라는 기억을 가지며, 그것도 이러한 기억들의 잇따름에 대한 의식 속에서 그러하다는 뜻이기 때문이다. 그러나 그렇다면 나는 이러한 기억들의 잇따름에 대한 "지각"을 가지고 있는 것이지, 그것[지각들의 잇따름]에 대한 기억의식을 가지고 있는 것은 아닐 것이다. 따라서 나는 이러한 기억의식을 (A - B)′라고 서술해야 한다. 이 의식은 실제로 A′와 B′를 포함하지만, -′도 포함한다[A′ -′ B′]. 물론 여기에서 기호들을 잇따라 표기하는 방식이 잇따름을 표시하기라도 하는 양, 이 잇따름을 [A′와 B′ 사이의] 제3의 부분으로 보면 안 된다.[49] 어쨌든 나는 이 법칙을 다음과 같이 적을 수 있다.

$$(A - B)′ = A′ -′ B′$$

이는 다음과 같은 의미이다. A와 B에 대해 각각의 기억의식이 있고, 또한 "A에 B가 잇따른다"에 대한 [기억이라는] 변양된 의식도 있다.

이제 우리가 지속하는 대상들의 잇따름을(또한 여기에서 이미 지속 자체의 잇따름을) 원본적으로 부여하는 의식에 대해 묻는다면, 파지 **그리고** 회상이 필연적으로 거기에 속함을 발견하게 된다. 파지는 지금을 둘러싼 살아 있는 지평을 구성하며, 파지에서 나는 "방금 지나간 것"을 의식한다. 그러나 이때(가령 방금 들은 음을 붙들고 있을 때) 원본적으

---

49   역자주 A′ -′ B′ 에서 -′ 는 과거의 (A와 B의) 잇따름에 대한 기억을 가리키는 것이지, 현재 A′와 B′가 잇따름을 표시하는 것은 아니다.

로 구성된 것은 단지 지금 위상의 뒤로 밀려남 내지—구성이 끝났고 구성이 끝났기에 더 이상 구성되지 않고 더 이상 지각되지 않는—지속의 뒤로 밀려남뿐이다. 그러나 나는 뒤로 밀려나는 이러한 [구성의] "결과"와의 "합치"를 유지하면서 재산출[회상]을 시도할 수 있다. 그러면 지속의 과거가 내게 주어지는데, 바로 지속 자체의 "재소여"로 주어진다. 그리고 다음에 주목해야 한다. 이 반복하는 작용에서 나는 오직 지나간 지속들만을 "원본적으로" 직관하고, 현실적으로 직관하고, 동일화(identifizieren)하고[확인하고], 다수 작용들이 지향하는 동일한 대상으로서 대상적으로 소유할 수 있다. 나는 현재를 사후 체험할 수 있지만, 그 현재가 다시 주어질 수는 없다. 내가 언제나 그렇게 할 수 있듯이, 하나의 동일한 연쇄로 돌아와 이 연쇄를 동일한 시간대상으로서 동일화하면[확인하면], 나는 하나의 포괄하는 연쇄의식의 통일체 속에서, 즉 $(A - B) - (A - B)' - (A - B)'' \cdots$ 속에서, 회상 체험들의 연쇄를 수행한다.

물음은 다음과 같다. 이러한 동일화는[확인은] 어떤 모습을 보이는가? 잇따름(Folge)은 우선 체험들의 잇따름이다. 즉, 첫 번째 체험[(A - B)]은 A - B라는 잇따름을 원본적으로 구성함[지각함]이고, 두 번째 체험[(A - B)']은 이 잇따름을 기억함이며, 또 다시 동일한 기억[(A - B)'']이 일어나며 이는 계속 이어질 수 있다. 이러한 [체험들의] 잇따름 전체는 현전으로서 원본적으로 주어진다. 이러한 잇따름에 대해 나는 다시 한번 기억을 가질 수 있고, 이러한 회상에 대해 다시 한번 그러한 회상을 가질 수 있고, 이렇게 무한히 진행될 수 있다. 본질적 법칙에 따라 임의의 높은 단계들도 반복 가능하다는 의미에서 모든 기억은 반복 가능할 뿐 아니라, 이는 "나는 할 수 있다"의 영역이기도 하다. 원칙적으로 각 단계는 자유의 활동이다.(물론 장애가 일어날 수도 있다.)

이 연쇄에 대한 첫 번째 회상은 어떤 모습을 보이는가?

$$[(A - B) - (A - B)']'$$

그러면 나는 앞서 서술한 법칙으로부터 다음과 같은 사실을 추론할 수 있다. 여기에는 $(A - B)'$와 $[(A - B)']'$, 즉 두 번째 단계의 기억이, 그것도 순차적으로 일어남 속에 들어 있고 당연히 잇따름에 대한 기억 $(-')$도 들어 있다. 내가 이를 재차 반복하면, [단계가] 더 높은 기억 변양들을 가지게 되고, 이와 함께 내가 여러 차례 연달아서 반복 재현을 수행했음을 의식하게 된다. 이러한 일은 아주 흔히 일어난다. 나는 책상을 두 차례 두드리고 그 순차관계를 재현한 다음에, 내가 먼저 그 잇따름을 지각적으로 부여했고 그 다음에 기억했음에 주목한다. 그 후 나는 바로 이 주목을 수행했음에 주목하고, 그것도 내가 반복할 수 있는 이 계열에 있어서의 세 번째 항으로서 이 주목을 수행했음에 주목한다. 이는 계속될 수 있다. 이 모든 것은 특히 현상학적 연구방법에서 아주 흔히 일어나는 일이다.

공존으로 주어지지 않고 연쇄로만 주어지는 (내용이 동일한) 같은 대상들이 잇따를 때, 우리는 이제 의식 통일체 속에서 독특한 합치, 즉 연쇄의 합치를 경험한다. 물론 [연쇄라는 표현은] 비본래적으로 말하는 것인데, 그 이유는 이들[대상들]이 하나의 시간구간에 의해 분리된 채로 서로 떨어진 채 잇따름으로 의식되기 때문이다.

그렇지만 서로 같지 않은 [두 개의] 대상이 순차적으로 드러날 때 [이 두 대상에서] 부각되는 계기들이 동일하다면, 어떤 식으로 한 대상에서 다른 대상으로 "동일성의 선들"이 뻗어 나가고, [부각되는 계기들이 서로] 비슷할 경우에는 비슷함의 선들이 뻗어 나간다. 여기서 우리는 두 대상 사이의 상호연관을 경험하는데, 이러한 연관은 관계 맺는 고찰 속에서 구성되는 것이 아니라, 그 어떤 "비교함"과 어떤 "생각함" **이전에** 이미 같음과 다름을 직관하기 위한 전제로서 놓여 있다. 본래

비슷한 것만 "비교될 수" 있으며, "차이"는 "합치", 즉 같은 것들이 [서로에게로] 이행하면서(또는 상호 공존하면서) 결합되는 저 본래적 통일을 전제한다.

§19. 파지(일차적 기억)와 재생(이차적 기억 및 상상)의 차이

시간 파악의 근원이 상상 영역에 있다는 브렌타노의 이론에 대한 우리의 입장은 이제 최종적으로 굳어졌다. 상상은 재현(재생)이라는 특징을 가지는 의식이다. 이제 재현된 시간이 있지만, 이 시간은 근원적으로 소여되는 시간을, 상상된 것이 아니라 현전하는 시간을 필연적으로 거슬러 지시한다. 재현은 근원적으로 부여하는 작용과 반대이며 어떠한 표상도 재현으로부터 [원본적으로] "발원"할 수 없다. 다시 말해 상상은 어떠한 대상성을, 또는 어떤 대상성의 본질적 특성과 가능한 특성을 자체부여하는 것으로 현시할 수 있는 의식이 아니다. 자체부여하지 않음이 바로 상상의 본질이다. 상상의 개념 자체마저 상상으로부터 발원하지 않는다. 상상이 무엇인지 원본적으로 부여하고자 하면, 우리는 물론 상상을 형성해야 하지만, 이것 자체는 아직 [상상의 원본적] 소여를 뜻하지 않는다. 우리는 당연히 상상함을 고찰하고 지각해야 한다. 즉, 상상에 대한 지각은 상상 개념의 형성을 위한 근원적으로 부여하는 의식이고, 이러한 지각 속에서 우리는 상상이 무엇인지 직관하며 자체소여의 의식에서 포착한다.[50]

　재현전화하는 기억과 지금의식을 연장하는 일차적 기억 간에 엄청난

50　역자주 우리가 상상 개념이 무엇인지 이해하기 위해서는 상상이 무엇인지에 대해, 즉 상상의 본질에 대해 직관해야 한다.

현상학적 차이가 존재함은, 양쪽의 체험을 주의 깊게 비교하면 알 수 있다. 우리는 가령 두세 개의 음을 듣고, 이 [음을 듣는] 작용이 시간적으로 연장되는 동안, 방금 들렸던 각각의 음에 대한 의식을 가진다. 이러한 의식은, 하나의 시간대상의 통일체를 이루는 음 형태(Gestalt) 중에서 어느 한 항이 아직도 현실적으로 지금으로서 지각되든, 아니면 그런 일이 더는 일어나지 않고 그 형성물이 [모두 지나가 버리고] 파지에 의해서만 여전히 의식되든, 본질적으로 명백히 동일한 것이다. 방금 들렸던 음이나 음 경과에 대한 연속적 지향[파지]이 살아 있는 동안, 이 동일한 음이 경우에 따라 다시 한번 재생된다고 가정해 보자. 나는 방금 들었고 주의를 여전히 기울이고 있는 그 소절을 내적으로 다시 한번 사후에 재생하면서 재현한다. [파지와 재생의] 그 차이가 눈앞에 드러난다. 이제 우리는 재생 속에서 시간연장 전체를 포함해서 그 음이나 음 형태를, 다시 한번 경험하게 된다. 재현작용은 이전의 지각작용과 똑같이 시간적으로 연장되며, 이전 지각작용을 재생하고, 음 위상 하나하나를, 구간 하나하나를 흘러가게 하며, 그때 우리가 비교를 위해 선택한 저 일차적 기억의 위상도 재생한다. 이때 그것은[재현작용은] 단순한 반복이 아니며, [파지와 재생의] 그 차이는 단순히 가령 한 번은 [파지 속에서는] 단순한 재생이 일어나고, 다른 때는[재생 속에서는] 재생의 재생이 일어난다는 데 있는 것이 아니다. 우리는 양자 사이의 근본적인 차이를 오히려 내용에서 발견한다. 이러한 차이들은, 우리가 [한편으로] 재현 속에서의 음의 울림과 [다른 한편으로] 이 음에 대한 상상 속에서도 이 음을 붙들면서 지속해서 살아 있는 의식[파지] 사이의 차이가 무엇인지 묻게 되면, 분명히 드러난다. "울리는" 동안에 재생된 음은 울림의 재생이다. 그렇게 재생된 울림이 지나간 후에 지속해서 살아 있는 의식은 더는 울림의 재생이 아니라, 방금 일어났던 울림의 [파지] 재생, 방금 들렸던 울림의 재생이며, 방금 들렸던 이 울림은 그

울림 자체와 완전히 다른 방식으로 [파지에서] 현시된다. [상상된] 음
들을 현시하는 상상자료들은 [파지에서], 마치 이제 재현에서 각 음이
동일하게 불변하는 자료로서 계속되기라도 하는 양, 그렇게 의식에 남
아 있는 것이 아니다. 만일 그렇다면 직관적 시간표상은 일어나지 않을
것이고, 재현 속에서의 시간대상에 대한 표상은 전혀 일어나지 않을 것
이다. [상상 속에서] 재생된 음이 사라지고, 상상자료들이 동일하게 남
아 계속해서 파악을 경험하는 것이 아니라, 저 음이 독특한 방식으로
[파지] 변양되고, [그래서 비로소] 지속, 변화, 서로 잇따름 등에 대한
재현적 의식을 정초한다.[51]

원본적 지금을 **재생된** 지금으로 변화시키는 의식 변양[재현, 즉 기
억, 상상 등]은 지금을—그것이 원본적 지금이든 재생된 지금이든—
과거의 것으로 변화시키는 그러한 변양[파지]과는 완전히 다른 것이다.
후자의 변양은 끊임없는 음영의 성격을 가진다. 지금이 과거로, 그리고
더욱더 먼 과거로 연속적으로 점멸하듯이 직관적 시간의식도 연속적으
로 점멸한다. 이에 반해, 지각으로부터 상상으로, 인상으로부터 재생으
로의 끊임없는 이행이 일어난다고 말할 수 없다. 후자의 차이[지각과
상상의 차이, 인상과 재생의 차이]는 이산적(離散的) 차이이다. 그래서
우리는 이렇게 말해야 한다. 우리가 원본적 의식이나 인상이라고 부르
기도 하고 지각이라고 부르기도 하는 그것은 끊임없이 점멸하는 작용

---

51 역자주 감각자료들에 파악작용이 가해져서 지각대상이 구성된다는 '파악작용-감
각내용의 도식'을 상상에 적용하면, 상상자료들(Phantasmen)에 파악작용이 가해져서
상상대상이 구성된다. 그런데 선율과 같은 시간적 대상을 지각하기 위해서는 지나간 음
을 파지해야 하는데, 이때 지나간 음은 의식에 남되 변양되어야 한다. 그렇지 않고 여
전히 근원인상에서처럼 감각자료들이 남으면, 여러 음은 순차적으로 현출하지 않고 한
꺼번에 나타날 것이고 따라서 시간적 대상은 구성되지 않는다. 이는 시간적 대상을 상
상할 때도 마찬가지이다. 즉, 상상에서 상상자료들만 남으면, 상상에서의 시간적 대상
의 구성은 불가능하다.

이다. 모든 구체적 지각은 그러한 점멸 연속체 전체를 내포한다. 그러나 또한 재생 및 상상의식도 바로 이와 동일한 점멸을 요구하는데, 다만 재생 변양된 채로 점멸함을 요구한다. 양측[지각과 재생]에 있어서, 체험이 이러한 방식으로 연장되어야 한다는 사실, 그리고 점적 위상이 결코 독자적으로 존재할 수 없다는 사실은 체험의 본질에 속한다.

물론 이처럼 원본적으로 소여된 것이나 재생적으로 소여된 것이 점멸함은 (우리가 앞서 본 것과 같이) 이미 파악내용에도 해당된다. 지각은 감각[파악내용] 위에 구축된다. 대상을 현전하는 기능을 지닌 감각은 끊임없는 연속체를 형성하는데, 이와 마찬가지로 상상대상을 재현하는 상상자료도 하나의 연속체를 구성한다. 물론 감각과 상상자료 간의 본질적 차이를 인정하는 사람은 방금 지나간 시간위상을 위한 파악내용을 상상자료라고 불러서는 안 된다. 왜냐하면 이 파악내용은 [상상자료와는 달리] 지금 순간의 파악내용으로 연속적으로 넘어가기 때문이다.[52]

§20. 재생의 "자유"

"뒤로 가라앉음"이 원본적으로 경과할 때와 재생적으로 경과할 때에는 주목할 차이들이 있다. 원본적 현출함(Erscheinen)과, 그리고 현출함 속에서 경과양상들의 흘러감은, 고정된 어떤 것이고 "촉발"에 의해 의

---

[52] 역자주 이 부분은 (파지를 일종의 상상으로 보는) 브렌타노의 이론을 비판한다. 브렌타노의 이론에 따르면 파지의 파악내용은 일종의 상상자료일 텐데, 이렇게 되면 파지와 상상의 중요한 차이, 즉 파지의 파악내용과 근원인상의 파악내용은 서로 연속적으로 이어지지만, 상상의 파악내용과 지각의 파악내용은 그렇지 않다는 차이가 간과되고 만다는 것이 브렌타노의 이론에 대한 후설의 비판의 핵심이다.

식된 어떤 것으로서, 우리는 (자발적으로 주시해 본다고 해도) 그것을 바라볼 수 있을 뿐이다. 이에 반해 재현은 자유로운 어떤 것이고 자유로운 흝음이다. 우리는 재현을 "더 빠르게" 혹은 "더 느리게", 더 판명하고 명료하게 혹은 덜 분명하게, 단번에 번개처럼 빠르게 혹은 분절된 단계에 따라 등의 여러 방식으로 수행할 수 있다. 이때 재현 자체는 내적 의식(inneres Bewußtsein)[53]의 사건이어서 현행적 지금, 경과양상 등을 지닌다. 그리고 그 재현이 현실적으로 일어나는 바로 그 내재적 시간구간에, 우리는 재현된 과정의 더 큰 부분과 더 작은 부분을, 그 과정의 경과양상들까지 포함해서, "자유롭게" 끼워 넣어 그 과정이 더 빠르게 흘러가거나 더 느리게 흘러가게 할 수 있다.[54] 이때 그 시간구간에서 재현된 점들의 상대적 경과양상은 (동일화 합치가 계속해서 이루어진다고 전제하면) 변하지 않는다. 나는 늘 동일한 것을, 시간구간의 경과변양들의 동일한 연속체를, 어떠함에서의 연속체를 재현한다. 그러나 내가 그렇게 계속 반복하여 동일한 시작점으로 회귀하고 시간점들의 동일한 계열로 회귀한다고 해도, 그 동일한 시작점 자체는 계속해서 더, 그리고 끊임없이 뒤로 가라앉는다.

---

53 역자주 외적 의식이 어떤 대상을 지향하는 의식이라면, 내적 의식은 이러한 의식에 대한 의식이다. 그러나 내적 의식은 의식에 대한 주제적 반성이 아니라, 비주제적이고 선반성적 차원에서 이루어진다. 따라서 의식은 지향하는 외적 의식인 동시에, 언제나 자신을 (비반성적으로) 의식하는 내적 의식이기도 하다. 내적 의식에 대해서는 부록 12를 참고할 것.

54 역자주 가령, 우리가 사건들에 대해 같은 시간 동안 기억할 경우, 긴 시간 동안 일어난 사건을 기억하면 그 사건은 기억에서 빨리 흐르고, 짧은 시간 동안 일어난 사건을 기억하면 그 사건은 기억에서 느리게 흐른다.

§21. 재생의 명료성 단계

이때 재현된 것은 더 명료한 방식으로 나타나거나 덜 명료한 방식으로 나타나며, 이러한 불명료성의 다양한 양상은 재현된 것 전체와 이 전체에 대한 의식양상에서 나타난다. 우리는 어떤 시간대상의 원본적 소여에서도, 대상이 처음에는 살아 있으며[생동적이며] 명료하게 현출하지만, 그 후에는 불명료해지면서 공허함으로 이행해 간다는 사실을 발견하였다. 이러한 변양들은 흐름에 속한다. 그러나 이러한 변양들이 바로 흐름의 재현에서 현출하는 동안, 이 재현에서는 또 다른 "불명료함들"이 생겨나는데, 말하자면 (첫 번째 의미에서) "명료한 것"도 [재현에서는] 마치 베일을 통해 보이는 것처럼 이미 불명료하게 존재하며, 그것도 더 불명료하거나 덜 불명료한 방식 등으로 존재한다. 다시 말해 두 가지 불명료함[시간흐름으로 인한 불명료함과 재현 자체로 인한 불명료함]을 혼동해서는 안 된다. 재현의 생생함과 생생하지 않음 또는 명료함과 불명료함이 현출하는 [베일을 통해 보이는 것 같은] 특수한 양상들은 재현된 것에 귀속되는 것이 아니다. 또는, 재현된 것에 귀속되더라도 단지 재현방식 때문에만 그런 것은 아니다. 이 양상들은 재현함이라는 현행적 체험에 [본래] 속한다.

§22. 재생의 명증

일차적 기억의 명증과 이차적 기억의 명증과 관련해서도 주목할 만한 차이가 있다.[55] 내가 파지적으로 의식한 것은—우리가 살펴보았듯이—절

---

55 저자주 §13을 참조하라.

대적으로 확실하다. 그렇다면 더 먼 과거는 어떠한가? 내가 어제 경험했던 어떤 것을 기억하면, 나는 어제 경험했던 사건을 재생하며, 경우에 따라서는 모든 연쇄 단계들에 있어서 재생한다. 이를 행하는 동안 나는 하나가 먼저 재생되고, 그 다음 특정한 잇따름에서 두 번째 것이 재생된다는 등의 잇따름 의식을 가진다. 그러나 현재의 체험 경과인 재생에 명증하게 속하는 이러한 잇따름을 제외하면, 재생은 과거의 시간적 경과를 제시한다. 그리고 기억에 의해 현전되는 [과거] 사건의 개별 단계들이 [실제] 과거 사건의 개별 단계들과 다를 수 있을 뿐 아니라 (즉, 과거 사건의 각 단계들이 지금 재현되는 각 단계들처럼 일어나지 않았을 수 있을 뿐 아니라), 실제 일어났던 순서가 기억하는 순서와 다를 수도 있다.[56] 그러므로 여기에서는 오류가, 그것도 재생 자체로부터 발원하는 오류가 일어날 수 있는데, 우리는 이러한 오류를 시간대상(가령 초월적 시간대상)에 대한 지각도 빠질 수 있는 오류와 혼동해서는 안 된다. 이러한 오류가 일어난다는 사실에 대해서, 그리고 어떤 의미로 일어나는가에 대해서 이미 또한 언급되었다.[57] 즉, 내가 어떤 시간적 잇따름을 원본적으로 의식하면, [의식에서] 시간적 잇따름이 일어났으며 일어나고 있음은 의심할 여지가 없다. 그렇다고 해서 하나의 (객관적) 사건이 실제로 내가 파악하는 그러한 의미대로 일어났다는 이야기는 아니다. 개별적인 파악이 그에 어떤 실재도 대응하지 않는 그릇된 파악일 수 있다. 그리고 이제 파악된 것의 대상적 지향이 시간적으로 뒤로 밀리면서도 그 지향이 (그것을 구성하는 내용 및 다른 대상들과의 관계에 있어서) 여전히 유지될 때, 그런 오류는 현출하는 사건에 대한 시간적 파악 전체를 관통한다. 그러나 현시하는 "내용들"의 잇따름에,

---

56 역자주 과거에 실제로는 A - B의 순서로 일어났으나, 기억에서는 (B - A)′로 떠올릴 수 있으며, 나아가 기억 과정에서 B′ - A′의 순서로 떠올릴 수도 있다.

57 역자주 13절에서 언급하고 있다.

그리고 "현출들"의 잇따름에 국한하면, 의심할 수 없는 진리가 남게 된다. 하나의 사건이 소여되었고, 어쩌면 내게 현출하는 사건들의 잇따름은 [실제로] 일어나지 않았을지라도, 현출들의 이러한 잇따름은 일어난 것이다.

이제 시간의식의 이러한 명증이 재생에서도 유지될 수 있는지 의문시된다. 이러한 명증이 재생에서도 유지될 수 있는 것은 오직 재생 경과와 파지 경과의 합치에 의해서만 가능하다. 내가 두 개의 음 도와 레가 잇따름을 경험하면, 나는 아직 신선한 기억이 존재하는 동안에 이 잇따름을 반복할 수 있는데, 그것도 어떤 면에서는 충전적으로 반복할 수 있다. 나는 처음에 도가 일어났고 그 다음 레가 일어났다는 의식[파지]을 가진 채, 도와 레를 내적으로 반복[재생]한다. 그리고 이것이 "아직 생생하게 살아 있는" 동안 나는 다시 그렇게 할 수 있다. 물론 나는 이러한 방식으로 원본적 명증의 영역을 넘어갈 수 있다. 이와 함께 여기에서 회상이 [파지에 의해] 충족되는 방식을 알 수 있다. 내가 도와 레를 반복할 때 연쇄의 이러한 재생적 표상[회상]은 아직도 계속해서 생생하게 살아 있는 이전의 연쇄 속에서 충족된다.[58]

§23. 재생된 지금과 과거의 합치. 상상과 회상의 구별

지나간 것에 대한 재생적 의식을 원본적 의식으로부터 구별하고 나니, 또 다른 문제가 나타난다. 내가 들었던 선율을 재생할 때, 회상의 현상적 지금이 하나의 과거를 재현하며, 그러니까 이제 상상이나 회상에서

[58] 저자주 재생이 한낱 파지에 의해 의식되는 잇따름을 직관할 수 있도록 해 주기 때문에, 우리는 반대로 [즉, 파지가 재생에 의해 충족된다고] 말할 수도 있다.

하나의 음이 울린다. 그 음은 가령 지나가 버린 선율의 첫 음을 재생한
다. 둘째 음[의 재생]과 함께 주어지는 [첫째 음에 대한] 과거의식은,
이전에 원본적으로 주어졌던 [첫째 음의] "방금 지나갔음"을, 다시 말해
지나간 "방금 지나갔음"을 재현한다. 이제 재생되는 지금은 어떻게 과거
를 재현하게 되는가? 재생되는 지금은 직접적으로는 바로 하나의 지금
을 재현할 뿐이다. 그렇다면 "방금 지나갔음"의 형식에서만 원본적으로
주어질 수 있는 하나의 과거에 대한 관계가 어떻게 여기 끼어들었는가?

　이 질문에 답하기 위해서는 우리가 지금까지 넌지시 비추기만 했던
구별을, 다시 말해 시간적으로 연장된 대상에 대한 한낱 상상과 회상
사이의 구별을 해야 한다. 한낱 상상에서는 재생된 지금에 대한 정립도
주어지지 않고 재생된 지금과 지나간 지금의 합치도 주어지지 않는다.
이에 반해 회상은 재생된 것을 정립하고 이러한 정립에서 그 재생된 것
에 [시간]위치를 부여하는데, 이 위치는 현행적 지금과의 관계에서의
위치이며, 회상함 자체가 속하는 [현재의] 원본적 시간장 영역과의 관
계에서의 위치이다.[59] 오직 원본적 시간의식 속에서만, 하나의 재생된
지금과 하나의 과거 간의 관계가 설정될 수 있다. 재현의 흐름은 체험
위상들의 흐름인데, 이 흐름은 모든 시간을 구성하는 흐름과 마찬가지
로 이루어져 있어서, 그 자신이 시간을 구성하는 흐름이다. 여기에도
시간형식을 구성하는 모든 음영과 양상이 존재하며, 내재적인 음이 음
위상들의 흐름 속에서 구성되는 것과 같이, 음 재현의 통일체가 음 재
현위상들의 흐름 속에서 구성된다. 바로 일반적으로 필요한 것은 현상
학적 반성 속에서, 가장 넓은 의미에서 현출하는 것, 표상된 것, 사유된
것 등등으로부터 내재적 객관화를 경험하는, 바로 내적 의식에 속하는
통일체로, 가령 지각의 현출들(외적 지각), 기억들, 예상들, 소망들 등

59　저자주 부록 3 「기억과 지각의 연관지향 — 시간의식의 양상」을 참조하라.

으로의 객관화를 경험하는, 구성하는 위상들의 흐름으로 돌아가는 일
이다. 그러므로 시간을 구성하는 보편적 형태를 지닌 체험흐름으로서
의 모든 유형의 재현 역시 하나의 내재적 대상을 구성한다. 즉, 그것은
"이러저러하게 흘러가며 지속하는 재현 과정"이다.

그러나 다른 한편 재현에는 고유한 점이 있는데, 그것은 재현이 그 자
체에서, 그리고 그 체험의 모든 위상들에 있어서, 다른 의미에서의 …**의**
재현이라는 사실, 즉 그것이 다른 종류의 두 번째 지향성, 모든 체험이
아니라 바로 재현에만 고유한 지향성을 지닌다는 사실이다. 그런데 이제
이러한 새로운 지향성은 그 형식에 있어서 시간을 구성하는 지향성의 사
본이라는 독특성을 가진다. 이 [재현의] 지향성이 그것을 이루는 각 요
소에서 현전 흐름의 한 계기를 재생하고 그 전체에서 현전 흐름 전체를
재생하듯이, 그것은 재현된 내재적 대상에 대한 재생적 의식을 만들어
낸다. 그러므로 이 지향성은 이중적인 것을 구성한다. 그것은 우선 자
신의 형식을 통하여 내재적 통일체로서의 재현을 구성한다. 그 다음 이
흐름의 체험계기들이 그에 평행한 흐름의 계기들에 대한 재생적 변양
이기 때문에, 그리고 이러한 재생적 변양이 지향성을 뜻하기 때문에,
이 흐름은 결합하여 구성하는 하나의 전체가 되며, 이 전체에서 하나의
지향적 통일체가, 즉 기억된 것의 통일체가 의식된다.[60]

---

60 역자주 재현(회상)의 이중적 구성(이중적 지향성)은 재현이 한편으로 체험 및 체
험흐름을 구성하고, 다른 한편으로 재현되는 대상을 구성한다는 의미이다. 후설은 회상
의 이중적 지향성을 발견한 후 이를 파지의 이중적 지향성으로 확장하는데, 이는 의식
흐름이 스스로를 구성한다는 이른바 '절대의식' 개념에서 핵심적인 역할을 담당하게 된
다. 회상의 이중적 지향성에 대해서는 25절, 파지의 이중적 지향성에 대해서는 39절과
부록 8, 의식흐름의 자기구성에 대해서는 36절에서 상세히 서술된다.

§24. 회상에서의 예지[61]

이제 이러한 구성된 체험 통일체인 "기억"이 통일적 체험흐름으로 편입
됨을 이해하기 위해서는, 모든 기억이 예상 지향을 포함하며 이 지향이
충족되면서 현재에 이르게 된다는 사실을 함께 고려해야 한다. 근원적
으로 구성하는 모든 과정은 예지(Protention)에 의해 혼이 불어넣어지
는데, 이 예지는 도래할 것 자체를 공허하게 구성하고 붙들고 충족되는
방향으로 이끈다.[62] 그런데 회상하는 과정은 기억의 방식으로 이러한
[과거의] 예지만 되살리는 것은 아니다. 다시 말해 [회상에서는] 예지
가 단지 [도래할 것을] 붙드는 중에 있을 뿐 아니라, [도래할 것을] 이
미 **붙들었고** 그래서 충족되었는데, 우리는 이러한 사실을 회상에서 의
식한다.[63] 회상 의식 안에서 이루어지는 [과거의] 충족은 (바로 기억 정
립이라는 변양 속에서 이루어지는) 재–충족이다. 그리고 사건 지각에
대한 근원적 예지가 [그 예지가 일어난 과거에는] 규정되지 않은 상태
였고 그래서 [그 사건 지각이] [예지와] 다르거나 아예 없을 수도 있는
상태를 열어 놓고 있다면, 회상 안에서 —비규정적인 근원적 예지와는
다른 구조를 가지고 있는 "불완전한" 형태의 회상 안에서라면 그렇지
않겠지만— 우리는 이 모든 것을 열어 놓지 않는, 앞을 향한 지향을 가

---

61 편집자주 24절 텍스트는 후설이 1917년 [자신의 조교] 에디트 슈타인(Edith Stein)
이 정리한 원고를 보충하기 위해 작성한 메모들을 토대로 만들어졌다.

62 역자주 원본적 과정에서, 예지는 의미(혼)만을 지닌 채 내용(감각자료)은 없이, 즉
공허하게 미래를 지향한다. 이러한 의미에 들어맞는 근원인상이 현출하면 텅 빈 예지는
충족된다.

63 역자주 현재 시점에서 미래를 향하는 예지는 아직 (미래가 도래하지 않았으므로)
충족되지 않은 상태이다. 그러나 과거 시점의 예지는 (현재 시점까지의 시간흐름에서)
어떤 식으로든 이미 충족되었고, 회상에서는 과거의 예지뿐 아니라 이러한 예지의 충족
까지 재생된다. 따라서 이러한 예지의 충족을 따라가며 의식함은 현재 시점으로 이끈다.

지고 있다. 그리고 비규정적인 근원적인 예지는 회상 속에 포함되어 있
다. 따라서 여기에서는 사건을 개별적으로 고찰하여 지향적으로 분석하
는 것도 이미 어려운데, 그뿐 아니라 사건들이 현재까지 이어짐에 대한
예상을 지향적으로 분석하는 것은 또 다른 방식으로 어렵다. 회상은 예
상이 아니지만, 미래로 향하는 하나의 지평을, 그것도 정립된 지평인바,
회상되는 것의 미래로 향하는 하나의 지평을 가지고 있다. 이 지평은 회
상 과정이 진행되면서 계속 새롭게 열리고 더 생생해지고 더 풍부해진
다. 그리고 이때 이 지평은 늘 회상되는 새로운 사건들에 의해 충족된다.
이전에는 단지 [회상되는 것의 미래 지평을 통해] 미리 지시되기만 했
던 것들이 이제 [회상되는 사건들에 의해 충족되어] 준현전적으로 현출
하는데, 이 '준'은 현실화하는 현재라는 양상에서의 '준'이다.

§25. 회상의 이중적 지향성[64]

이제[65] 시간대상의 경우 "하나의" 시간연관 속에서 다양한 [시간]위치

---

64 편집자주 25절-26절과 27절 첫 문단, 그리고 23절 후반부는 (일부를 제외하고)
1907년-1909년에 작성한 메모들을 토대로 만들어졌다.

65 역자주 독일어 원문은 "Unterscheiden wir also bei einem Zeitobjekt den Inhalt
nebst seiner Dauer [...] von seiner Zeitstellung ..."으로 되어 있다. 여기서 also는 문
법적으로 "이처럼", "그러니까" 정도로 번역될 수 있을 것이며 이 문장은 "이처럼[그러
니까] 시간대상의 경우 지속과 함께 그의 내용을 [...] 그의 시간위치와 구별해 보면 …"
정도로 번역될 수 있다. 여기서 also라는 단어는 25절에서 논의되는 내용이 앞 절인 24
절에서 논의되는 내용과 밀접한 관계에 있음을 암시한다. 그러나 이는 사실이 아니다.
그 이유는 편집자 주에 나타나 있듯이 24절은 1917년에 집필되었고, 25절은 1907년과
1909년 사이에 집필되었기 때문이다. 그 내용을 살펴보아도 24절은 "회상 속에서의 파
지"의 문제를 다루고 있고 25절은 "회상의 이중적 지향성"의 문제를 다루고 있기 때문
에 두 절은 내용상으로도 밀접한 연관 속에 있지 않다. 이처럼 두 절 사이에 밀접한 연
관이 없기 때문에 25절에서 새로운 논의가 이루어지고 있음을 보여 주기 위하여 25절

를 가질 수 있는 지속과 함께 그의 내용을 그의 시간위치와 구별해 보면, 우리는, 지속하는 존재의 재생에서, 채워진[66] 지속의 재생 이외에도 위치 관련 지향들도 가지게 되는데, 그것도 필연적으로 그렇다. 하나의 지속은, 시간연관 안에서 정립되지 않으면, [즉] 시간연관 지향이 없으면, 전혀 표상될 수 없고, (더 적절하게 말한다면) 정립될 수 없다. 이때 이 지향들은 필연적으로 과거지향이라는 형태를 가지고 있거나 미래지향이라는 형태를 가지고 있다. 이처럼 채워진 지속을 향하는 지향과 그 시간위치를 향하는 지향이라는, 지향의 이중성에 이중적 충족이 대응한다. [이중적 지향성 중] 지나간 지속 대상의 현출을 형성하는 전체 지향 복합체는 지속하는 동일한 것에 속하는 현출들의 체계 속에서 충족될 수 있다. [이에 비해 이중적 지향성 중] 시간 안에서의 연관지향들은 [재생되는 과거부터] 현행적 현재까지 이르면서 충족된 연관들을 형성함으로써 충족된다. 따라서 모든 재현에서 두 가지를 구별해야 하는데, 그것은 [한편으로는], 의식에 대한 재생, 즉 그 안에서 지나간 지속하는 대상이 주어지는, 즉 지각되거나 일반적으로 말해 근원적으로 구성되었던바, 의식에 대한 재생과 [다른 한편으로는] "과거"나 (현행적 지금과 동시적인) "현재"나 "미래"라는 의식에 대해 구성적 역할을 수행하는 것으로서 이러한 재현에 속해 있는 것이다.

그렇다면 후자도 재생인가? 이것은 쉽게 그릇된 방향으로 이끌어 갈 수 있는 질문이다. 당연히 재생되는 것은 전체이다. 흐름을 지니는 당시의 의식 현재만 재생되는 것이 아니라, 살아 있는 현재에 이르기까지

의 첫 문장에 나오는 also를 "이제"로 번역하였다.

66 역자주 가령 "지향을 직관이 충족한다"는 경우처럼 Erfüllung은 대개 '충족'으로 번역하기로 한다. 그러나 이와 일맥상통하는 의미이지만 '충족'이라는 번역어가 어색한 경우에는 '채움'으로 번역하기로 하는데, 가령 "지속이나 시간구간을 내용이 채운다"는 경우가 그렇다.

의식흐름 전체가 "암묵적으로" 재생된다. 이는 선험적-현상학적 발생의 근본부분으로서, 기억이 부단한 흐름 속에 있음을 뜻하는데, 그 이유는 의식 삶이 부단한 흐름 속에 있지, 연쇄 속에서 단지 한 토막 한 토막 끼워져 있지 않기 때문이다. 오히려 새롭게 현출하는 모든 것은 지나간 것[이전의 것](das Alte)에 거꾸로 영향을 미치며 작용하고, 새롭게 현출하는 모든 것이 지닌, 이 경우 앞을 향하는 지향은 [시간이 흐르면서] 충족되고 규정되며, 이러한 사실은 [이 지나간 것에] 대한 재생에 특정한 색조를 부여한다. 그러니까 여기에서 과거를 향해 영향을 미치는 **선험적으로** 필연적인 소급작용이 드러난다. 새로운 것은 또 다시 새로운 것을 지시하는데, 이 새로운 것(das Neue)은 등장하면서 규정되고, 지나간 것을 재생할 가능성들을 변경시킨다. 이때 거꾸로 작용하는 힘은 연쇄에 따라 되돌아가는데, 이는 재생된 과거는 **과거**라는 성격을 지니면서 지금에의 관계에서 특정 시간위치를 향하는 미규정적 지향을 지니기 때문이다.[67] 따라서 우리는 하나가 다른 하나를 떠올리고 이것이 다음 것(흐르는 다음 것)을 떠올리는 식으로, "연상된" 지향들의 한낱 연쇄를 가지고 있지 않고, 그 자체로 가능한 충족계열을 향하고 있는 **하나의** 지향을 가지고 있다.[68]

---

67   역자주 과거는 그것의 미래를 향하는 미규정적 지향을 (과거에) 지녔는데, 이 지향은 현재에는 이미 규정되었다. 따라서 그 과거를 재생할 때, 현재의 이 규정성이 이 재생에 영향을 미치며 이는 (재생된) 과거에 거꾸로 작용하는 것이다.

68   역자주 '흐름'의 비유는 '사슬'의 비유에 비해, 과거와 미래의 상호작용을 더 잘 보여 준다. 흐름을 이루는 작은 물결들은 서로 연속적으로 연결되어 서로 넘나들면서 서로에게 영향을 미치기 때문이다. 지나간 것은 지나가면 영원히 고정되어 불변하는 것이 아니라, 새로운 것의 출현을 통해 영향을 받는다. 새로운 것의 출현은 흐름의 전체 배치를 재조정하고 재구성하면서, 흐름에서 부단히 이어져 있는 지나간 것들에 거꾸로 작용하여 그들에게 다른 의미를 부여하기 때문이다. 이러한 일이 가능한 것은, 지나간 것이 지니는 앞을 향하는 지향들(예지와 예상)과 그에 대한 충족들을 통해, 지나간 것과 새로운 것이 서로 이어져 있기 때문이다.

그러나 이 지향은 비직관적 지향, "빈" 지향이고, 그것이 향하는 대상성은 사건들이 이루는 객관적 시간계열이며, 이러한 시간계열은 현행적으로 회상되는 것의 어두운 환경(Umgebung)을 이룬다. 일반적으로 "환경"의 특징은 어떤 통일적 지향, 즉, 상호 연관된 다수 대상성을 향하면서, 그 대상성이 따로따로 다양하고 점진적으로 주어질 때 충족되는 하나의 통일적 지향이 아니던가? 공간적 배경(Hintergrund)도 그렇다. 그래서 지각에서 모든 사물은 뒷면을 배경으로 가지고 있다.([여기에서는] 주의의 배경이 아니라, 파악의 배경이 문제가 되고 있기 때문이다.[69]) 모든 초월적인 지각에 본질적으로 속하는 구성요소로서의 "비본래적 지각"이라는 요소는 "복합" 지향으로서, 특정 방식의 연관들에 의해, 소여들의 연관들에 의해 충족된다. 배경 없이는 전경도 없다. 현출하지 않는 측면이 없으면 현출하는 측면도 없다. 시간의식의 통일체도 마찬가지이다. 재생된 지속은 전경이며, [그 지속을 시간에 편입하는] 편입지향들(Einordnungsintentionen)에 의해 배경이, 즉 시간적 배경이 의식된다. 그리고 이런 일은 지금, 이전, 이후를 지닌 지속하는 것의 시간성을 구성할 때 특정 방식으로 계속 일어난다. [공간사물(Raumding)과 시간사물(Zeitding) 사이에] 유비가 존재한다. 공간사물은 [한편으로] 포괄적 공간과 공간세계에 편입되고, 다른 한편으로 전경과 배경을 지니는 공간사물 자체가 있다. 시간사물은 [한편으로] 시간형식과 시간세계에 편입되고, 다른 한편으로 시간사물 자체와 그것이 가지고 있는, 생동하는 지금에 대해 변화하는 정위가 있다.[70]

---

69 역자주 어떤 사물을 주목하여 볼 때, 그 사물을 둘러싼 환경은 '주목의 배경'을 이룬다. 이에 비해 사물의 앞면만을 보면서 뒷면까지 지니는 사물로 파악[해석]할 때, 사물의 뒷면은 '파악의 배경'을 이룬다. 여기에서 '주목 배경'은 사물 외부의 다른 사물들이나 세계로 이루어진 지평이므로 '외부지평'이고, '파악 배경'은 사물 내부의 계기들로 이루어진 지평이므로 '내부지평'이다.

70 역자주 "살아 있는 지금"(lebendiges Jetzt) 또는 "살아 있는 현재"(lebendige Ge-

§26. 기억과 예상의 차이

나아가 기억과 예상이 동등한 지위를 가지고 있는지 고찰해 보자. 직관적 기억은 나에게 체험의 경과한 지속에 대한 생생한 재생을 제공해 주며, 이때 이전을 돌이켜 지시하며 생동하는 지금에 이르기까지 앞을 향해 지시하는 지향들만이 비직관적으로 남아 있다.

　미래의 사건에 대한 직관적 표상 속에서 나는 이제 재생적으로 경과하는 어떤 사건에 대한 재생적 "이미지"를 직관적으로 가지고 있다. 그리고 여기에 미규정적인 미래지향들 및 과거지향들, 즉 사건의 시작에서부터 생동하는 지금에서 끝나는 시간적 환경(Zeitumgebung)을 향하고 있는 지향들이 연결된다.[71] 그러므로 예상 직관은 뒤집힌 기억 직관인데, 그 이유는 기억 직관에서는 지금 지향이 과정의 뒤를 따르지, [예상 직관처럼] 과정보다 "먼저" 오지 않기 때문이다. 예상 직관과 기억 직관은 공허한 환경적 직관으로서 서로 "반대 방향"을 향한다. 그렇다면 [환경적 지향이 아닌] 사건 자체의 소여방식은 어떠한가? 사건 내용이 [예상에서보다] 기억에서 더 규정적이라는 사실이 [기억과 예상 사이의] 본질적 차이인가? 그러나 [기억의] 많은 직관적 구성요소들이 전혀 참된 기억이라는 특징을 가지지 않는 한, 기억 역시 직관적일 수는 있지만 그럼에도 아주 규정적이지 않을 수 있다. 물론 "완전한" 기억에 있어서는 모든 것이 세부에 이르기까지 명료할 것이고 [실제] 기억이라는 특징을 가질 것이다. 그러나 **이념적으로는** 예상에 있어서도 이

---

genwart)는 현행적 지금과 그것을 둘러싼 파지 및 예지 지평, 즉 생생하게 체험되는 현전장을 뜻한다. "살아 있는 지금에의 정위를 변화시킨다"는 것은 시간사물이 가령 파지되면서 점차 살아 있는 지금으로부터 시간위치가 멀어짐을 뜻한다.

71　역자주 시간적 환경(Zeitumgebung)은 지금을 둘러싼 지평, 즉 과거 지평 및 미래 지평을 뜻한다.

런 일이 가능하다. 물론 일반적으로 예상은 많은 것을 열어두며, 열려 있음(das Offenbleiben)은 또한 [예상의] 해당 요소들이 지니는 성격이다. 그러나 존재하게 될 그 무엇에 대한 예상의 모든 성격이 남김없이 눈앞에 떠오르는 예언적 의식(ein prophetisches Bewußtsein)(스스로를 예언적이라고 내세우는 어떤 의식)은—가령 우리가 면밀히 규정된 계획을 가지고, 그 계획된 것을 직관적으로 표상하면서, 그것을 말하자면 모조리 미래의 현실로 받아들일 때처럼—원칙적으로 상상 가능하다. 그러나 그때에도 미래에 대한 직관적 예기(Antizipation) 속에는 보충물(Lückenbüßer)[72]로서 구체적 이미지를 채우며 이미지가 제시하는 것과는 전혀 다를 수 있는 여러 가지 사소한 것들이 있을 수 있다. 직관적 예기는 처음부터 열려 있음(Offenheit)으로서 특징지어진다.

그러나 충족의 방식에 있어서는 [기억과 예상의] 원칙적 차이가 있다. 과거지향은 필연적으로 직관적 재생들의 연관을 만들어 냄으로써 충족된다. 지나간 사건에 대한 재생은 (내적 의식 안에서의) 그의 타당성과 관련해서 볼 때 재생으로의 변화를—이러한 변화 속에서는 모든 요소들이 재생산적이라는 특징을 지니는데—통해서만 기억의 비규정성이 확증되고 완성될 수 있도록 해 준다. 여기에서는 다음과 같은 물음들이 중요하다. 나는 그것을 정말로 보았고 지각했는가? 나는 이 현상을 정말로 가졌었으며 정확히 이런 내용을 가진 현상을 가졌었는가? 이와 함께 이 모든 것은 바로 현재까지 이르는, 그러한 직관들의 하나의 연관에 편입되어야 한다. 그러나 또 다른 질문은 다음과 같다. 그 현출한 것은 실제로 존재했는가? 이에 반해 예상은 지각 속에서 충족된다. 예상된 것이 어떤 "지각될 것"이라는 사실은 예상된 것의 본질이다.

---

72 역자주 여기에서 보충물(Lückenbüßer)은 직관되는 대상 중에서 일부 직관되지 않는 틈(Lücke)을, 재현에 의해 메우는 것(Büßer)을 뜻한다.

이때 예상된 것이 현출하면, 즉 현재적인 것이 되면, 예상 상태 자체는
지나가 버렸다는 사실은 명증적이다. 미래의 것[예상되는 것]이 현재
의 것이 되고 나면, [이전의] 현재의 것[예상 자체]은 상대적으로 과거
의 것이 된다. 이는 환경적 지향들에 있어서도 마찬가지다. 그것들 역
시 현행적인 인상 체험을 통해 충족된다.[73]

　이러한 차이가 있지만 그래도 예상 직관은 과거 직관과 똑같이 근원
적이고 고유한 어떤 것이다.

§27. "지각되었음"에 대한 의식으로서의 기억

앞서 분석한 정립하는 재생들[회상, 예상 등]의 특징과 관련해 다음과
같은 점이 가장 중요한 의미를 가진다: 시간적 존재에 대한 재생적 정
립뿐 아니라, 내적 의식과 어떤 관계를 맺고 있음이 그것들의 본질에
속한다. 기억이 "지각되었음"에 대한 의식이라는 사실이 일차적으로 기
억의 본질에 속한다. 내가 직관적으로 어떤 외적인 사건을 기억하면,
나는 그에 대한 재생 직관을 가진다. 그리고 그것은 정립하는 재생이
다. 그러나 이러한 외적 재생[외부 사건에 대한 (과거의) 지각을 재생
함, 즉 기억함]은 필연적으로 내적 재생[외부 사건 지각에 대한 (과거
의) 내적 의식을 재생함]을 통해 의식된다.[74] 외적 현출은, 반드시 외적
사건이 특정한 현출방식 속에서 주어지면서, 재생될 수 있다. 체험으로

73　역자주 기억되는 사건이 실제 일어났음을 확증하는 일은 또 다른 기억들을 통해서
만 가능하다. 그 사건은 이제 (그것이 일어난 그대로는) 더는 지각되지 않으며 지각되
지 않을 것이기 때문이다. 이때 그 사건에 대한 기억과 다른 사건들에 대한 기억들은
하나의 시간적 연관에 편입된다. 이에 비해 예상되는 사건이 실제 일어날 것임을 확증
하는 일은 이 일이 실제 일어나는 것을 지각함을 통해서이다.

74　저자주 부록 12를 참조하라.

서의 외적 현출(Erscheinen)은 내적 의식의 통일체이고, [과거의] 내적 의식에는 [현재의] 내적 재생이 상응한다. 그러나 이제 어떤 사건의 재생에는 두 가지 가능성이 있다. [그 하나의 가능성에 따르면] 내적 재생이 정립적 재생일 수 있으며 그에 따라 사건의 현출이 내재적 시간의 통일체 속에서 정립될 수 있다. 또는[또 다른 가능성에 따르면] 외적 재생 역시 정립적 재생일 수 있는데, 말하자면 해당 시간적 사건을 객관적 시간 속에서 정립하지만, [내적 정립 재생이 없으면] 내적 시간의 사건으로서의 현출 자체를 정립하지는 않으며, 따라서 나아가 전체 삶의 흐름의 통일체 속에서 시간을 구성하는 흐름을 정립하지는 않는, 그러한 정립적 재생일 수 있다.[75]

그러므로 기억[외적 정립 재생]이 곧바로 이전 지각에 대한 기억[내적 정립 재생]은 아니다. 그러나 이전의 사건에 대한 기억이, 그 안에서 이 사건이 소여되었던바, 현출의 재생을 포함하기 때문에, 이 사건에 대한 이전 지각의 기억의 가능성 (내지 이전의 지각을 소여하는 기억 속에서의 반성의 가능성) 역시 언제나 존재한다. 이때에는 이전의 의식 전체가 재생되며, 재생되는 것은 재생의 성격 및 과거의 성격을 가진다.

하나의 예를 들어 이러한 관계들을 분명하게 해보자. 나는 불 켜진 극장을 기억한다. 이는 "나는 극장을 지각했음을 기억한다"라는 뜻일 수 없다. 만일 그렇다면 이는 "나는 내가 극장을 [외적으로] 지각했음을 [내적으로] 지각했음을 기억한다"를 뜻하게 된다. 내가 불 켜진 극장을 떠올린다는 것은 내가 "나의 내부에서" 불 켜진 극장을 [과거에] 있었던 극장으로서 본다는 것이다. 지금, 나는 비-지금[지금 아님] (das Nicht-Jetzt)을 본다. 지각은 현재를 구성한다. 지금이 지금으로서

---

75 역자주 기억을 통해 과거 '사건'을 객관적 시간 속에서 정립(외적 정립 재생)하면서도, 그 사건에 대한 '지각'은 내재적 시간 속에서 정립(내적 정립 재생)하지 않을 수도 있다.

내 눈앞에 있으려면 나는 지각해야 한다. [과거의] 지금을 [기억에서] 직관적으로 표상하기 위해서는, 나는 "이미지에서", 재현을 통해 변양된 상태로, 지각을 수행해야 한다. 그러나 [이때에도] 나는 지각[지각작용]을 표상하는 것이 아니라, **지각된 것**을, 지각에서 현재로 현출하는 것을 표상한다. 그러므로 기억은 실제로 이전의 지각에 대한 재생을 함축하지만, 그것이 본래적 의미에서 이전 지각에 대한 표상은 아니다. 기억 속에서 [과거의] 지각이 의향되고 정립되지 않고, 이 지각의 대상이 의향되고 정립되며, 거기에 덧붙여 현행적 지금과 어떤 관계를 맺고 있는 그 [대상의] 지금이 의향되고 정립된다. 나는 어제의 불 켜진 극장을 기억한다. 다시 말해 나는 극장에 대한 지각의 "재생"을 수행하고, 이와 함께 표상에서 극장이 현재의 극장으로서 내 앞에 떠오르며, 나는 이 극장을 의향한다. 그러나 이때 나는 지금의 현행적 지각들의 현행적 현재와의 관계에 있어, 이 현재를 뒤로 밀려난 것으로 파악한다. 물론 극장의 지각은 존재했으며, 내가 극장을 지각했음은 지금 명증적이다. 기억되는 것은 현재에는 [과거에] 있었던 것으로 현출하는데, 그것도 직접 직관적으로 현출한다. 그리고 그것은, 현행적 지금의 현재로부터 어떤 거리를 가지고 있는 하나의 [과거의] 현재가 직관적으로 현출을 통해서, 그렇게 나타난다. 현행적 지금의 현재는 현실적 지각에서 구성된다. 이에 비해 직관적으로 현출하는 과거의 현재는, 즉 비-지금[지금 아님]에 대한 직관적 표상은 지각의 사본에서 구성되며, 극장이 "흡사 지금" 주어지는, 그러한 "이전 지각의 재현"에서 구성된다. 그러므로 극장 지각에 대한 재현은 내가 거기 살면서[그것을 생생하게 체험하면서] 지각함을 의향하는 것으로 이해되어서는 안 된다. 나는 지각되는 대상이 현재 있음을 의향하는 것이다.

§28. 기억과 이미지 의식. 정립하는 재생으로서의 기억

여기에서 다루어진 것[기억]이 어떤 유형의 재현인지에 대해 고찰할
필요가 있다. 여기서 문제가 되는 것은 이미지(회화, 흉상 등) 의식의
경우처럼 비슷한 대상을 매개로 하는 재현이 아니다. 이러한 이미지 의
식과 달리, 재생은 [대상의] 자체재현(Selbstvergegenwärtigung)이라는
성격을 가진다. 재생은 또다시 정립하지 않는지("한낱" 상상들), 아니
면 정립하는지에 따라서 나누어진다. 그리고 정립 재생에는 이제 시간
성격이 덧붙여진다. 기억은 과거라는 의미에서의 자체재현이다. 현재
일어나는 기억은 지각과 매우 유비적인 현상이며, 현재 일어나는 기억
과 그에 대응하는 [과거의] 지각에서 대상의 현출은 같으나, 다만 기억
에서 대상의 현출은 변양된 성격을 가지게 되는데, 이 성격 때문에 대
상은 현재 있는 것이 아니라 현재였던 것으로 있게 된다.[76]

　기억과 예상이라고 불리는 재생 유형의 본질적인 점은 그 재생되는
현출이 내적 시간의 존재 연관으로, 나의 체험들의 흘러가는 계열의 존
재 연관으로 편입된다는 데 있다. 이러한 정립은 보통은 외적 현출의
대상성에 대해서도 일어나지만, 이러한 [외적] 정립은 폐기될 수 있고
그에 대해 반박할 수 있으며, 그러면 그래도 여전히 기억이나 예상은

76　역자주 후설은 여기에서 재현의 유형들을 구별하고 있다. 의식은 크게 현전과 재현
으로 구별된다.(17절 참조) 재현은 타자재현(매개를 통해 어떤 다른 것을 재현함)과 자
체재현(매개 없이 대상 자체를 재현함)으로 나뉜다. 타자재현에는 이미지 의식이나 기
호의식이 있는데, 전자는 매개하는 것과 매개되는 것이 유사한 반면, 후자는 그렇지 않
다. 한편 자체재현에는 '정립하는 자체재현'(회상, 예상, 현재기억)과 '정립하지 않는
자체재현'(비정립적 상상)이 있다. '정립하는 자체재현'은 재현되는 대상의 현실적 존
재를 정립하는 반면, '정립하지 않는 자체재현'은 재현되는 대상의 현실적 존재를 정립
하지 않는다. 나아가 '정립하는 자체재현'은 정립되는 대상의 시간성(현행적 지금과 가
지는 시간적 관계)에 따라 다시 구별된다. 회상과 예상과 현재기억은 각각 과거, 미래,
현재라는 시간성을 지닌 대상에 대한 '정립하는 자체재현'이다.

남아 있다. 즉, 우리는, 이전의 지각 내지 미래의 지각을 한갓 "추정적인 지각"이라고 이름 붙이더라도, 그것들을 계속해서 기억과 예상이라고 부를 것이다. 처음부터 초월적 대상의 재생이 아니라 내재적 대상의 재생이 문제가 될 경우 재생적 직관이 가지고 있는 앞서 기술된 층 구조는 사라지고, 재생된 것의 정립은 체험들 계열로의 편입, 즉 내재적 시간으로의 그것의 편입과 합치한다.[77]

§29. 현재기억[78]

외적 시간과 외적 대상성에 대한 직관 영역에서는, 시간적 대상에 대한 직접적인 재생적 직관의 또 다른 유형을 고려해야 한다. (그렇다. 우리의 모든 논의는 시간대상에 대한 직접적 직관에 제한되고, 간접적 내지는 비직관적 예상과 기억은 다루지 않는다.)

나는 또한 어떤 현재의 것을 지금 내 앞에 생생하게 가지지 않더라도, 이전 지각들을 토대로 해서든, 그에 대한 기술 등을 통해서든, 지금 존재하는 것으로 표상할 수 있다. 전자의 경우[이전 지각들을 토대로 하는 경우] 나는 기억(Erinnerung)을 가지지만, 이 기억되는 것이 현행적 지금까지 지속되고 있다고 여긴다. [그러나 물론] 나는 이 지속에 대해 내

---

77 역자주 내재적 대상(작용, 감각자료)에서는 대상과 대상을 구성하는 체험이 상이한 층위로 구별되지 않기 때문이다.

78 역자주 "현재기억"(Gegenwartserinnerung)은 지금 직관되지는 않지만 어딘가에 "현재" 존재하고 있는 것을 정립하는 작용을 뜻한다. 이 경우 Erinnerung, 즉 기억은 지금 눈앞에 있지 않은 그 무엇을 떠올리는 작용 일반을 지칭하는 개념이다. 이러한 맥락에서 회상과 예상도 일종의 기억이다. 회상은 과거의 것을 "다시 떠올리는 작용"이기 때문에 재기억(Wiedererinnerung)이라 불리고, 예상은 미래의 것을 "앞서 떠올리는 작용"이기 때문에 선기억(Vorerinnerung)이라 불린다.

적으로 기억되는 "현출"을 가지지는 않는다. 나는 "기억 이미지"를 이용하지만, 기억되는 것을, 내적 기억의 대상성으로서, 그에 귀속되는 그의 지속 안에서 정립하지 않는다. 지속하는 것은 이러한 현출에서 현시되는 것으로서 정립되며, 우리는 현출하는 지금, 늘 새로운 지금 등등을 정립하지만, 그러나 그것을 "과거의 것"**으로서** 정립하지 않는다.

    기억의 경우 "지나갔다"는 것이, 지금 기억을 할 때 이전 것에 대한 이미지나 여타 구성물을 만듦을 뜻하지 않음을 우리는 알고 있다. 우리는 [매개하는 이미지 없이] 현출하는 것, 직관되는 것을―이것은 자신의 시간성에 따라 시간적 양상에서만 직관되는데―그냥 정립할 뿐이다. 그리고 이때 우리는 현출하는 것에게 기억이라는 방식으로, 현출의 환경지향을 통해, 현행적 지금에 대한 위치를 부여한다. 그러니까 [이전 것에 대한 재현, 즉 회상에서와 마찬가지로] [눈앞에] 있지 않은 현재의 것에 대한 재현[현재기억]에 있어서도, 우리는 직관의 환경지향에 대해 물어야 한다. [하지만] 현재기억에서의 환경지향은 물론 [회상에서의 환경지향과는] 완전히 다른 종류의 것이다. [현재기억에서의 환경지향은] [회상에서처럼] 내적 현출들이 빠짐없이 정립된 채로 끊임없는 계열을 이루고, 이를 매개로 하여 현행적 지금과 관계 맺고 있지 않기 때문이다. 그러나 물론 [현재기억에서도] 이러한 재생적 현출이 아무런 연관도 없이 존재하는 것은 아니다. 거기 현출하는 것은 어떤 지속하는 것, 있었으며 지금 있으며 앞으로 있을 지속하는 것이어야 한다. 그러니까 나는 그 어떤 경로를 통해 [그것이 현재 있는] 그리로 가서 보면서 아직도 그 사물을 발견할 "수 있고", 그 다음에 다시 돌아와서, 되풀이되는 "가능한" 현출계열들에서 [현재기억의] 직관을 형성할 수 있다. 그리고 내가 이전에 있던 곳을 떠나서 [그 사물이 있는] 그리로 가면(이는 앞서 윤곽이 그려진 가능성이며, 이 가능성에는 가능한 현출계열이 대응한다), 지금 나는 지각 직관 등으로서 이 직관을 가질 것이다. 그러니까 물론 [현재기억에서] 나에게 재생적으로 눈앞에 떠오르는 이 현출은 [회상에서처럼] 내적으로 인상적으로 있었던 것이라는 특징을 지니지는 않고, 현출하는 것은 [회상에서처럼] 그 시간 지속에서 지각되었던 것이라는 특징을 지니지는 않지만, 여기에서도 "지금 여기"에 대한 관계는 존재하며, 현출은 또한 모종의 정립 성격을 가지고 있고 특정한 현출 연관에 (그리고 철저하게 "정립하는", 태도 취하는(Stellungnehmend) 현출일 그러한 현출의 연관에) 속하며, 이 현출의 연관과의 관계에서 현출은 [현출 연관을 따라가도록 하는] 동기부여라는 성격을 가지는데, 환경지향은 "가능한" 현출들 자체에 대해 늘 지향의 장을 이룬다. 이는 내가 어떤 지속하는 것을, 이전에 지각하지 않았고 따라서 지금 기억하지 않으면서, 지금 지각하고 이전에 있었던 것으로 정립하고 나아가 미래에 존재할 것으로 정립하면서 직관할 때도 마찬가지이다.

§30. 파지변양 속에서 대상적 지향의 유지

방금 지나간 것에 대한 파지가 아직도 생동적인 가운데 그에 대한 재생적 이미지, 그것도 물론 지금점에서 그것이 주어졌던 대로의 재생적 이미지가 현출하는 일은 종종 있다. 우리는 말하자면 방금 체험한 것을 되풀이한다. 이러한 재현에서 일어나는 내적 갱신은, 재생되는 지금을 아직 신선한 기억[가까운 파지]에서 살아 있는 지금과 연관시키며, 여기서 하나의 지금과 다른 지금 사이의 동일성을 구성하는 동일성 의식이 수행된다. (이와 함께 이 현상은, 일차적인 기억 영역에는 직관적 부분 외에도 그보다 훨씬 더 멀리까지 이르는 텅 빈 부분이 속함을 보여준다. 우리가 비어 있지만 그래도 신선한 기억에서 과거의 것을 아직 가지고 있는 동안, 동시에 그에 대한 "이미지"가 나타날 수 있다.) 모든 지금이 과거로 밀려 가라앉으면서도 엄밀한 동일성을 고수함은 일반적 사실이며 근원적으로 본질적인 사실이다. 현상학적으로 말하자면 A라는 질료를 토대로 구성되는 지금의식은 과거의식으로 끊임없이 변양되며, 다른 한편 그러면서 이와 동시에 계속 새로운 지금의식이 구축된다. 이러한 변양에 있어서도 [시간적으로] 변양되는 의식은 대상 지향을 보존한다(그리고 이것은 시간의식의 본질에 속한다).

모든 근원적인 시간장이 그것을 구성하는 작용성격과 관련하여 겪게 되는 연속적 변양은 마치 어떤 하나의 대상의 위상에 속하는 파악작용들의 계열 안에서—현재정립으로서의 그의 드러남으로부터 시작하여 최종적으로 도달 가능한 최후의 현상적 과거까지 점차 내려가면서—대상적 지향에 있어서의 끊임없는 변양이 일어나는 것으로 이해해서는 안 된다. 이와는 달리 대상 지향은 절대적으로 같고 동일한 것으로서 남는다. 그럼에도 불구하고 현상적인 점멸이 존재하는데, 이는 차차 흐려져 현재의 최고 감각 수준에서 시작하여 더는 주목되지 않을 때까지 가라앉는 파악내용과 관련해서만 그러한 것이 아니다. 무엇보다도 지금 순간은 새로운 것이라는 특징을 지닌다. 방금 가라앉은 지금은 더 이상 새로운 것이 아니라 새로운 것에 의해 옆으로 밀려난 것이다. 이처럼 옆으로 밀려나면서 변화가 일어난다. 그런데 그것이 한편으로는 지금이라는 성격을 잃지만, 다른 한편 대상 지향에 있어서는 절대적으로 불변인 채 유지되며, 그것은 어떤 개별적인 대상에 대한 지향이고, 그것도 직관하는 지향이다. 그러므로 이러한 관점에서는 어떠한 변화도 일어나지 않는다. 그러나 여기서 물론 "대상 지향 유지"가 무엇을 뜻하는지 숙고해야 한다. 대상에 대한 파악 전체(Gesamtauffassung)는 두 요소를 포함한다. 하나의 요소는 대상을 그 시간외적 규정들에 있어 구성하고, 다른 하나의 요소는 시간위치, 지금임, 지나갔음 등을 형성한다. 시간질료(Zeitmaterie)로서의 대상, 즉 시간위치와 시간연장을 가지는 것으로서의 대상, 다시 말해 지속하거나 변화하며, 지금 있는 것이고 그 다음에는 있었던 것으로서의 대상은 순수하게 파악내용에 대한 대상화에 의해, 그러니까 감각대상의 경우에는 감각내용에 대한 대상화에 의해 현출한다. 이때 우리는 이 내용이 그래도 [그 자체로 이미] 시간대상이라는 사실, 근원인상 및 파지들의 연속체로서 서로 순차적으로 산출된다는 사실, 그리고 감각자료가 지니는 이러한 시간 음영이 그 감각자료를 매개로 구성되는 대상의 시간규정에 대해 나름의 의미를 지닌다는 사실을 간과하지 않는다. 그러나 사물의 성질을 순수한 무엇임의 관점에서 재현한다고 하는 파악자료의 특성에 있어서 파악자료의 시간성격은 아무런 역할도 하지 않는다. 비시간적으로 파악된 파악자료는 그 특수한 내용에 따라 대상을 구성하고, 이 내용이 동일하게 유지되면 우리는 이미 동일성에 대해 이야기할 수 있다. 그러나 앞서 대상과의 관계를 유지함에 대해 이야기했는데, 이는 대상이 특수한 내용에 있어 동일하게 유지된다는 것뿐 아니라, 개체 대상으로서, 즉 시간규정을 지닌 채 시간 속에서 뒤로 가라앉는 시간적으로 규정된 대상으로서도 동일하게 유지된다는 것도 뜻한다. 이렇게 뒤로 가라앉음은 의식에 고유한 현상학적 변양인데, 그를 통해 점점 멀리 이끌어 가는 끊임없는 변화 계열 덕분에 늘 새롭게 구성된 현행적 지금과의 거리는 점점 더 커진다.

§31. 근원인상과 객관적이고 개체적인 시간점

우리는 여기에서 어떤 이율배반으로 이끌려 간 듯이 보인다. 대상은 뒤로 가라앉으면서 부단히 시간위치를 바꾸지만, 그렇게 뒤로 가라앉으면서도 시간위치를 유지해야만 한다. 그러나 끊임없이 뒤로 밀려나는,

일차적 기억의 대상은 실제로는 전혀 시간위치를 바꾸지 않고, 현행적 지금과의 거리만 바꾼다. 그 이유는 지나간 시간적인 것은 그것이었던 대로 [시간위치가] 유지되는 반면, 현행적 지금은 늘 새로운 객관적 시간점으로 간주되기 때문이다. 그러나 이제 의문은, 시간의식의 부단한 변화 현상에도 불구하고, 객관적 시간에 대한 의식이 어떻게 나타나는가, 그리고 가장 먼저, 동일한 시간위치에 대한 의식이 어떻게 나타나는가이다. 여기에는 개체적인 시간적 대상과 사건이 지닌 객관성이 어떻게 구성되는가 하는 의문이 긴밀하게 연관되어 있다. 모든 객관화는 시간의식 속에서 수행되며, 시간위치의 동일성을 해명하지 않으면 시간 속에 있는 대상의 동일성도 해명할 수 없다.

이 문제를 더 상술하자면 다음과 같다. 지각의 지금 위상은 끊임없는 변양을 겪는다. 그것은 그저 그대로 유지되는 것이 아니라, 흐른다. 여기서 우리가 시간에 있어 뒤로 가라앉음이라고 표현한 것이 구성된다. 지금 음이 울리고, 곧 그 음은 과거로 가라앉는다. 바로 동일한 그 음이 과거로 가라앉는다. 이는 각각의 [시간] 위상에 있을 때의 그 음에도 해당되고, 그래서 또한 음 전체에도 해당된다. 지금까지의 고찰을 통해 이제 가라앉음이라는 현상이 어느 정도 이해할 수 있게 된 것 같다. 그러나, 재생 의식에 대한 우리의 분석이 보여 주었듯이, 어떻게 음이 가라앉으면서도 그 음에 시간에서의 확고한 위치가 주어진다고, [그래서] 반복되는 작용에서도 시간점과 시간 지속이 동일화된다고 말할 수 있는가? 음은, 그리고 지속하는 음의 통일체 속에서의 모든 시간점은 확실히, "객관적" 시간 속에서(내재적 시간 속에서라고 하더라도)[79] 자신의 절대적으로 고정된 위치를 가진다. 시간은 고정되어 있지만, 그럼에도 흐른

---

[79] 역자주 이는 음의 통일체의 모든 시간점은 객관적 시간에서 그 절대적으로 확고한 위치를 가지지만 내재적 시간에서도 마찬가지임을 뜻한다. 내재적 시간에서의 시간 순서는 그대로 객관적 시간에서의 시간 순서에 반영된다.

다. 이러한 시간흐름에서, 과거로 끊임없이 가라앉음에서, 흐르지 않고 절대적으로 확고하고 동일한 객관적 시간이 구성된다. 이것이 문제이다.

우선, 가라앉는 동일한 음의 상황을 조금 더 자세히 숙고해 보자. 왜 우리는 가라앉는 동일한 음이 가라앉는다고 말하는가? 음은 시간흐름 속에서 자신의 위상들을 통해 구성된다. 각각의 위상, 가령 현행적인 지금의 각각의 위상과 관련하여 우리는, 그것이―끊임없는 [파지] 변양의 법칙에 따르면서도 대상적으로 동일한 것으로, 말하자면 동일한 음점(音點)으로 현출해야 하며 그 이유는 여기에 의미 동일성이 계속 유지되고 서로 연속적으로 합치되는 파악 연속체가 있기 때문이라는 사실을 알고 있다. 이 합치는 바로 흐름 속에서 대상적인 의미의 동일성을 유지하는 비시간적 질료에 있어서 일어난다. 이러한 사실은 각각의 지금 위상에 대해서 타당하다. 그러나 각각의 새로운 지금은 모두 바로 새로운 지금이고, 새로운 지금이라는 현상학적 특징을 지닌다. 물론 음이 완전히 불변한 채 지속하여 아주 미약한 변화조차 들리지 않을 수도 있고, 다시 말해 각각의 새로운 지금이 질 계기나 강도 계기 등에 있어 똑같은 파악내용을 지니고 동일한 파악을 품을 수도 있으나, 그럼에도 불구하고 여기에는 근원적인 차이, 즉 새로운 차원에 속하는 차이가 존재한다. 그리고 이러한 차이는 끊임없는 차이이다. 현상학적으로는, 오직 지금점만이 현행적 지금이라는 특징을, 그것도 새로운 지금이라는 특징을 지니며, 이전 지금점은 변양을 겪었으며 더 이전의 지금점은 더 진행된 변양을 겪었다. 파악내용에 있어서, 그리고 그것 위에서 이루어진 파악에 있어서의 이러한 변양 연속체는 음이 연장된다는 의식을, 이렇게 이미 연장된 음이 과거로 부단히 가라앉는다는 의식과 더불어,[80] 만들어 낸다.

---

[80] 역자주 "음이 연장된다는 의식을, 이렇게 이미 연장된 음이 과거로 부단히 가라앉는다는 의식과 더불어"는 원문에 "das Bewußtsein der Extension des Tones mit dem beständigen Herabsinken des bereits Extendierten in die Vergangenheit"로 되어 있

그러나 시간의식이 이처럼 끊임없이 변화함에도 불구하고, 이제 어떻게 객관적 시간이라는 의식이, 그리고 그보다 먼저 동일한 시간위치와 시간연장이라는 의식이 현출하는가? 대답은 이렇다. 이러한 의식이 현출하는 것은 시간적으로 뒤로 밀려나는 흐름에도 불구하고, 즉 의식 변양들의 흐름에도 불구하고, 뒤로 밀려 현출하는 대상은 통각될 때 바로 절대적 동일성을 유지하며, 나아가 지금점에서 경험되는, "이것"의 정립까지 모두 포함하여 절대적 동일성을 유지함을 통해서이다. 끊임없는 흐름 속에서 일어나는 파악의 변양은 파악의 "무엇임", 즉 의미와는 아무런 관계도 없다. 이러한 변양은 새로운 대상과 새로운 대상 위상을 의향하거나 새로운 시간점들을 산출하지 않으며, 다만 동일한 시간점을 지닌 동일한 대상을 계속해서 의향한다. 각각의 현행적인 지금은 모두 새로운 시간점을 낳는데, 그 이유는 그것이 새로운 대상을, (보다 정확히 말하자면) 새로운 대상점을, 즉 변양 흐름에서도 하나의 동일한 개체적 대상점으로 유지되는 새로운 대상점을 만들기 때문이다. 그리고 여기에서 계속 되풀이해서 새로운 지금이 끊임없이 구성되는데, 이러한 끊임없음이라는 현상은 여기서 중요한 의미를 지니는 것이, 일반적으로 "새로움"이 아니라, 그 안에서 시간위치가 자신의 근원을 가지고 있는 바, 끊임없는 개별화의 계기라는 사실을 보여 준다. 이 시간위치가 [파지변양에서도] 동일하게 현출하며 그것도 필연적으로 동일하게 현출한다는 것은 [파지]변양하는 흐름의 본질이다. 현행적인 지금으로서의 지금은 시간위치의 현재 주어짐이다. 이 현상[즉 현행적인 지금으로서의 지금]이 과거로 밀리면, 이 지금은 지나간 지금이라는 성격을 얻는다. 그러나 그것은 동일한 지금으로 남고, 다만 그때그때 시간적으로 새로

다. 그러나 옮긴이들은 문맥상 원문이 "das Bewußtsein der Extension des Tones mit dem Bewußtsein des beständigen Herabsinkens des bereits Extendierten in die Vergangenheit"로 고쳐져야 한다고 생각해 그에 따라 번역했다.

운 현행적인 지금과의 관계에 있어서 지나간 것으로 나타날 뿐이다.

그러므로 시간대상의 객관화는 다음과 같은 계기들에 기초한다. 어느 한 대상의 서로 다른 현행적 지금점들에 속하는 감각내용은 그 성질에 있어서 볼 때 절대적으로 불변할 수도 있지만, 그러나 그것은 비록 아주 높은 수준의 동일성을 보이고 있다고 할지라도 아직 참된 동일성을 가지고 있지는 않다. 즉, 동일한 감각이 지금 있을 때와 다른 지금에 있을 때 차이를 보이는데, 그것도 각 지금의 절대적 시간위치에 대응하는 현상학적 차이를 보이며 이 차이는 "이것"이라는 개체성의 근원원천이고 절대적 시간위치의 근원원천이다. [시간] 변양의 모든 위상은 "본질에 있어" 동일한 질적 내용을 가지고, 비록 변양되었지만, 동일한 시간계기를 가진다. 그것은 자신 안에 동일한 시간계기를 가지고 있어 그를 통해 추후의 동일성 파악이 가능하도록 그렇게 되어 있다. 이는 감각 내지 파악의 토대라는 측면에서 그러하다. [감각의] 서로 다른 계기는 파악 즉 본래적 객관화에 있어서 서로 다른 측면을 담당한다. 다시 말해, [본래적] 객관화의 한 측면은 순수하게 감각재료의 질적 내용에 토대를 두고 있으며, 이는 시간질료를, 가령 음을 드러낸다. 이러한 시간질료는 과거변양의 흐름 속에서도 동일하게 고정된다. 객관화의 두 번째 측면은 시간위치 재현자들에 대한 파악에서 나온다. 이 파악도 변양 흐름 속에서 끊임없이 고정된다.

요약하자면, 절대적 개체성을 지닌 음점은 질료(Materie)[즉, 객관적 대상의 내용]와 시간위치에 의거해 고정되는데, 이 중 후자가 비로소 개체성을 구성한다. 여기에 마침내 본질적으로 변양에 속하는 파악이 덧붙여지는데, 이 파악은 내재적이고 절대적인 시간을 지닌 연장된 대상성을 유지하면서도, 끊임없이 과거로의 끊임없는 밀려남이 현출하도록 해 준다. 그러므로 우리가 끌어들였던 음이라는 사례에서, 늘 새롭게 울리고 사라지는 모든 각 지금점은 자신의 감각재료 및 객관화 파악을 가지고 있다. 음은 [객관화 파악에 의해] 바이올린 줄을 활로 켤 때 나는 음으로 거기에 있다. 다시 객관화 파악을 도외시하고 순수하게 감각재료를 바라보면, 그 음은 질료에 있어서는(der Materie nach) 가령 계속해서 도 음이며, 이때 음의 질과 음색은 변하지 않고 경우에 따라 강도는 오락가락할 수 있다. 이 내용은, 객관화하는 파악의 토대에 놓인 순수한 감각내용으로서, 연장되어 있다. 다시 말해 모든 지금은 감각내용을 가지며, 모든 다른 지금은 개체적으로 다른 감각내용을 가지는데, 이때 그 감각내용이 질료적으로는(materiell) 정확히 동일한 것이라도 그렇다. 절대적으로 동일한 도 음이 지금 울리고 나중에 울리면, 감각적으로는 동일하지만 [시간위치가 다르기 때문에] 개체적으로는 다른 것이다.

여기서 "개체적"이라 불리는 것은 감각이 지니는 근원적 시간형식 혹은 (내가 이렇게도 말할 수 있다면) 근원적 감각이 지니는 시간형식이며, 여기에서는 그때그때 지금점의 감각이 지니는, 그리고 오로지 이 지금점의 감각만이 지니는 시간형식이다. 그러나 원래 지금점 자체가 근원적 감각으로 정의될 수 있으므로, 여기서 언표된 명제는 [엄밀한 의미의 정의라기보다] 다만 그것이 의미하는 바에 대한 암시로 간주되어야 한다. 인상은 원본성이라는 성격을 가진다는 점에서 상상자료와 구별된다.[81] 이제 우리는 인상의 내부에서 근원인상(Urimpression)을 부각시키는데, 일차적인 기억의식[파지] 속에서의 변양들의 연속체가 이 근원인상에 대립한다. 근원인상은 절대적으로 변양되지 않은 것이고 모든 다른 의식과 존재의 근원원천이다. 근원인상이 지니는 내용은, 지금이라는 단어를 가장 엄밀한 의미에서 받아들일 때 그 단어가 뜻하는 것이다. 모든 새로운 지금은 새로운 근원인상의 내용이다. 하나의

---

81 저자주 인상과 상상자료에 대해서는 부록 2를 참조하라.

새로운 인상, 그리고 또 새로운 인상이 끊임없이 번득이는데, 그 인상
의 늘 새로운 질료는 때로는 [이전 질료와] 같고 때로는 변화한다. 어떤
하나의 근원인상을 다른 근원인상과 구별하는 것은, 근원적 시간위치
인상의 개체화 계기인데, 이 [시간위치] 인상은 감각내용의 성질이나
기타 질료적 계기와는 근본적이고 본질적으로 다른 어떤 것이다. 그렇
다고 이러한 근원적 시간위치라는 계기가 물론 그 자체로 따로 존재하
는 것은 아니며, 개체화는 개체화를 지니는 것과 떨어져서 그와 나란히
있는 것이 아니다. 이제 지금점 전체가, 원본적 인상 전체가 과거변양
을 겪으며, ─지금 개념은 상대적인 것이고, "과거"가 "지금"을 지시하
듯이, 지금 개념이 역으로 "과거"를 지시하는 한에서─이 변양을 다루
어야 비로소 우리는 지금이라는 개념을 오롯이 다루는 것이다. 이 [과
거] 변양도, 감각의 일반적인 인상적 성격을 폐기하지 않은 채, 우선 감
각을 변양시킨다. 과거변양은, 내용(에 있어서)뿐 아니라 시간위치에
있어서, 근원인상의 내용 전체를 변양시키며 그것은 상상변양이 [그렇
게] 하듯이, 즉, 철저하게 변양하면서도 지향적 본질(전체 내용)을 변
화시키지는 않듯이, 정확하게 그런 의미에서 변양시킨다.

　이처럼, [과거변양을 하더라도] 질료는 동일한 질료이고 시간위치는
동일한 시간위치이며, 소여방식만 변화했다. 이제 그것은 과거 소여이
다. 이러한 감각재료 위에 이제 객관화[대상화]하는 통각이 구축된다.
[그러나] 우리가 순수하게 감각내용을 바라보더라도(즉, 경우에 따라
그 위에 구축된 초월적인 통각을 도외시하면서) 이미 통각을 수행한다.
그러면 "시간흐름", 지속은 우리 눈앞에 일종의 객관성[대상성]으로 있
게 된다. 객관성은 통일성 의식을, 동일성 의식을 전제한다. 여기에서
우리는 모든 근원감각의 내용을 동일자로 파악한다. 근원감각은 음점
이라는 개체를 부여해 주고, 이 개체는 과거변양 흐름 속에서 동일하게
같은 것이다. 이 점에 대한 통각은 과거변양 속에서 끊임없는 합치를

이루고 있고, 그 개체의 동일성은 그 자체로 시간위치의 동일성이다.[82] [늘 새로운 근원인상들이 끊임없이 분출하고] 우리가 이처럼 분출하는 늘 새로운 근원인상들을 개체적 점들로 파악하는 과정에서 늘 새롭고 상이한 시간위치들이 현출하며, 이러한 과정이 끊임없이 일어나기 때문에 시간위치들이 끊임없이 현출하고, 그에 따라 과거변양의 흐름 속에는 음으로 채워진 끊임없는 시간 부분이 있으나, 그중 한 점만 근원인상에 의해 주어지고, 이로부터 시작하여 시간위치들은 과거로 후퇴하면서, 변양하는 가운데 점멸해 가면서 끊임없이 현출한다.

모든 지각된 시간은 현재에서 끝나는 과거로 지각된다. 그리고 현재는 한계점이다. 모든 파악은 아무리 초월적인 파악이라고 하더라도 이러한 법칙에 구속된다. 새가 날아가고 기병대대가 질주하는 모습 등을 지각하면, 우리는 감각이라는 [지각의] 토대에서 앞서 기술한 차이들을 발견한다. [한편으로] 우리는 늘 새로운 근원감각들을 발견하는데, 그것도 이 감각들을 개체화시키는 시간위치 성격을 가지고 있는 것으로서 발견하며, 다른 한편 파악에 있어서도 동일한 변양을 발견한다. 바로 이 변양들에 의해 새의 날아감 같은 객관적인 것 자체가 지금점에서 근원소여로 현출한다. 그러나 그것이 온전한 소여로 현출하는 것은 과

---

82 역자주 초월하는 객관화적 통각(파악, 해석)은 감각내용(감각재료)들에 기초하여 (체험의 내재적 영역을 넘어서 있는) 자기동일적인 초월적 대상을 구성하고, 이 감각내용들을 이 대상의 성질들로 해석(파악)한다. 그러나 여기에서는 그 이전에도 이미, 즉 체험의 내재적 영역에서도 이미 일종의 객관화적(대상화적) 통각이 이루어지고 있다고 기술한다. 이는 대상 구성 이전의 감각내용(근원감각의 내용)의 차원에서 이미 일종의 '객관화'가 이루어지고 있음을 뜻하는데, 이는 그 감각내용이 서로 상이한 여러 위상들 (근원인상, 연속적 파지들 등)에서 현출하더라도 그 시간위치가 불변함에 힘입어 개체적으로 동일한 감각내용으로 머물기 때문이고, 이 감각내용들의 시간적 관계에 힘입어 일종의 '객관적' 시간성이 구성되기 때문이다. 물론 이러한 감각내용이나 그에 기초하여 구성되는 시간흐름을 '일종의 대상성'으로 볼 수 있는지는 여전히 문제로 남는다.

거 연속체 속에서인데,[83] 이 과거 연속체는 지금에서, 그리고 끊임없이 늘 다시 새로운 지금에서 끝나며 다른 한편 끊임없이 앞서 지나간 것들은 늘 다시 과거 연속체로 뒤로 밀려난다. 현출하는 사건은 계속 동일하고 절대적인 시간값을 가진다. 이 사건의 한 부분이 과거로 밀려간 후 이 사건이 계속해서 더 과거로 밀려감에 따라, 이 사건은, 그의 절대적 시간위치와 함께, 그리고 그와 더불어 그의 전체 시간구간과 함께, 과거로 밀려간다. 다시 말해, 동일한 절대적 시간연장을 지닌 동일한 사건이 (그것이 도대체 현출하는 한) 계속해서 같은 것으로 동일하게 현출하며, 다만 그 소여형식만 달라진다. 다른 한편 [이와 함께] 동시에 존재의 살아 있는 원천점인 지금에서 늘 새로운 근원존재가 샘솟아 나며, 이것과의 관계에 있어, 그 사건에 속하는 시간점들이 지니는 그때그때 [현행적] 지금과의 거리는 끊임없이 커지고, 따라서 뒤로 가라앉음과 멀어짐이라는 현출이 생겨난다.

§32. 하나의 객관적 시간구성에서 재생의 역할

그러나 시간점들이 과거로 밀려나는 과정에서 이 시간점들의 개체성이 유지된다고 해도, 우리는 아직 통일적이고 동질적이며 객관적인 하나의 시간에 대한 의식을 가지고 있지 않다. 이러한 의식의 출현을 위해서는 (직관적 기억이면서 텅 빈 지향 형식의 기억인) 재생적 기억이 중요한 역할을 한다. 뒤로 밀려난 각 시간점은 재생적 기억에 의해 시간 직관의 영점이 되며, 그것도 되풀이해서 그렇게 된다. 이때 이전 시간

---

83 역자주 근원인상은 아직 완전한 소여가 아니며, 근원인상의 파지변양을 통해 파지 연속체가 형성된 때 비로소 온전한 소여, 즉 대상이 구성된다.

장이 재생되고—그런데 이 시간장에서는 현재에는 뒤로 밀려난 것이 하나의 지금이었던 것인데—, 이러한 재생된 지금은, 아직 신선한 기억 속에서 생동적인 시간점과 동일화되며, [재생된 지금과 신선한 기억에서의 지금의] 개체적 지향은 동일하다.[84] 재생된 시간장은 현행적인 현재의 시간장보다 더 멀리 나간다. 우리가 여기[재생된 시간장]에서 하나의 과거 점을 취하면, [재생된 시간장은] 그 점이 지금이었던 시간장과 중첩되며, 이러한 [두 시간장의] 중첩에 의하여, 재생은 더 먼 과거로 돌아갈 수 있게 한다. 이러한 과정이 무한히 계속될 수 있다고 명증적으로 생각해 볼 수 있는데, 비록 현행적 기억이 실제적으로는 [이러한 과거로의 무한한 돌아감에] 곧 실패하게 될지라도 그러하다. 모든 시간점이 자신의 이전과 이후를 지님은, 그리고 그 이전의 점들과 구간들이 가령 강도의 한계와 같은 어떤 수학적 한계에 접근하는 방식으로 압축될 수 없음은 명증적이다. 만일 어떤 한계점이 있으면, 그 앞에 아무것도 없는 하나의 현재가 이 점에 대응해야 할 텐데, 이것이 불가능함은 명증적이다.[85] 현재는 언제나 그리고 본질적으로, 어떤 시간구간의 가장자리 점이다. 그리고 이 전체 구간은 뒤로 가라앉아야 하고 이때 그의 전체 크기와 전체 개체성이 유지됨은 명증적이다. 물론 상상과 재생이 시간직관의 연장을 가능하게 하는데, 이는 동시적 의식 안에서 내실적으로 주어진, 시간적 점멸들의 범위가 확장된다는 의미에서 가능하게 하는 것은 아니다. 아마 이와 관련해서 사람들은 다음과 같이 물을 것이다. 이러한 시간장들의 연쇄적 상호연접으로부터 어떻게 고정된 질서를 지닌 하나의 객관적 시간이 나타날 수 있는가? 그 대답은 시간장들의 계속되는 중첩이 제시해 주는데, 이러한 중첩은 실은 시간

---

84 저자주 부록 4 「회상, 그리고 시간대상과 객관적 시간의 구성」을 참조하라.
85 저자주 §16 마지막 부분을 참조하라.

장들의 단순한 시간적 상호연접이 아니다. 서로 중첩되는 부분은, 과거로 직관적이며 끊임없이 회귀하는 과정에서 개체적으로 동일화된다. 우리가 현실적으로 체험되는 각 시간점으로부터 그렇게 과거로 돌아가면, 즉 지각의 시간장에서 원본적으로 주어지는 시간점으로부터, 또는 먼 과거를 재생하는 그 어떤 시간점으로부터, 그렇게 과거로 돌아가면, 말하자면 서로 연관되어 있으면서 되풀이하여 동일화되는 대상성들의 고정된 사슬을 따라서 돌아가면, 여기에서 이러한 직선적 질서는―이러한 직선적 질서에 따라, 모든 임의의 시간구간이, 현행적 시간장과의 연속성 없이 재생된 시간구간까지도 포함하여 현행적 지금까지 계속 이어지는 유일한 사슬의 한 부분이 되는데―어떻게 정초될 수 있는가? 마음대로 떠올려 본 시간조차도, 그것이 현실적 시간으로 (즉 그 어떤 한 시간대상의 시간으로) 생각될 수 있어야 한다면, 하나의 유일한 객관적 시간의 구간으로 있어야 한다는 요청을 따라야 한다.

§33. 몇 가지 선험적 시간법칙

이러한 선험적 요청은 분명히 직접적으로 파악할 수 있는 근본적인 시간명증들의 타당성에 토대를 두고 있는데, 이러한 명증들은 시간위치 소여에 대한 직관에 기초하여 명증해진다.

　우리가 우선 두 개의 근원감각을, 더 적절히 말하자면 상관적인 두 개의 근원소여를, 하나의 의식에서 근원소여로, 지금으로 현실적으로 현출하는 근원소여를 비교해 보면,[86] 그들은 질료에 있어서는 서로 구

86　역자주 "의식-대상 상관성"을 고려하는 지향성 이론에 따르면, 근원감각(근원인상)은 의식(노에시스)의 측면, 근원소여는 대상(노에마)의 측면이다.

별되지만 동시에 있고, 동일하게 같은 절대적 시간위치를 지니며, 모두 지금 존재하고, 이러한 같은 지금에서 필연적으로 같은 시간위치 값을 가진다.[87] 따라서 그들의 개체화 형식[시간위치]은 같고, 그들은 같은 인상 단계에 속하는 인상들에서 구성된다. 그들은 이러한 [시간위치의] 동일성을 지니면서 변양하고, 이러한 과거변양 속에서도 계속해서 동일성을 유지한다. [이와는 달리] 어떤 근원소여와 (그것과 내용이 다르거나 같은) 그것의 [파지] 변양되는 소여는 필연적으로 서로 다른 시간위치를 가지고 있다. 그리고 두 개의 변양된 소여들[파지 소여들]은 동일한 시간위치를 가지고 있거나 서로 다른 시간위치를 가지고 있다. 즉, 그들이 같은 지금점에서 발원하면 동일한 시간위치를 가지게 되고, 서로 다른 지금점에서 발원하면 서로 다른 시간위치를 가지게 된다. 현행적 지금에서 아무리 많은 대상성이 분리되어 구성되더라도, 현행적 지금은 **하나의** 지금이고 **하나의** 시간위치를 구성한다. 그 대상성들은 모두 동일한 시간적 현재를 지니고, 흘러감 속에서 동시성을 유지한다. 시간위치들 사이에 거리가 존재한다는 사실이나 이런 거리가 양(量)이라는 사실 등은 여기서 명증하게 직관된다. 더 나아가, 이행성 법칙이나 a가 b보다 먼저라면 b는 a보다 나중이라는 법칙과 같은 진리들도 명증하게 직관된다. 시간이 시간위치들의 연속체이며 그 시간을 채우는 대상성들이 때로는 동일하고 때로는 변화한다는 사실, 그리고 과거변양들의 흐름에서, 그리고 하나의 지금, 창조적 시간점, 시간위치 일반의 원천점 자체가 끊임없이 분출하는 가운데, 절대적 시간의 동질성이 폐기할 수 없이 구성된다는 사실도 시간의 선험적 본질에 속한다.

더 나아가 감각, 파악, 태도 취함 등 이 모두가 **동일한** 시간흐름에 함께 참여한다는 사실, 그리고 객관화된 절대적 시간이 감각과 파악에 속

---

[87] 저자주 동시성을 구성함에 관해서는 §38과 부록 7을 참조하라.

하는 시간과 필연적으로 동일하게 같은 시간이라는 사실도 사태의 선험적 본질에 속한다. 감각에 속하는, 객관화 이전의 시간은 필연적으로 감각의 변양과 이 변양의 정도에 대응하는 시간위치 객관화의 유일한 가능성을 정초한다. 가령 종소리가 시작하는 객관화된 시간점에는 그 종소리에 대응하는 감각의 시간위치가 대응한다. 그 감각의 시간은 시작위상에서부터 종소리의 시간과 동일하다. 다시 말해 이 감각이 나중에 [객관적] 대상이 되면, 그것은 필연적으로 거기 대응하는 종소리의 시간위치와 일치하는 시간위치를 얻는다. 이와 마찬가지로 지각의 시간과 지각되는 것의 시간은 동일한 시간이다.[88] 현출작용 속에서 지각된 것이 시간적으로 뒤로 잠기듯이, 지각작용도 시간적으로 뒤로 잠기며, 지각된 것에 주어지는 시간위치와 동일한 시간위치가 반성 속에서 모든 지각 위상에게 주어진다.

---

88 저자주 부록 5 「지각과 지각된 것의 동시성」을 참조하라.

3

시간 및 시간대상의 구성단계

§34. 구성단계들의 구별[1][2]

우리는 가장 확연한 현상들에서 시작하여, 시간의식을 몇 가지 주요 방향에 따라서, 그리고 서로 다른 층위들 속에서 연구했다. 이제 서로 다른 구성단계들을 그 본질적 구조에서 확인하고 체계적으로 훑어보는 것이 좋을 것이다.

우리는 다음과 같은 구성단계를 발견하였다.

---

1 저자주 이 절과 다음 절에 대해서는 부록 6 「절대적 흐름의 포착 ─지각의 네 가지 의미」를 참조하라.

2 역자주 후설은 34절부터 시간구성의 헐어내기를 심화시켜 나가면서 선경험적 시간(내재적 시간)과 선경험적 시간의식의 층을 헐어내고 선현상적 시간성(선내재적 시간성)과 그를 구성하는 의식의 층으로 내려간다. 이를 위해 그는 34절에서 "객관적 시간 속에서 존재하는 경험 사물들", "선경험적 시간 속에서 존재하는 내재적 통일체", "절대적인 시간구성적 의식흐름" 등 구성의 3단계를 구별한다. 이 중에서 "절대적인 시간구성적 의식흐름"이 바로 선현상적 시간성(선내재적 시간성)과 그를 구성하는 의식의 층이다.

1. 객관적 시간에서 경험되는 사물들(이제까지는 고려하지 않았지만, 이때 나아가 경험적 존재의 상이한 단계들을 다음과 같이 구별할 수 있을 것이다. 개별 주체가 경험하는 사물, 상호주관적으로 동일한 사물, 물리학의 사물).

2. 상이한 층들에 속하는, [경험되는 사물들을] 구성하는 현출다양체들, 선경험적 시간에서의 내재적 통일체들.

3. 절대적인 시간구성적 의식흐름.

§35. 구성된 통일체와 구성하는 흐름의 차이[3]

이제 우선 **모든** 구성에 앞서 놓여 있는 [모든 구성의 기초가 되는] 이 절대적 의식[구성하는 흐름]을 다소 상세히 고찰해 보아야 한다. 그 특징은 매우 다양한 단계에 속하는, 구성된 통일체들과 대조할 때 분명하게 드러난다.

1. 모든 개체적 대상(내재적 대상이든, 초월적 대상이든, 흐름 속에서 구성된 모든 통일체)은 지속하고, 필연적으로 지속한다. 다시 말해 그것은 시간 속에서 연속적으로 존재하고, 동시에 사건으로도 간주될 수 있는 이러한 연속적 존재에 있어서 동일자이다. 역으로 보자면, 시간 속에서 존재하는 것은 연속적으로 시간 속에서 존재하며, 일어남 속에서 지속하는 것의 통일체를 불가분하게 지니고 있는 사건의 통일체이다. 음 사건에는, 이 사건 중에 지속하는 음의 통일체가 놓여 있고, 역으로 음의 통일체는 채워진 지속 안에서의, 다시 말해 사건에서의 통일체이다. 그러므로 어떤 것이 어떤 시간점에 있는 것으로 규정되면, 그것은

---

3 저자주 부록 6을 참조하라.

오로지 어떤 사건의 한 위상으로서만 생각해 볼 수 있는데, 이 위상에서는 동시에 개체적 존재의 지속이 자신의 점[시간점]을 가진다.

2. 개체적 존재 또는 구체적 존재는 원칙적으로 불변하거나 변화한다. 사건은 변화하는 사건이거나 불변하는 사건이고, 지속하는 대상 자체는 변화하는 대상이거나 불변하는 대상이다. 이때 모든 변화는 그 동일한 지속과의 관계에서 (비유적으로 말하자면) 변화 속도 혹은 변화 가속도를 지닌다. 원칙적으로 변화의 각 위상은 불변으로 연장될 수 있고, 불변의 각 위상은 변화로 이행해 갈 수 있다.

이제 우리가 이와 비교하면서, **구성하는** 현상들[절대적 의식]을 고찰하면, 하나의 흐름을 발견하며, 이 흐름의 각 위상은 **음영 연속체**이다. 그러나 [개체 존재와는 달리] 원칙적으로 이 흐름의 어떠한 위상도 연장되어 연속적 잇따름이 될 수 없으며, 말하자면 이러한 흐름 위상이 자기 자신과의 동일성을 향해 연장되는 방식으로 이러한 흐름을 그렇게 변화시켜 생각해 볼 수 없다. 그와 정반대로, 우리는 원칙적이고 필연적으로 끊임없는 "변화"의 흐름을 발견하며, 이 변화는 바로 그것이 진행되는 그대로 진행되며 "더 빠르게"도 "더 느리게"도 진행될 수 없다는, 이치에 어긋나는 특징을 지닌다. 그렇다면 이 흐름에는 변화하는 그 어떤 대상도 결여되어 있으며, 모든 사건 속에서 "어떤 것"이 일어나고 있다고 하면, 여기 이 구성하는 흐름은 그 어떤 사건이 아니다. 여기에는 변화하는 그 어떤 것도 없고, 그래서 또한 지속하는 그 무엇에 대해서도 의미 있게 말할 수 없다. 그러므로 지속 안에서 한 번도 변하지 않는 그 무엇을 여기서 찾고자 하는 것은 무의미하다.

§36. 절대적 주관성인 시간을 구성하는 흐름

그러므로 시간을 구성하는 현상들은 시간에서 구성되는 대상성들과는 명증적이며 원칙적으로 다른 대상성이다. 그들은 개체적 대상 내지 개체적 사건이 아니며, 그러한 술어들을 그들에게 귀속시킴은 무의미하다. 그러므로 그들이 지금 있고 그 전에 있었다는 등으로 말하는 것, 그들이 서로 시간적으로 잇따른다거나 서로 동시적으로 있다는 등으로 말하는 것(그것도 [시간의 대상성들과] 동일한 의미에서 말하는 것)은 의미가 없다. 그러나 물론 다음과 같이 말할 수는 있고 또 말해야 한다. 어떤 현출연속체가, 다시 말해 시간을 구성하는 흐름의 위상인 하나의 현출연속체가 이 지금에, 다시 말해 그것이 **구성하는** 지금에 **속하며**, 어떤 하나의 이전을 위해 구성적인(우리는 구성**적이었다**고 말할 수 없다) 위상으로서, 그 어떤 이전에 **속한다**. 그러나 이 흐름[시간을 구성하는 흐름]은 그럼에도 불구하고 어떤 순차관계가 아닌가? 그것은 하나의 지금, 즉 하나의 현행적 위상을 지니고, 파지들 안에서 지금 의식되는 과거들의 연속체를 가지고 있지 않은가? 우리는 다음과 같이 말할 수밖에 없다. 우리는 **구성된 것에 빗대어** 그것을 흐름이라고 부르는 것이지만, 그러나 그것은 시간적으로 "객관적인 것"이 아니다. 그것은 **절대적 주관성**이며, **비유**를 통해 "흐름"이라고 지칭될 수 있는 어떤 것이 지니는 절대적 특성들, 다시 말해, 그것은 현행적 점에서, 근원원천 점에서, "지금"에서 분출하는 것이 지니는 절대적 특성들을 가진다. 우리는 현행적 체험에서는 원천점을 가지고 있고 여운 계기들의 연속체를 가지고 있다. 우리에게는 이 모든 것을 부를 이름이 없다.

§37. 구성된 통일체로서의 초월적 대상의 현출

또한 다음과 같은 사실을 언급할 필요가 있다. 우리가 "지각작용"이 본래적 지각함의 점이며 거기 연결되어 "파지들"이 연속적으로 잇따른다고 말할 때, 그를 통해 우리는 그 어떤 시간적이며 내재적인 통일체를 서술한 것이 아니라, 바로 [이런 통일체를 구성하는] 흐름의 계기를 서술하였다. 말하자면 **현출**, 가령 어느 집의 현출은 시간적 존재이고 지속하고 변화하는 등의 존재이다. 이는 그 어떤 현출이 아닌 내재적 음이 그러한 것과 마찬가지이다. 그러나 집의 현출은 지각의식이나 파지의 식이 아니다. 후자는 시간을 구성하는 의식으로서, 흐름의 계기로서만 이해될 수 있다. 마찬가지로 기억의 현출(혹은 기억된 내재적인 것, 경우에 따라서는 기억된 내재적인 일차적 내용)은, 기억파지들을 지닌 기억의식과 구별되어야 한다. 우리는 언제나 다음을 구별해야 한다. **의식**(흐름), **현출**(내재적 대상), (만일 일차적인 내용이 내재적 대상이 아니라면) 초월적 **대상**. 모든 의식이, 가령 외적 지각이라는 의식처럼 "객관적"(초월적)으로 시간적인 것과, 즉, 객관적 개체성과 관계를 가지는 것은 아니다. [이에 반해] 우리는 모든 의식 안에서 "내재적인 내용"을 발견하는데, 이 내용은 "현출"이라 불리는 것들의 내용일 경우에는, 개체적인 것(외적으로 시간적인 것)의 현출이거나 비시간적인 것의 현출이다. 예를 들어 우리는 판단함 안에서 [비시간적인] "판단"이라는 현출을 말하자면 내재적이고 시간적인 통일체로서 가지고 있으며, **그 안에서** 논리적 의미의 판단이 "현출한다."[4] 판단함은 언제나 흐름이라는

---

4 저자주 여기에서 "현출"은 확장된 의미로 사용되었다.
   역자주 "현출"(Erscheinung)은 보통 시간적 존재인 초월적 대상이 "어떠함에 있어" 우리에게 드러나는 방식이지만, 여기에서는 비시간적 존재인 "판단"에까지 의미를 확장해서 사용하고 있다. 이때 "판단"(Urteil)은 판단함(Urteilen), 즉 판단작용이 지향하

성격을 가진다. 이에 따라 우리가 『논리연구』에서 "작용" 혹은 "지향적
체험"이라고 불렀던 것은 어디에서나 흐름인데, 이 흐름[작용] 안에서,
자신의 내재적 지속을 가지고 있고, 그때그때 경우에 따라 더 빠르거나
덜 빠르게 생겨나는, 내재적 시간 통일체(판단, 소망 등)가 구성된다.
절대적 흐름 안에서 구성되는 이 통일체들은 **하나**인 내재적 시간 안에
서 존재하며, 이러한 내재적 시간 안에 동시성이 있고 같은 길이의 지
속이 있으며(또는 경우에 따라 동일한 지속, 말하자면 동시에 지속하는
두 내재적 대상에 있어서의 동일한 지속이 있으며), 나아가 이전과 이
후에 따른 어떤 규정가능성이 있다.

§38. 의식흐름의 통일체, 그리고 동시성과 잇따름의 구성[5]

우리는 앞서 이미 그러한 내재적 대상을 구성함에 대해 연구했고 늘 새
로운 근원감각과 [파지] 변양들로부터 그것이 생겨남을 연구했다.[6] 이
제 우리는 반성을 통해 유일한 흐름을 발견하는데, 이 흐름은 여러 흐
름들로 나누어진다.[7] 그러나 흐름이 이처럼 다수이어도 이 다수성은 통
일성을 지니기 때문에 **하나의** 흐름이라고 말할 수 있고 또 말해야 한다.
여러 근원감각 계열이 시작하고 끝나기 때문에, 여러 흐름이 있다. 그

고 구성하는 대상, 즉 (문장으로 표현할 경우) 명제인데, 동일한 판단이 다수의 판단함
에서 그때그때 현출한다.
5 저자주 부록 7 「동시성의 구성」을 참조하라.
6 저자주 §11을 참조하라.
7 역자주 내가 어떤 소리를 듣고 어떤 색을 보며 어떤 맛을 경험할 수 있듯이 동시에
다양한 근원인상들이 주어지고 이 각각의 근원인상이—그러한 인상이 지속되는 한—하
나의 흐름을 이루기 때문에 다양한 흐름이 존재하며 이처럼 다양한 흐름은 다시 하나의
흐름으로 통일된다.

러나 한편 [파지 방향에서] 지금으로부터 "더는 없음"으로의 변화의 법칙과 다른 한편 [미래 방향에서] "아직 없음"으로부터 지금으로의 변화의 법칙이 이 각각의 흐름에 대해 따로따로 존재할 뿐 아니라, 또한 더 나아가 흐름 양상 속에서의 지금이라는 어떤 공동 형식, 동일성 일반과 같은 그 무엇이 존재하는 한, 우리는 [이 모든 흐름을] 결합하는 하나의 형식을 가지고 있다. 다수의 수많은 근원감각이 "한꺼번에" 존재하고, 그들 각자가 흐를 때 그 다수성은 "동시에"(zugleich) 흐르며, 완전히 동일한 양상으로, 완전히 동일한 음영들을 가지고, 완전히 동일한 속도로 흐른다. 다만 어떤 근원감각은 전반적으로 흐르기를 그치는 반면, 다른 근원감각은 "아직 없음"을, 즉 자신 안에서 의식되는 것의 지속을 아직 계속해서 이어 나가는 새로운 [미래의] 근원감각들을 아직 자신 앞에 가지고 있다. 아니 더 잘 기술해 보면, 여러 근원감각들은 흐르면서 처음부터 서로 동일한 경과양상을 지니나, 다만 지속하는 내재적 대상들을 구성하는 근원감각의 계열들이 내재적 대상들의 서로 다른 지속에 대응하여 서로 분리되어 다양하게 계속하여 앞으로 나아간다. 그러니까 그것들[근원감각들]은 [같은] 형식적 가능성들을 모두 같은 방식으로 활용하는 것이 아니다. 내재적 시간은 모든 내재적 대상과 사건에 대해 **하나**의 시간으로 구성된다. 이에 상관적으로, 내재적인 것에 대한 시간의식은 [모든 것을 포괄하는] 전체통일성(Alleinheit)이다. 현행적인 근원감각들의 "함께 있음", "동시에 있음"은 모든 것을 포괄하며, 방금 앞서간 각 근원감각들의 "방금 있었음", "앞서 지나갔음", 근원감각들의 모두 함께 있음이 그러한 방금 있었음으로 끊임없이 변전함은 모든 것을 포괄한다. 이러한 방금 있었음은 하나의 연속체를 이루고, 그것의 각 점은 함께 있음 전체가 경과하는, 같은 종류의 동일한 형식이다. 근원감각들의 "함께 있음" **전체**는 그것이 의식변양들, 즉 지나갔음이라는 양상들의 끊임없는 연속체로 변전한다는 법칙에 종속되고 늘 새로운 근원감각들의 함께 있음이 똑같이 끊임없이 원본적으로 발원하여 다시 지나갔음으로 끊임없이 넘어간다는 법칙에 종속된다. 근원감각들의 함께 있음인 함께 있음은 지나감 양상에서도 여전히 함께 있음으로 남는다. 근원감각들은 연속적으로 경과한다는 의미에서 연속적 "순차성"을 지니며, 또한 근원감각들은 "함께 있음"과 "동시에 있음"을 지닌다. 현행적인 근원감각들은 동시에 있지만, 순차관계에 있을 경우 하나의 감각이나 함께 있는 [감각들의] 어떤 집단은 현행적인 근원감각이고, 다른 것[다른 감각이나 다른 감각집단]은 지나간 근원감각이다. 그러나 이것은 무슨 뜻인가? 우리는 여기에서 계속해서 "보라"라고 말할 수밖에 없다. 하나의 내재적 지금을 의식하는 하나의 근원감각이나 근원감각 집단(하나의 음-지금, 그와 동일한 지금에서 하나의 색 등)은 끊임없이 '방금에 대한 의식'이라는 양상들로 변화하는데, 이러한 의식에서 내재적 대상은 과거의 것으로 의식된다. 또 이와 함께, "동시에" 새롭고 계속 새로운 근원감각이 등장하고, 계속 새로운 지금이 들어서고, 이때 늘 새로운 음-지금, 형태-지금 등이 의식된다. [동시에 있는] 근원감각들의 집단에서 하나의 근원감각과 [다른] 근원감각은 내용이 다르며 지금만이 동일하다. 근원감각 의식으로서의 의식은 그 형식에 있어 동일하다.

그러나 "이전의" 근원감각들의, 이전의 지금의식들의 경과양상들의 연속적인 계열은, 근원감각 의식과 "함께 있다." **이러한** 함께 있음은 그 형식이 연속적으로 **변전된** 의식양상들[근원인상과 파지들]의 함께 있음이며, 다른 한편, 근원감각들의 함께 있음은 전적으로 **형식이 동일한** 양상들의 함께 있음이다. 우리는 경과양상들의 연속체에서 한 점을 끄집어낼 수 있는데, 그러면 우리는 이 점 안에서도 형식이 같은 경과양상들의 함께 있음을, (더 적절히 말하자면) 하나의 동일한 경과양상을 발견한다. 우리는 이 두 가지의 함께 있음을 본질적으로 구별해야 한다.

그중 하나는 동시성을 구성하기 위한 근본 요소이고, 다른 하나는 시간적 잇따름을 구성하기 위한 근본 요소이다. 이러한 사실은 물론 다른한편, 동시성은 시간적 잇따름 없이는 아무것도 아니고, 시간적 잇따름은 동시성 없이는 아무것도 아니어서, 동시성과 시간적 잇따름은 상관적이고 불가분하게 구성되어야 함에도 불구하고 타당하다. 우리는 이두 가지를 용어상으로 "흐르는 이전-동시"(fluxionales Vor-Zugleich)와 "흐름들의 인상적 동시"(impressionales Zugleich von Fluxionen)라고 구별할 수 있다. 우리는 이 두 동시를 [객관적 의미에서] 동시라고부를 수 없다. 구성하는 궁극적 의식은 더는 시간을 지닌다고 말할 수없다. 파지 과정을 시작하는 근원감각들과 더불어, 예컨대 하나의 색과하나의 음의 동시성이 근원적으로 구성되고, "현행적 지금"에서의 그것들의 존재가 구성되지만, 근원감각들 자신은 [객관적 의미에서] 동시적이지 않으며, 우리는 하물며 "흐르는 이전-동시"의 위상들은 더더욱[객관적 의미에서] 동시적 의식위상들이라고 부를 수 없는데, 이는 의식의 순차관계를 [객관적 의미에서] 시간 순서라고 부를 수 없는 것과마찬가지이다.

우리는 이 "이전-동시"가 무엇인지를 이전의 분석을 통해 알고 있다.[8]그것은 하나의 근원감각에 연결되는 위상들의 연속체인데, 각 위상은이전 지금을 파지("근원기억")하는 의식이다. 이때 다음에 주의해야 한다. 근원감각이 뒤로 물러나고 끊임없이 변양되면, 우리는 이전 체험의변양인 체험을 가질 뿐 아니라, 시선을 그 체험으로 향하면 이 변양된 것에서 변양되지 않은 이전 것을, 말하자면 "본다." 너무 빠르지 않은 음계열이 경과할 때 우리는 첫 번째 음의 경과 후에 그것을, 더 이상 감각

---

8 역자주 여기서 이전의 분석은 무엇보다도 10절에서 이루어진 시간도해에 대한 분석을 뜻하는 것으로 보인다.

되지 않지만 "아직 현전하는" 음으로 "응시할 수" 있을 뿐 아니라, 이 음이 막 가지는 의식양상이, 그 안에서 그 음이 지금으로 주어졌던 근원감각의 의식양상에 대한 하나의 "기억"이라는 사실에 주목할 수 있다. 그러나 그렇다면 [우리는] [한편으로] 내재적인 시간대상이 이전으로 의식되는 과거의식(파지의식 또는 "다시" 재현하는 의식)과 [다른 한편으로] 이전 근원감각에 대한 파지 또는 회상하는 "재생"(감각변양의 근원적 흐름[파지]인지 혹은 그 재현[회상]인지에 대응하여)을 구별해야 한다. 그리고 모든 다른 흐름에 대해서도 마찬가지이다.[9]

내재적 대상이 지속할 때 어떤 한 위상이 지금 위상이라면, 즉 이 위상이 근원감각에서 의식되면, 연속적으로 서로 결합하는 파지들이 ― 이 파지들은 그 자체로 근원감각의 변양이라는 특징을 가지고, 구성되는 지속에 있어 시간적으로 지나간 그[지금 위상] 외의 점들 전체에 속하는데 ― 이 근원감각과 "이전-동시" 관계에서 결합된다. 이 파지들 각각은, 그에 지금점으로부터의 시간거리가 대응하는, 특정한 양상을 지닌다. 각 파지는 각각 그에 대응하는 이전 지금점에 대한 과거의식이고, 경과한 지속에서의 그 위치에 대응하는 방금이라는 양상에서 그 이전 지금점을 부여해 준다.

§39. 파지의 이중적 지향성과 의식흐름의 구성

파지의 지향성에 있어 이중성은, 구성하는 궁극적 의식흐름이 지니는 통일성을 인식함이 어떻게 가능한가 하는 난점을 해결하는 데 암시를

---

9 역자주 (음과 같은) '내재적 시간대상'을 지나간 것으로 의식함과 (내재적 시간대상을 구성하는 토대인) '근원감각'을 지나간 것으로 의식함을 구별할 수 있다.

준다. 여기에는 의심의 여지 없이 난점이 존재한다. (지속하는 사건이
나 대상에 속하는) 하나의 완결된 흐름이 경과하면, 나는 그 흐름을 돌
이켜 바라볼 수 있으며, 이때 그 흐름은 기억에서 하나의 통일체로 나
타나는 것처럼 보인다. 다시 말해 분명 [의식 대상뿐 아니라] 의식흐름
도 의식 속에서 통일체로 구성된다. 이 의식흐름 속에서 가령 하나의
음 지속이라는 통일체가 구성되지만, 이 의식흐름 자체도 음 지속에
대한 의식의 통일체로 구성된다. 그리고 그 다음 우리는 더 나아가 이
[음 지속 의식의] 통일체가 [음 지속의 통일체와] 완전히 유비적인 방
식으로 구성되며, 그와 마찬가지로 구성되는 시간계열이라고 말해야
하고, 따라서 또한 시간적 지금, 이전, 이후에 대해 말해야 하지 않겠
는가?

앞의 설명에 따라 이에 대해 다음과 같이 대답할 수 있다. 음이라는
내재적 시간적 통일체가 구성되고 동시에 의식흐름이라는 통일체 자체
도 구성되는 것은 하나의, 유일한 의식흐름 안에서이다. 의식흐름이 자
신의 통일성을 구성한다는 것은 (첫눈에 모순까지는 아니더라도) 반감
을 불러일으킬 수 있겠지만, 그래도 그렇다. 그리고 이것은 의식흐름의
본질 구조로부터 이해될 수 있다. 시선이 한 번은 음에 대한 지향성들
인, 흐름의 끊임없는 진행과정에서 서로 "합치"하는 위상들을 **가로질러**
향할 수 있다. 그러나 [다른 한편] 시선은 흐름**으로**, 흐름의 한 구간으
로, 흐르는 의식이 음 시작에서 음 끝으로 이행하는 과정으로 향해 나
아갈 수도 있다. "파지"라는 유형의 모든 의식 음영은 이중적 지향성을
지닌다. 한편으로 음이라는 내재적 대상을 구성하는 데 쓰이는 지향성
으로서, 이는 우리가 (방금 감각한) 음에 대한 "일차적 기억"이라고,
(좀 더 명료하게 말하자면) 바로 음에 대한 파지라고 부르는 지향성이
다. 다른 지향성은 흐름에서 이러한 일차적 기억이라는 통일체를 구성
하는 지향성인데, 말하자면 파지는 "아직 의식됨", 잡아두는 의식, 바로

파지이기 때문에, 흘러간 음 파지에 대한 파지이다. 파지는 흐름에서 현출하는 그의 끊임없는 음영 안에서 끊임없이 앞서 지나간 위상들에 대한 끊임없는 파지이다. 우리가 의식흐름의 어떤 위상에 주목하면 (이 때 위상에서는 하나의 음-지금이, 그리고 음 지속의 한 구간이 방금 흘러갔음이라는 양상으로 현출하는데) 이 위상은 "이전-동시" 안에서의 파지의 통일적 연속체를 포함한다. 이는 연속적으로 앞서 지나간 흐름 위상들의 순간 연속체(Momentankontinuität) 전체에 대한 파지이다. (이 연속체는 처음 부분에서는 새로운 근원감각이며, 이제 그 뒤를 따르며 끊임없이 나타나는 최초의 부분에서는, 최초의 음영 위상에서는, 앞서 지나간 근원감각에 대한 직접적 파지이며, 그 다음 순간위상에서는 앞서-앞서 지나간 근원감각에 대한 파지의 파지이다. 이렇게 계속 된다.) 이제 흐름을 계속 흐르게 하면 경과하고 있는 흐름 연속체가 드러나는데, 이 흐름 연속체는 방금 기술한 연속체를 파지적으로 변화하게 만들며, 이때 순간적으로-동시에(momentan-zugleich) 존재하는 위상들의 모든 새로운 연속체는 앞서 지나간 위상 속에 있는 동시의 전체 연속체에 대한 파지이다. 그리하여 흐름을 가로질러 하나의 종단지향성(Längsintentionalität)이 지나가는데, 이 지향성은 흐름의 경과 중에서 스스로와 끊임없이 합치하는 통일체를 이룬다. 최초의 근원감각은, 절대적인 이행 속에서 흘러가면서, 자신의 파지로 변전하고, 이 파지는 파지의 파지로 변전한다. 이렇게 계속된다. 그러나 동시에 최초의 파지와 함께 새로운 "지금", 새로운 [두 번째] 근원감각이 거기에 있는데, 이것도 최초의 파지와 연속적이고 순간적으로 결합한다. 그리하여 흐름의 두 번째 위상은 새로운 [두 번째] 지금에 대한 근원감각이면서 이전의 [첫 번째] 지금에 대한 파지이고, 세 번째 위상은 다시 한번 두 번째 근원감각에 대한 파지 및 첫 번째 근원감각의 파지의 파지와 더불어 있는, 새로운 [세 번째] 근원감각이다. 이렇게 계속된다. 이때 함께 고려해야 하는 것은 세 번째 위상에서는 [첫 번째 근원감각의] 파지의 파지가, 직접적으로 파지되는 것[첫 번째 근원감각의 파지]과의 관계에서만 지향성을 가지는 것이 아니라, 두 번째 단계의 파지함에서 파지되는 것[첫 번째 근원감각]과의 관계에서도 지향성을 가지고, 마지막으로 여기에서 계속 객관화되는 근원자료와의 관계에서도 지향성을 가진다는 점이다. 이는 사물의 현출의 재현이 단지 사물의 현출과의 관계에서만 지향성을 가지는 것이 아니라 현출하는 대상과의 관계에서도 지향성을 가진다는 것과 유비적이다. 좀 더 적절하게 말하자면, A에 대한 기억이 단지 기억만 의식시키는 것이 아니라, 그 기억에서 기억되는 것인 A도 의식시킨다는 것과 유비적이다.[10]

우리는 이에 따라 의식흐름 속에서 파지 변전들(retentionale Ab-wandlungen)이 끊임없이 일어나고, 끊임없이 이 파지 변전들이 앞서 끊임없이 지나간 파지들의 파지라는 상황에 힘입어, 흐름 자체의 통일체가 일차원적이고 준시간적인(quasi-zeitlich)인 질서로 구성된다고 생각한다. 내가 음을 향하면, 즉 주목하면서 "횡단지향성"(Querinten-tionalität)으로 들어가면(다시 말해, 그때그때의 음-지금에 대한 감각인 근원감각으로 들어가고, 지나간 음점들 계열에 대한 일차적 기억인 파지 변전들로 들어가면, 즉 근원감각들과 이미 있는 파지들의 파지 변전 흐름에서 계속 통일체를 경험하는 일차적 기억인 파지 변전들로 들어가면), 지속하는 음이 지속하고 계속 확장되면서 거기 있다. 반면 내가 "종단지향성"을 향하는 태도를 취하고 이 지향성에서 구성하는 것을 향하는 태도를 취하면, 나는 반성하는 시선을 (이러저러하게 오래 지속했던) 음으로부터 거두어들여서, [파지되는] "이전-동시" 속에서 어떤

---

10   역자주 재현 또는 기억의 이중적 지향성에 대해서는 25절 「회상의 이중적 지향성」을 참조할 것.

한 점에서 볼 때[11] 근원감각인 새로운 것에게로, 그리고 끊임없는 계열에 있어서 이와 함께 "동시에" 파지되는 것에게로 돌리게 된다. [여기서] 파지되는 것은 그 위상 계열에 따라서 볼 때 (우선은 방금 지나간 위상에 따라서 볼 때) 과거의식이며, 이제 의식이 끊임없이 계속 흐르면서 나는 경과한 의식에서 파지되는 계열을 포착하는데, 이 경과한 의식에는 현행적 근원감각이라는 한계점이 있고 파지들이 새롭게 등장하고 근원인상들이 새롭게 등장한다.

여기서 우리는 물을 수 있다. 나는 하나의 이전-동시에 포함된, 지나간 의식흐름의 파지의식 전체를 하나의 시선 안에서 발견하고 파악할 수 있는가? 분명 [이를 위해] 필수적인 과정은 내가 처음에 이전-동시 자체를 파악해야 한다는 것인데, 이 이전-동시는 끊임없이 변양되고, 오직 흐름에서만 바로 그것이다. 그리고 이제 흐름은 이러한 이전-동시를 변전시키므로, 이러한 흐름은 지향적으로 자기 자신과 합치하며 흐르면서 통일체를 구성하고, 하나이자 동일한 것은 뒤로 밀려남이라는 끊임없는 양상을 얻으며, 계속 새로운 것이 처음부터 시작되고 그러자마자 마찬가지로 곧 바로 다시 순간연관(Momentanzusammenhang) 속에서 흘러간다. 이러한 과정 동안 시선은 가라앉아 가는 순간-동시(Momentan-Zugleich)에 고정되어 머물 수 있으며, 그러나 파지의 통

---

11 역자주 이 문장에서 "한 점에서 볼 때"는 원문의 "nach einem Punkt"에 대한 번역이다. 원문에서 이 구절이 무엇을 뜻하는지 정확하지 않다. 옮긴이들은 "nach einem Punkt"라는 구절이 없으면 오히려 원문의 뜻이 더 잘 통한다고 생각한다. "nach einem Punkt"라는 구절을 빼고 이 문장을 읽을 경우 이 문장은 우리가 종단지향성을 향하는 태도를 취할 경우 근원인상과 그를 통해 파지되는 모든 의식들을 파악할 수 있음을 뜻하며 전후 맥락이 보여 주듯이 바로 이러한 뜻이 이 문장이 전달하고자 하는 뜻이다. 그렇다면 "nach einem Punkt"라는 구절은 생략해도 무방할 것이다. 그럼에도 불구하고 "nach einem Punkt"라는 구절이 들어가 있는데, 이 경우 "한 점에서 볼 때"의 "한 점"은 근원인상점을 뜻할 것이다. 그 이유는 우리가 "근원인상점"을 중심으로 근원감각인 새로운 것과 그를 통해 파지되는 모든 의식을 파악할 수 있기 때문이다.

일체 구성은 이를 넘어서서 늘 새로운 것을 첨가한다. 이 과정에서 시선은 이것을 향할 수 있는데, 그것은 언제나 구성된 통일체로서의 흐름 속에서의 의식이다.

이에 따라 하나의 유일한 의식흐름 속에서, 마치 하나의 동일한 사물의 두 측면처럼 서로를 요구하는, 불가분하게 통일적인 **두 개의 지향성**이 서로 얽혀 있다. 하나의 지향성[횡단지향성]에 힘입어 내재적 시간, 객관적 시간, 진정한 시간이 구성되는데, 이러한 시간 속에서 지속하는 것의 지속과 변화가 존재한다. 다른 하나의 지향성[종단지향성] 안에서는 흐름의 위상들의 **준시간**으로의 편입이 구성되는데, 여기서 이 흐름은 언제나 그리고 필연적으로, 흐르는 "지금"점을, 즉 현행성 위상을 지니고, 이전에 현행적이던 위상들과 (아직 현행적이지 않고) 이후에 현행적일 위상들의 연쇄를 지닌다. 이러한 [종단지향성에 의거한] 선현상적이고 선내재적인 시간성은 시간을 구성하는 의식의 형식이며, 이 의식 자체 안에서 지향적으로 구성된다. 시간을 구성하는 내재적 의식의 흐름은 **존재**할 뿐 아니라, 매우 독특하지만 그래도 이해할 수 있는 특징을 지니고 있어서, 여기에서는 필연적으로 흐름이 스스로에게 현출하며 그래서 이 흐름 자체가 필연적으로 흐름 안에서 포착될 수밖에 없다. 흐름이 스스로에게 현출함은 두 번째 흐름을 요청하지 않으며, 현상으로서 그 자체 안에서 구성된다.[12] 여기에서 구성하는 것과 구성되는 것은 서로 합치하지만, 그러나 물론 모든 측면에서 합치할 수는 없다. 의식흐름 위상들은―그 안에서 바로 그 의식흐름의 위상들이 현상적으로 구성되는데―구성된 위상들과 동일할 수 없으며 실제 그러하지도 않다. 의식흐름의 순간-현행(Momentan-Aktuelle)에서 현출하는 것은, 이 의식흐름의 파지 계기들의 계열에서는 이 의식흐름의 지나

간 위상들이다.[13]

§40. 구성된 내재적 내용들[14]

이제 그의 구성이 절대적 의식흐름의 성취인바, 내재적 "내용"의 층위로 넘어가서 좀 더 자세히 살펴보자. 이러한 내재적 내용은 통상적 의미의 체험이다. 그것들은 (주목되지 않은 것들이라고 하더라도) 가령 빨강, 파랑 등의 감각자료이고, 더 나아가 그에 대해서나 그의 "대상들"에 대해서 주의가 향하거나 향하지 않을 수도 있는 현출들(집의 현출들, 환경 현출들 등)이며, 그 다음 진술작용, 소망작용, 의지작용 등의 "작용"이고, 이와 관련한 재생 변양(상상작용, 기억작용)이다. 이 모든 것이 의식의 내용, 시간대상을 구성하는 근원의식의 내용인데, 이 근원의식 자신은 다시 이러한 의미에서 현상학적 시간의 내용이나 대상이 아니다.

내재적 내용들은 "현행적으로" 지속하면서 미래의 것을 앞서 지시하고(vorweisen) 과거의 것을 뒤로 지시하는(zurückweisen) 한에서만,

---

13 역자주 여기에서는 시간을 구성하는 흐름이 어떻게 구성되는지 물으면서, 이 흐름도 또 다른 흐름에 의해 구성되어야 하는가를 자문한다. 만일 그렇다면, 그 다른 흐름도 또 다른 흐름에 의해 구성되어야 하고 이는 끝없이 계속되므로, 어쩔 수 없이 무한소급에 빠질 것이다. 그러나 시간을 구성하는 흐름은 스스로를 구성하고 스스로에게 현출하기 때문에 또 다른 흐름은 불필요하고 무한소급은 일어나지 않는다.

14 역자주 후설은 34절-39절에서 헐어내기의 심화를 통해 선현상적 시간성(선내재적 시간성)과 그를 구성하는 의식의 구조를 해명한 후 40절-45절에서 구성의 쌓아가기 작업을 통해 선경험적 시간성(내재적 시간성)과 선경험적 시간의식의 구조를 해명하고자 한다. 물론 이러한 작업은 "구성된 통일체로서의 초월적 대상의 현출"이라는 제목을 달고 있는 37절에서도 이루어지고 있다. 후설은 40절에서 "구성된 내재적 내용들"에 대해 논의하면서 시간구성의 쌓아가기 작업을 수행하고자 시도하지만 이러한 작업은 체계적이며 구체적으로 수행되고 있지 않다.

그들이 존재하는 것처럼 그대로 존재한다. 그러나 이러한 앞서 지시함과 뒤로 지시함에 있어서 다시 서로 다른 것을 구별해야 한다. 내재적 내용을 근원적으로 구성하는 모든 각 근원위상에서 바로 이 내용의 앞선 위상들에 대한 파지와 도래할 위상들에 대한 예지가 현출하며, 이 예지는 바로 이 내용이 지속하는 한 충족된다. 나아가 이러한 "규정된" 파지와 예지는 하나의 어두운 지평을 가지고 있으며, 그것들은 흐르면서, 흐름의 과거의 경과 및 미래의 경과와 관련한, 규정되지 않은 파지와 예지로 넘어가는데, 이 미규정적 파지와 예지를 통해 현행적 내용은 흐름 통일체에 편입된다. 그리고 우리는 회상과 예상을 파지와 예지로부터 구별해야 하는데, 회상과 예상은 내재적 내용을 구성하는 위상을 향하는 것이 아니라, 과거와 미래의 내재적 내용을 재현한다. [내재적] 내용은 지속하고, 자신의 시간을 지니며, 변화하거나 불변하는 통일체인 개체 대상이다.

§41. 내재적 내용의 명증. 변화와 불변

[우리가 음이라고 하는] 어떤 내재적 내용이 명증적으로 주어진다고 말할 때, 이 명증은 물론 음의 점적인 시간 존재와 관련한 의심 불가능한 확실성을 뜻하지는 않는다. 그렇게 파악된 명증(가령 브렌타노가 가정한 것과 같은 그러한 명증)을 나는 허구로 간주하고자 한다. 시간적으로 연장되어 있다는 사실이 지각에서 주어질 수 있는 내용의 본질이라면, 지각의 의심 불가능성은 시간적으로 연장된 존재와 관련한 의심 불가능성 이외의 다른 것을 뜻할 수 없다.[15] 그리고 이는 다시 다음과 같

---

15 저자주 내적 지각에 대해서는 §44를 참조하라.

은 것을 뜻한다. 개체적 존재와 관련한 모든 물음은 오직 가장 엄밀한 의미에서의 개체적 존재자를 우리에게 부여하는 지각으로 소급해야만 대답될 수 있다. 지각 자체에 지각이 아닌 것이 뒤섞이는 한, 지각에는 아직 의문스러움이 남는다. 경험적 사물이 아니라 내재적 내용만 염두에 둘 경우, 지각에서의 지속함과 변화함, 공존함과 연이어 현출함은 완전하게 인식될 수 있으며 참으로 이러한 인식은 충분하게 자주 일어난다. 이런 일은 바로 지속하거나 변화하는 내용 자체를 본래적 의미에서 구성하는, 순수하게 직관하는 지각, 즉 그 자체에 의문의 가능성을 더 이상 포함하지 않는 지각에서 일어난다. 우리는 모든 근원의 문제에 있어 이러한 지각으로 돌아가지만, 그것 자신과 관련해서는 근원에 대한 그 어떤 의문도 제기되지 않는다. 많이 논의된 내적 지각의 명증, 의식작용(cogitatio)의 명증은, 우리가 명증 영역과 참된 소여 영역에서 시간연장을 제외해 버리면, 모든 의미와 의의를 잃어버리게 될 것이 분명하다.

　이제 이러한 지속의 명증 의식을 고찰하고 이 의식 자체를 분석해 보자. 도 음(그것도 한낱 도라는 성질이 아니라 완전히 불변하게 머무는 음 내용 전체)이 지속하면서 지각되고 지속하는 것으로 주어질 경우, 도는 직접적 시간장의 한 구간에 걸쳐 펼쳐져 있다. 다시 말해 각 지금들에서 각각 다른 음이 현출하는 것이 아니라, 동일한 음이 계속해서 그리고 연속적으로 현출한다. 동일한 것이 계속 현출한다는 사실, 즉 이러한 동일성의 연속성은 의식이 지닌 내적 성격이다. 시간위치들은 서로 분리되는 작용을 통해 서로 분리되지 않으며, 여기서 지각의 통일체는 서로 단절시키는 그 어떤 내적 차이들도 가지고 있지 않은 균열 없는 통일체이다. 그러나 다른 한편 모든 각 시간점이 모든 다른 시간점과 개체적으로 구별되는 한, 그러나 바로 **구별**되기는 하지만 **분리**되지는 않는 한, 차이도 존재한다. 시간질료의 구별 불가능한 동일성과 시간정립하는 의식의 변양의 지속성은 본질적으로 도 음의 단절 없는 연장의 통일체로의 융합을 정초해 주며, 이와 더불어 비로소 하나의 구체적 통일체가 현출한다. 도 음은 시간적으로 연장된 음으로서야 비로소 구체적 개체이다. 오로지 구체적인 것만이 그때그때 주어진 것이고, 당연히 방금 시도한 것과 같은 해명을 가능하게 해 주는 것은 지적인 분석 과정이다. 처음에 주어진 것인 도의 단절 없는 통일체는 [이러한 분석을 통해] 나눌 수 있는 통일체, 즉, 그 안에서 이념적으로 구별될 수 있고 때로는 발견될 수 있는 순간들이 융합된 통일체로 현출한다. 이는 예를 들어 [가령 여러 음의] 동시적 잇따름이라는 수단을 통해 일어나는데, 이러한 잇따름을 통해 그에 평행하게 경과하는 지속에서, 부분들이—이 부분들과 관련하여 비교와 동일화가 일어날 수 있는데—서로 구별될 수 있게 된다.

다른 한편 우리는 이러한 서술에 있어 이미 어느 정도 이념화하는 허구를 활용하고 있다. 음이 절대적으로 변화하지 않으면서 지속한다는 것은 허구이다. 그 어떤 순간에서라도 언제나 크고 작은 동요가 늘 일어날 것이며, 따라서 하나의 순간과 관련된 연속적인 통일체는—이 연속체에 간접적 분리를 가져다주는—다른 순간의 차이와 연결된다. 어떤 하나의 시간위치에서 성질들의 유가 동일한 가운데, 질적 동일성이 균열하면, 즉 하나의 성질에서 다른 성질로 도약하면, 하나의 새로운 체험이, 변화의 체험이 생겨나는데, 이때 한 시간구간의 모든 점에서의 불연속은 불가능하다는 것이 명증적이다. 불연속은, 불변하는 지속이라는 형식에서건, 끊임없는 변화라는 형식에서건, 연속을 전제한다. [전자,] 즉 변화 없는 지속의 경우와 마찬가지로, 후자, 즉 끊임없는 변화에 있어서도, 변화 의식의 위상들은 마찬가지로 균열 없이, 다시 말해 통일체 의식, 동일성 의식의 방식으로, 서로에게로 이행해 간다. 그러나 통일체는 차이 없는 통일체로 현출하지는 않는다. 처음에는 차이

없이 서로에게로 이행하던 것이, 연속적 종합이 진전되는 가운데, 편차 (Abweichung)를 생산하고 점점 더 큰 편차를 생산하며, 그리하여 같음과 차이가 서로 섞이고, 점점 더 포괄적으로 차이가 연속적으로 증가한다. 원래의 지금-지향은, 그것이 개별적으로 계속 유지되면서, 새롭고 점점 더 새로운 동시의식 안에서 지향들과 하나가 되어 현출하는데, 이 지향들은 원래의 지금-지향과 시간적으로 점점 더 멀어지며, 점점 더 증가하는 차이, 간격을 두드러지게 한다. 처음에는 자기 자신과 합치하던 것과 그 다음에는 거의 합치하던 어떤 것이 점점 더 서로 떨어져서 나타나고, 이전의 것과 새로운 것은 더 이상 본질상 완전히 동일한 것으로 나타나지 않으며, 오히려 유적 공통점을 지니긴 하지만 점점 더 다른 것, 낯선 것으로 현출한다. 그리하여 끊임없는 동일화의 흐름에서 이처럼 "차차 변화함"에 대한 의식이, 점점 더 커져 가는 거리에 대한 의식이 등장한다.

불변하는 지속의 경우, 우리는 [끊임없는 변화에서와는 달리] 진전하면서 계속해서 동질적인 통일성 의식으로 머무는 끊임없는 통일성 의식을 가지고 있다. 끊임없이 계속 진전하는 지향들의 전체 계열을 관통해 계속해서 합치가 일어나며, 일관하는 이 통일체는 계속해서 합치의 통일체이며, 그것은 "다름", 멀어짐, 거리에 대한 의식이 생기도록 허용하지 않는다. 다른 한편 변화 의식에서도 합치는 일어나는데, 이 합치는 [불변하는 지속에서와] 마찬가지로 어떤 식으로든 전체 시간연장 내내 일어난다. 그러나 [변화의식에서는] 일반적인 것은 합치하지만, 이와 함께 차이에 의거하여 편차가 현출하고 점점 커진다. 빠르거나 느린 변화에 대한 의식, 이 변화의 속도와 가속에 대한 의식은 변화의 질료가 시간구간에서 어떻게 배분되는가에 의하여 규정된다. 그러나 연속적 변화의 경우뿐 아니라 모든 경우에, 다름의 의식과 차이의 의식은 통일체를 전제한다. 변이에는 지속하는 그 무엇이 있어야 하고, 변화에도 변화하거나 변이를 겪는 어떤 것의 동일성을 이루는 그 무엇이 있어야 한다. 물론 이는 어느 개체에 대한 의식이 지니는 본질적 형식들을 소급 지시한다. 음의 성질은 변화하지 않은 채 머물면서 음의 강도나 음색이 변화할 경우, 우리는 **같은** 음의 음색이 변이했다거나 강도가 변화했다고 말한다. 전체 현상에서 변하지 않은 것이 아무것도 없고 이 현상이 "모든 규정성에 있어서" 변화한다고 해도, 여기에서는 여전히 늘 통일체를 형성하기에 충분한데, 서로 접하는 위상들이 서로에게로 이행해 가며 그를 통해 통일성 의식을 산출하도록 해 주는 저 차이 없음[이라는 현상]이 바로 [통일체를 형성해 주는] 그것이다. 이때 이 전체의 양식과 형식은 유적으로 동일한 것으로 남는다. 유사한 것들이 이루는 다양체 내부에서, 유사한 것은 자신과 유사한 것으로 이행해 가고 그 반대로도 그러하다. 바로 같은 것이 변화 없는 어떤 지속(불변)의 통일체를 정초할 수 있는 것, 달리 말하면 어떠한 거리도 가지지 않는 그러한 것인 것과 마찬가지로, 유사한 것은 연속적 이행의 통일성에 속할 수 있는 그런 것, 달리 말하면 서로 거리를 지닌 모든 것이다. 이처럼 변화와 변전에 대해 이야기되는 곳에서는 언제나 그렇다. 통일성 의식이 기초에 놓여 있어야 한다.

§42. 인상과 재생

우리가 지속하는 인상적 내용의 구성을 추적하지 않고 가령 기억적인 내용의 구성을 추적하면, 우리가 이 기억내용의 지금점에 대응하는 근원인상이 존재한다고 말할 수 없다는 사실에 주목해야 한다. 여기에서 그 정점에는 근원기억이 (절대적 위상으로) 있는데, 이것은 [근원인상처럼] "외부로부터" "의식에 낯설게" 끼워 넣어진 것이거나 근원산출되어 분출된 것이 아니라, [의식에] 떠오른 것인데, 이는 (적어도 기억에 있어서는) 다시 떠오른 것이라고도 말할 수 있다. 하지만 이 계기[근원기억]는 인상은 아니더라도, 인상과 마찬가지로 자발성의 산출물이 아니라 어떤 방식으로는 수용적인 것(Rezeptives)이다. 여기서 우리는 또한 수동적 수용(Empfängnis)이라고 말하면서, [한편으로는] 새로운 것, 낯선 것, 원본적인 것을 들여오는 수동적 수용함[인상]과 [다른 한편으로는] 다시 가져오고 재현할 뿐인 수동적 수용함[재생]을 구별할 수 있을 것이다.

모든 구성된 체험은 인상이거나 재생이며, 재생으로서의 체험은 재현[현전화]이거나 재현이 아니다. 그러나 그 어느 경우에도 그 체험 자체는 (내재적으로) 현재적인 것(Gegenwärtiges)이다. 그러나 모든 현재적이고 현전적인 의식에는(in jedem gegenwärtigen und gegenwärtigenden Bewußtsein), 이 의식에 대한 재현의 이념적 가능성이 정확히 대응한다. 인상적 지각함에 대해서는 그에 대한 재현의 가능성이 대응하고, 인상적 희망함에 대해서는 그에 대한 재현이 대응하는 등이다. 이러한 재현은 모든 감성적 감각내용에도 해당된다. 감각되는 빨강에는 빨강 상상자료가, 다시 말해 인상적 빨강을 [상상적으로] 재현하는 의식이 대응한다. 여기에서 감각함(즉, 질료적인 자료들(hyletische Daten)을 지각함)에는 감각함에 대한 재현이 상응한다. 그러나 모든 재현은 그 자체로 다시 인상적 의식에 의해 현재 있다. 그러므로 모든 체험은 어떤 의미에서는 인상에 의해 의식된다, 즉 인상을 받는다(imprimiert). 그러나 그중에는 재생으로, 즉 인상을 재현하는 변양으로 등장하는 것이 있으며, 모든 의식에는 그러한 [재현] 변양이 대응한다. (이 경우 재현은 곧바로 주목하는 의향으로 이해되지는 않는다.) 지각함은 어떤 대상에 대한 의식이다. 그러나 그것은 동시에 의식으로서 어떤 인상이고 내재적으로 현재적인 어떤 것이다. 이러한 내재적 현재함

에는, 즉 하나의 A를 지각함에는 이에 대한 재생 변양이 대응한다. 지
각함을 재현함, 즉 상상이나 기억에서의 지각함이 그것이다. 그러나 그
러한 "상상에서의 지각함"은 또한 지각된 대상의 상상이기도 하다. 지
각에는 어떤 대상이, 말하자면 어떤 사물이나 사물의 사건이, 현재적인
것(Gegenwärtiges)으로 있다. 그러므로 지각은 다만 그 자체가 현재 있
을 뿐 아니라, 동시에 [대상을] 현전함(Gegenwärtigen)이며, 여기에는
하나의 현재적인 것이, 사물, 사건이 있다. 마찬가지로 지각의 재현 변
양도 또한 지각된 대상의 재현이다. 사물 대상은 상상되고 기억되고 예
상된다.

　근원적 의식에서 "…에 대한 의식"인 체험과 마찬가지로 모든 인상
이, 즉 일차적인 내용이 구성된다. 체험은 이러한 두 가지 근본적 체험
유로 구분되기 때문이다. 그중 한 가지 유의 체험은 "…에 대한 의식",
즉 "…에 대한 관계"를 지니는 체험, 즉 작용이고, 다른 유의 체험[일차
적 내용]은 그렇지 않은 것이다. [일차적 내용으로서] 감각된 색깔은
어떤 것에 대한 관계[지향성]를 가지지 않는다.[16] 이와 마찬가지로, 상
상내용, 예를 들어 (비록 주목되지는 않았더라도) 눈앞에 떠오르는 상
상자료 빨강도 어떤 것에 대한 관계를 가지지 않는다. 그러나 빨강**에 대
한** 상상의식은 그러한 [지향적] 관계를 가진다. 모든 기초적 재현들이
그러하다. 그래서 인상적 의식을 재현함인 인상이 있다. 인상적 의식이
내재적인 것에 대한 의식인 것과 마찬가지로, 인상적 재현 역시 내재적
인 것에 대한 재현이다.

16　저자주 우리가 근원의식(Urbewußtsein)을, 다시 말해 내재적 시간을 구성하고 거
기 속하는 체험들을 구성하는 흐름 자체를, 작용이라고 부르고 [그것을] 통일체와 작용
에 따라 분석할 권리가 있다면, 우리는 근원작용 혹은 근원작용연관은 그 자신이 작용
인 통일체나 작용이 아닌 통일체[일차적 내용]를 구성한다고 말할 수 있고 말해야 할
것이다. 그러나 이러한 사실은 난점들을 낳는다.

(재현과 대립되는 좁은 의미에서) 인상은, 이 인상이 그 안에서 의식될 수 있을 그 어떤 의식도 더 이상 배후에 가지고 있지 않은, 일차적 의식(primäres Bewußtsein)으로 이해될 수 있다. 반면, 가장 원초적인 내재적 재현을 포함하여 재현은 이미 이차적 의식(sekundäres Bewußtsein)이며, 그것은 그 안에서 그것이 인상적으로 의식되는 일차적 의식을 전제한다.

§43. 사물현출의 구성과 사물의 구성. 구성된 파악과 근원파악

그러한 일차적 의식[좁은 의미의 인상적 의식]을, 가령 이 구리 재떨이에 대한 지각을 고찰해 보자. 재떨이는 지속하는 사물 존재로 거기 있다. 반성을 통해 [한편으로는] 지각 자체(구체적으로는 파악자료들과 결합하여 주어지는 지각파악, 가령 확실함이라는 양상에서 주어지는 지각의 현출)와 [다른 한편으로는] (지각에 토대를 둔 명증한 판단을 통해 기술될 수 있는) 지각된 것을 구별할 수 있다. 이 지각된 것은 또한 의향된 것이며, 의향함은 지각함 안에서 "살아간다." 반성이 보여 주듯이, 자신의 양상에서 현출하는 지각파악은 그 자체가 내재적 시간에서 구성된 어떤 것이며, 비록 그것이 의향된 것은 아니라 하더라도 현재의 통일체로 있다. 그것은 지금위상들과 파지들의 다양체를 통해 구성된다. 확실함 양상을 포함하는 파악내용과 파악지향은 모두 이러한 방식으로 구성된다. 감각내용은 감성적 인상에서 통일체로 구성되며, 파악은 자신과 결합된 다른 작용 인상에서 통일체로 구성된다. 구성된 현상으로서의 지각은 그 편에서 보자면 사물에 대한 지각이다.

일차적인 시간의식 속에서 사물현출, 사물파악이 지속하고 불변하는 현상으로 구성되거나 변화하는 현상으로 구성된다. 그리고 이러한 변화의 통일체 속에서 하나의 새로운 통일체가 "의식되는데", 이 통일체는 불변하는 사물의 통일체이거나 변화하는 사물의 통일체로서, 이 사물은 자신의 시간, 자신의 지속 안에서 불변하거나 변화한다. 그 안에서 지각이 구성되는바, 바로 저 동일한 인상적 의식 속에서, 그리고 바로 그것을 통해서, 지각된 것도 구성된다. 그렇게 구축된 의식의 본질에는 내재적인 유형의 의식의 통일체이면서 동시에 초월적인 유형의 의식의 통일체라는 사실이 속한다. 그러한 의식의 본질에는 또한 의향하는 시선이 때로는 감성적 감각으로 향할 수도 있고 때로는 현출로 향할 수도 있으며 때로는 대상으로 향할 수도 있다는 사실이 속한다. 이 서술에 적절한 수정이 이루어지기만 하면, 이는 모든 "작용"에 대해 타당하다. 언제나 이러한 작용의 본질에는 초월적인 유형의 지향성을 가진다는 것, 그리고 오직 내재적으로 구성된 것에 의해서만, 즉 "파악"에 의해서만 그러한 지향성을 가질 수 있다는 사실이 속한다. 그리고 언제나 이러한 사실은 내재적인 것을, 즉 내재적 내용을 지닌 파악을, 초월적인 것과 관계 지을 수 있는 가능성을 정초해 준다. 그리고 이러한 관계 지음은 다시 하나의 "작용", 더 높은 층위의 하나의 작용을 낳는다.

이때 유의해야 할 점은, 지각에서 그 자신 근원적 시간흐름 안에서 구성되는 통일체들인 감각내용들의 복합체에 통일적 파악이 가해진다는 사실이다. 그리고 통일적 파악 자체도 다시 첫 번째 의미의 구성된 통일체이다. [이러한 감각내용이나 파악과 같은] 내재적 통일체들이 구성될 때, 그것은 초월적인 현출에서 현출하는 것이, 초월적인 지각에서 지각되는 것이 의식되는 방식으로 의식되지는 않는다. 그러나 다른 한편 그럼에도 불구하고 그것들은 본질에 있어 한 가지 공통성을 가지고 있음에 틀림없다. 왜냐하면 지각이 현전작용이듯이 내재적인 인상도 현전작용이기 때문이다. 한 경우[즉 내재적인 인상의 경우]에는 내재적인 현전작용이 있고, 다른 또 하나의 경우[즉 지각의 경우]에는 현출을 "통한" 초월적인 현전작용이 있다. 그러므로 초월적인 현출들이 내적 의식에서 구성된 통일체들인 반면, 이러한 통일체들 "안에서" 다시 다른 통일체들, 즉 현출하는 대상들이 구성된다.

우리가 보았듯이, 내재적 통일체들은 시간적 음영다양체들의 흐름에서 구성된다. 여기서 지금이라는 성격을 지닌 근원내용[근원인상]의 파지변양으로 특징지어질 수 있는, 다양한 변양된 근원내용[파지]들이 우리에게 주어지는데, 이 내용들은 내재적 내용의 각 시간점에 속하며, 의식흐름을 종단방향으로 따라간다. 그리고 이러한 근원내용들이 근원파악의 담지자인데[즉 이러한 근원내용들에 근원파악이 가해지는데], 이 근원파악은 스스로 흐르는 연관을 이루면서 그 연관 속에서, 과거로 물러나는 내재적 내용의 시간 통일체를 구성한다. 지각현출의 경우 이 "내용들"은 바로 시간 통일체인 이러한 현출들 전체이다. 그러므로 지각파악 역시 시간적 파악의 통일체에 의해 통일되는 그러한 음영다양체 속에서 구성된다. 그러므로 여기서 파악을 두 가지 의미에서 이해하여야 한다. 하나는 내재적으로 구성된 것으로서의 파악이고, 다른 하나는 내재적 구성에 속하는 파악, 근원적 흐름 자체의 위상들에 속하는 파악, 더 이상 구성된 것이 아닌 근원파악(Urauffassung)이다. 이제 현출들이 내재적으로 흘러가면서, 즉, 우리가 지각이라 부르는 파악들이 현상학적 시간에서 연속적으로 서로 잇따르면서, 하나의 시간적인 통일체가 구성되는데, 그 이유는 파악들의 연속성이 변화하는 현출들의 통일체(가령 어떤 사물을 회전시킬 때, 동일한 사물의 여러 측면들로 현출하는 그 측면들의 계열)를 낳을 뿐 아니라, 지속하거나 변화하는 사물의 현출들의 통일체도 낳기 때문이다.

내재적 시간은 내재적인 현출들에서 구성되는 대상들의 시간으로 객관화되는데, 이는 하나의 [객관적인] 동일한 사물이 현출하기 때문이다. 이 사물은 현상학적 시간의 통일체들인 감각내용들의 음영다양체 속에서 내지는 이 내용들에 대한 파악들의, 현상학적 시간의 음영다양체 속에서 현출하며, 모든 위상에서 계속하여 음영다양체 속에서 현시된다.[17] 사물은, 근원인상들의 흐름 속에서 내재적인 통일체로 구성된, 자신의 현출들이 흘러가는 가운데 구성되며, 이때 필연적으로 이 사물과 이 [사물의] 현출들은 함께 구성된다. 다시 말해 현출하는 사물이 구성되는 것은 근원적인 흐름 속에서 감각통일체와 파악통일체가 구성되기 때문이며, 그러니까 그 무엇에 대한 의식이, 그 무엇에 대한 현시(Darstellung)가, 더 상세히 말하자면, 그 무엇에 대한 현전작용이 계속 구성되고, 연속적 잇따름 속에서 그 무엇의 현시가 계속해서 구성되기 때문이다. 현시의 흐름들(Darstellungsfluentien)은 그러한 흐름과 연관을 지니고 있어서, 이 흐름에서 현출하는 것은 그런 형식을 지닌, 바로 그러한 현시 음영다양체들(Darstellungsabschattungen)로 나누어지는데, 이는 감각내용이 감각음영들로 나누어지는 것과 같다. 바로 그렇기 때문에 파악다양체는 현전시키는 음영다양체라는 성격을 지니는데, 이는 내재적인 인상이 그러한 성격을 지니는 것과 똑같다.

우리는 다음과 같은 사실을 곧바로 알 수 있다. 근원현전적인 감성적 자료들이 근원현전들을, 그리고 근원현전들과 근본적으로 공속하는 근원파지들 및 근원예지들을 실어 나를 뿐 아니라, 공간사물을 구성하는 파악성격들도 연속적으로 실어 나를 때, [한편으로] 감각자료들과 사물파악들이 속하는 현상학적 시간과 [다른 한편으로] 공간에 있는 사물들이 속하는 시간은 서로 한 점 한 점 합치해야 한다. 현상학적 시간의 각 점이 채워지면 이와 더불어 (이 각 점에 있는 감각내용과 이 감각내용 속에 놓여 있는 [그에 대한] 파악 덕분에) 객관적 시간의 한 점이 채워져서 현시된다.

---

17   저자주 부록 10 「시간의 객관화와 시간 속에 있는 사물의 객관화」를 참조하라.

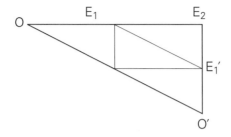

이때 위 도해의 수직계열들[E_2-E_1'-O']에서는 현상학적 시간구성에
속하는 총괄적 수직 합치가 일어날 뿐 아니라(이에 따르면 근원자료 E_2
와 [각각 O와 E_1의] 파지변양인 O'와 E_1'은 [E_2라는] 한 순간에 통일
되어 있다), 각각의 수직계열에 속하는, 사물파악의 파지음영들[가령
E_1과 E_1']도 사물파악으로서 서로 총괄적으로 합치한다. 이들은 두 개
의 [서로 다른 의미의] 합치이다. 사물파악 계열[E_1-E_1']이 서로 합치
하려면, 이 계열이 연속적 잇따름을 구성할 뿐 아니라 동일한 사물을
구성하기도 해야 한다. 전자의 합치는 [E_2, E_1', O'의] 결합하는 본질유
사성의 합치이고, 후자의 합치는 [E_1, E_1'이 구성하는 사물의] 동일성
의 합치이다. 후자가 동일성의 합치인 이유는 이 경우 서로 잇따르는
것들을 연속적으로 동일화하면서, 지속하는 동일한 것이 의식되기 때
문이다. 물론 여기에는 이제 또한 객관적-공간적 의미도 가지고 있는
예지들을 충족하면서 하나의 수직계열에서 다른 수직계열로 넘어가는,
연속적이고 연쇄적인 동일화도 속한다.[18]

---

18 역자주 시간흐름에서는 예지들이 (그보다 이후에 현출하는) 근원인상에 의해 연속
적으로 충족되는데, 이러한 사실이 도해에서는 표현되지 않았다. 이를 표현하려면, 이
도해의 O-E_2 수평선 위쪽에, 수평선으로 내려오는 (미래의 근원인상을 향하는) 사선
을 그어야 한다.

내재적 통일체의 구성과 초월적 통일체의 구성 사이에 존재하는 유비는 이미 지적한 바 있다. "감각음영들"(감각통일체들을 현시하는, 현상학적 시간 안에서의 근원자료들)이 자체 법칙을 지니고, 근원적 잇따름에서 자신의 본질적 성격을 지니며, 도해에서 표현된 변양을 통해서 [내재적인 통일체인] 감각통일체를 구성하듯이, 근원 잇따름의 근원자료들로 기능하는 사물음영들 내지 "현출들"도 이와 비슷하다. 현출계기들의 근원 잇따름이, 시간을 정초하는 파지들 등의 덕분에, [초월적인 통일체인] (변화하거나 불변하는) 현출을 현상학적 시간의 통일체로 구성한다. 그러나 여기에 덧붙일 점은, 현출다양체 중에서 불변하는 동일 사물에 속하는 현출들은 서로 완전히 동일한 존재적 본질(ein ontisches Wesen)(현출하는 것의 본질(Wesen des Erscheinenden))을 지닌다는 사실인데, 이는 불변하는 하나의 빨강에 속하는 순간자료들이 서로 완전히 동일한 본질을 지니고 있음과 같다. 마찬가지로 [초월적인] 사물 변화의 계열은 [내재적인] 빨강 변화의 계열처럼 어떤 확고한 법칙에 의해 지배된다. 그리하여 두 가지가 함께 지향적으로 구성되는데, 즉 [내재적인] 현출과 [초월적인] 현출하는 것이 그것인데, 후자는 다양한 현출들 속에서 불변하면서 나타나는 것이거나 변화하면서 나타나는 것이기도 하다.

이제 당연히 다음과 같은 물음이 제기된다. 동일한 것의 현출들인바, 사물현출들은 어떤 특성을 지니는가? 이는 시간구성을 전제하는 공간 사물의 구성에 관한 물음이다.

§44. 내적 지각과 외적 지각[19]

그러나 이제 우리는 지속하는 지각에 대해 이야기할 것인데, 그것도 사물 지각뿐 아니라 내재적 지각에 있어서도 그렇게 할 것이다. 우리는 사물 지각에 있어, 파지들의 얽혀 있음과 예지들의 얽혀 있음은 도외시하더라도, 끊임없는 지각현출, 즉 사물의 지금-현출의 연속체도 지각에 포함시킨다. 사물의 현출, 즉 "자신의 정위에서의 사물", 특정 현시 (Darstellung)에서의 사물 등은, 현출하는 대상 자체와 마찬가지로 지속하는 그 무엇이다. 또한 [그 사물의] 한낱 현출하는 측면도 지속하고 이러한 지속에서 변화하는 그 무엇이다. 나는 본래 "자신의 정위에서의 사물"이라고 말해서는 안 되며, 그 대신 사물현출이라는 사건이라고 말해야 하는데, 사물현출은 그 정위가 변화 없이 유지될 때는 그대로 계속 지속하지만, 그렇지 않은 경우에는, 어떤 하나의 지속 안에서이긴 하지만, 현출의 끊임없는 변화과정이다.

　우리는 내재적 대상에 대한 지각에 있어서도, 지금의 내재적인 것을 그의 연속성 속에서 함께 취할 수 있는데, 그러면 그것은 대상 자체의 지속이다. 이때 바로 이 대상이 외적 지각에서와 같은 의미로 현출하는 것이 아니다. 그러니까 외적 대상을 의식하는 경우에는, "지각"은 [그 자체는] 내재적 대상으로서의 외적 현출을 뜻할 수 있으며, 이때 [내재적인] 지각과 [초월적으로] 지각되는 것은 물론 서로 다른 것인 반면에, 내적 지각에 대해 이야기할 경우, 여기서도 지각과 지각되는 것이 서로 다른 것이어야 하더라도, 이 지각이 내재적인 것을, 다시 말해 바로 [내재적인] 대상 자체를 지칭하는 것으로 이해해서는 안 된다. 우리

19　저자주 부록 11 「충전적 지각과 비충전적 지각」 및 부록 12 「내적 의식과 체험의 포착」을 참조하라.

가 내적 지각에 대해 말할 때, 그것은 다만 다음과 같은 것으로 이해될
수 있다. 1. 주목하지 않더라도 있는, 통일적인 내재적 대상에 대한 내
적 의식, 다시 말해 시간적인 것을 구성하는 의식, 또는 2. 주목이 동반
되는 내적 의식. 여기서 주목함, 즉 포착함이 내재적인 사건임을 쉽게
알 수 있는데, 이 사건은 내재적인 지속을 지니며, 이 지속은 내재적인
음에 주목하는 동안 이 음의 지속과 합치한다.

그러므로 외적 대상[에 대한 지각]의 경우 우리는 다음과 같은 것들
을 가지고 있다.

1. 외적 현출.

2. 그 안에서 외적 현출이 내재적인 것으로서 구성되는바, 구성하는
의식.

3. 주목(Zuwendung). 주목은 현출과 그 구성요소에 대한 주목일 수
도 있고, 현출하는 것[외적 대상]에 대한 주목일 수도 있다. 우리가 외
적 지각에 대해 말할 때 단지 후자만이 문제가 된다.

기억에 대해서도 비슷하게 생각해 볼 수 있지만, 다만 기억 그 자체
는 고유한 지향성, 즉 재현의 지향성을 가지고 있다. 기억은 내적 의식
속에서 일어나는 사건으로서 자신의 통일체를 가지고 있으며, 내재적
시간의 통일체 속에서 자신의 위치와 지속을 지닌다. 이러한 사실은,
기억이 내재적인 것에 대한 기억이든 초월적인 것에 대한 기억이든, 타
당하다. 그리고 모든 기억은 (우리가 주목을 도외시하면) [초월적인 것,
즉 과거 지각대상에 대한 기억임과] 동시에 내재적인 것[과거 지각 자
체]에 대한 기억이기도 하다. 그러므로 원본적인 내적 의식으로서의 내
재적 음에 대한 의식이 [내재적인 대상이 아니며 따라서] 어떠한 내재
적 시간성도 가질 수 없는 반면, (적절하게 변화된 의미에서, 음의 내적
의식에 대한 재현의식인) 내재적 음에 대한 재현의식은 [근원적인 의식
흐름 속에서 통일체로 구성된 의식이기 때문에] 내재적 시간성에 속하

는 내재적 대상이다.[20]

§45. 비시간적 초월자들의 구성

더 나아가 다음과 같은 사실에 주의해야 한다. 통일적 의미에서 (구성된 내재적 통일체로서의) 모든 의식은 이와 함께 필연적으로, 그 의식이 "관계하는" 대상에 대한 의식 통일체이기도 하다. 그러나 모든 의식이 그 자체로 시간의식, 즉 어떤 시간적인 것에 대한 의식, 지향적 시간을 구성하는 의식인 것은 아니다. 그리하여 어떤 수학적 사태연관[21]에 대한 판단의식은 인상이지만, 자신의 통일성 속에서 통일적으로 "거기에 있는" 이 수학적 사태연관은 시간적인 것이 아니며, 판단작용은 현전작용(내지는 재현작용)이 아니다.[22] 따라서 우리는 어떤 사물, 어떤 사건, 어떤 시간적 존재가 현전적으로 현출하며 지각된다고도 말할 수 있듯이, 그것이 상상에서 표상된다고 말할 수 있고, 상상에 의해, 기억에 의해, 예상에 의해, 또는 파지에 의해 현출한다고 말할 수 있다. 이에 반해 어떤 수학적 사태연관이 현전적으로 현출한다거나 재현적으로

---

20 역자주 내재적인 음에 대한 내적 의식 자체(내재적인 음에 대한 의식)는 시간구성의식(근원인상, 파지, 예지의 흐름인 절대의식)으로서, 그 자신은 (내재적) 대상이 아니며, 따라서 (이른바 준시간성을 제외하고는) 내재적 시간성을 포함해 어떠한 시간성도 지니지 않는다. 하지만 재현의식은 그 자체로 (시간구성의식에 의해 구성되는) 내재적 대상이며 따라서 선경험적 시간(내재적 시간)에서 자신의 지속과 위치를 지닌다.

21 역자주 여기에서 사태연관(Sachverhalt)은, (대상이나 사건 등을 포괄하는) 사태(Sache)의 '속성', 사태들 간의 '관계' 등을 뜻하며, (명제로 표현할 수 있는) 판단의 상관자이다. 여기에서는 사태(Sache), 사태연관(Sachverhalt), 사실(Tatsache), 상황(Sachlage)을 대개 구별하여 옮긴다.

22 저자주 부록 13 「내재적 시간대상으로서의 자발적 통일체의 구성 — 시간형태로서의 판단과 절대적인 시간구성의식」을 참조할 것.

현출한다고 말할 수는 없다. 판단작용은 오래 지속하거나 짧게 지속할 수 있으며, 주관적 시간 속에서 펼쳐지며, 현전적이거나 재현적일 수 있다. 그러나 판단되는 것은 길거나 짧을 수 없고, 더 지속하거나 덜 지속할 수 없다. 그리고 판단에 대한 재현의식 속에서 **준판단**되는 것도 그러하다. 판단은 재현되지만 판단되는 것은 재현되지 않는다. 우리가 어떤 사태연관을 "그저 생각한다"라고 말할 때, 이는 이 사태연관이 재현됨을 뜻하지 않고, 이 사태연관이 [존재를 정립하는] 믿음 성격이 아니라 [존재정립을 배제하는] 중립성 변양 성격 속에 있음을 뜻한다. 그러나 이러한 [믿음 성격과 믿음의 중립성 변양이라는] 믿음의 변양은 결코 현재-비현재라는 변양과 일치하는 것이 아니라, 이들과 상호 교차한다. 물론 하나의 개별적인 사태연관의 경우에도 우리는 (비본래적이나마) 여전히 시간성격에 대해 말할 수 있는데, 그 이유는 사태연관에서 논리적이고 분석적으로 분절되고 종합적으로 파악되는 사태가 지각에 의해 현전할 수 있거나 상상에 의해 재현될 수 있기 때문이다. 그러나 비시간적 사태연관에 대해서, 즉 시간적인 것에 대해 전혀 언급하고 있지 않은 사태연관에 대해서 이렇게 말하는 것은 아무 의미가 없다. [예컨대] 수학적 판단을 상상함은, 마치 수학적 사태연관이 현전이나 재현에 의해 현시될 수 있기라도 하듯이, 수학적 사태연관에 대해 상상표상을 가지고 있음을 뜻하지 않는다.[23]

현전(Präsentation)이라는 단어가 가지고 있는 엄밀한 의미에 있어서의 현출은 오직 현전작용(Gegenwärtigung)과 그 변양들의 영역에만 해당되며, 현출하는 것에 대한 구성 또는 (더 적절하게 말하면) 개체적인 존재의 본래적인 소여에는 그것이 현시로서의 현출의 연속성의 형

---

[23] 역자주 (수학적 사태연관과 같은) 이른바 이념적 대상(idealer Gegenstand)에 대한 '표상작용' 자체는 그때그때 시간 속에서 일어나는 하나의 개체적 작용이지만, '이념적 대상'은 비시간적(초시간적)이며 따라서 시간적 개체성을 지니지 않는다.

식 속에서 주어진다고 하는 사실이 속한다. 사태연관 역시 "한낱 나타날" 수 있으며, 본래적 소여에 의해 증시를 요구한다는 사실은 자명하다. 그렇다고 해도, 개별적인 현출들(자연의 현출들)에 기초한 사태연관들("자연의 사실들")이 그 아래 놓인 현출 소여들의 기초 위에서 주어진다는, 그러니까 이와 비슷한 방식으로 무한한 "현시들" 속에서 주어진다는 앞서의 서술에는 변함이 없다. 그럼에도 불구하고 우리는 사태연관의 "현시(현출)"는 본래적 의미에서의 현시가 아니라 파생적 의미에서의 현시일 뿐이라고 말해야 한다. 또한 사태연관은 본래적으로 어떤 시간적인 것이 아니다. 그것은 일정 시간 동안 존립하지만, 마치 사물이나 사건처럼 그 자체로 시간 속에서 존재하는 그 무엇이 아니다. 시간의식과 현시작용(Darstellen)은 사태연관 자체에 속하지 않고 그것을 이루는 사태에 속한다.

　이와 동일한 것이 모든 다른 정초된 작용들과 그의 상관자들에 대해서도 타당하다. 가치는 시간위치를 가지지 않는다. 물론 시간대상은 아름답거나 쾌적하거나 유용할 수 있으며, 특정 시간 동안 그럴 수 있다. 그러나 아름다움, 쾌적함 등은 자연 안에서, 그리고 시간 속에서 위치를 가지지 않는다. 그것들은 현전 속에서 또는 재현 속에서 현출하는 것이 아니다.

II

시간의식 분석에 대한 1905년–1910년의 추가연구 및 보충연구*

* **편집자주** 이 부분은 1917년 여름 이후 에디트 슈타인이 저자[후설]의 위촉을 받고 저자의 협력하에 정리하고, 1928년 마르틴 하이데거가 편집한 [1928년] 출간본에 따른다. 이 부록 텍스트들의 기초가 된 유고들은 (유일한 예외인 부록 10을 제외하면) 찾을 수 없다. 유고들이 존재하지 않기 때문에 이 다양한 원고들의 작성일자에 대해 구체적 근거를 가지고 정확하게 추정할 수는 없다. 그렇지만 1928년 출간본 부록의 내용들을, 이 책[후설전집 10권의 B 부분으로서, 이 번역서에서는 제외]에서 재출간하는, 날짜를 알 수 있는 기록들과 비교하면, 이 부록 텍스트들이 부분적으로는 [1905년-1910년이 아니라] 1910년-1917년에 작성된 원고들에 기초하고 있다고 추정할 수 있다. 부록 10과 관련해서는 부록 10의 제목에 붙은 편집자주를 참고하라.

근원인상과 그 변양 연속체[1]

모든 근원인상은 근원인상이라는 특징을 지니고 모든 변양은 변양이라는 특징을 지닌다. 나아가 모든 변양은 끊임없는 변양이다. 이 점이 바로 이러한 유형의 변양이 상상변양이나 이미지 변양과 다른 점이다. 이러한 시간 변양들 각각은 하나의 연속체 속에 있는 비독립적 한계이다. 그리고 이 연속체의 특징은 한 쪽에만 한계를 지닌 직선 다양체라는 점이다.[2] 그것[시간 변양 각각]은 근원인상에서 시작하여 한 방향에서의 [과거라는 방향에서의] 변양으로서 계속된다. 이 연속체 안에서 어떤 거리를 두고 떨어진 점들의 쌍들은, 객관적으로 똑같이 멀리 떨어진, 대상의 시간위상들을 구성한다.

우리가 "변양"이라고 말할 때 우선은 근원인상이 끊임없이 "차차 사라지는" 변화를 염두에 두고 있다. 그러나 각각의 변양은 분명히 [근원인상의 변양임과] 동일한 의미에서, 임의의 앞선 변양의 변양으로 간주

---

1 저자주 이 부분은 §11 「근원인상과 파지변양」에 대한 부록이다.
2 역자주 파지변양들의 직선적 연속체는 한 쪽으로는 근원인상이라는 한계를 지니며 다른 쪽은 한계가 없이 무한히 계속된다.

될 수 있다. 우리는 연속체의 어떤 위상을 취해도 그것이 차차 사라진다고 말할 수 있고, 그 후의 모든 위상에 대해서도 그것이 차차 사라진다고 말할 수 있다. 이러한 사실은 확실히 그러한 연속체의 본질이고 (한 방향을 향하는) 모든 그러한 연속체의 본질이다. 사정은 0에서 시작하는 강도들의 연속체에서와 똑같다. 상승, 그것은 여기서 모든 강도가 경험하는 변양이다. 모든 강도는 그 자체로 보면 강도이고, 모든 새로운 강도는 바로 새로운 강도이다. 그러나 어떤 임의의 선행 강도와의 관계에서 볼 때 이 계열에서 후속 강도 각각은 어떤 연산(Operation)의 결과로 간주될 수 있다. b가 a의 상승이[고 c가 b의 상승이]라면, c는 a의 상승의 상승이다. 연속성 덕분에 각각의 점은 선행하는 점과의 관계에서 볼 때 단순히 상승일 뿐 아니라, 무한히, 그리고 무한소로 상승의 상승의 상승 등이기도 하다. 이는 서로서로 이행해 가는 무한한 변양이다. 다만 여기서 그 자체 강도로 간주될 수 있는 시작점은 없다. 시작점 자체는 영점이다. 모든 직선 연속체는 다음과 같은 본질을 지닌다. 우리는 임의의 한 점에서 시작하여, 다른 모든 점들을 그 점으로부터 끊임없이 산출된 것으로 생각해 볼 수 있으며, 이러한 끊임없는 산출은 모두 끊임없는 반복에 의한 산출이다. 우리는 실로 모든 거리를 무한분할할 수 있고, 이러한 각 분할에서 분할된 이후 점은 이전 점을 매개로 산출되었다고 상상할 수 있으며, 그래서 임의의 한 점은 결국 무한한 상승들(이 상승들 각각은 동일한 무한소 상승이다) 중 하나의 상승을 통해 산출된다. 이는 이제 시간 변양에서도 마찬가지이다. 아니, 오히려 산출(Erzeugung)이라는 표현은 다른 연속체들에서는 비유에 불과하지만 시간 변양에서는 본래적 표현이다. 시간을 구성하는 연속체는 변양들의 변양들이 끊임없이 산출되는 흐름이다. 현행적 지금으로부터, 즉 그때그때의 근원인상 u로부터, 변양들이 반복에 의해 나아가며, 그것도 끊임없이 앞으로 나아간다. 이 변양들은 단지 u와의 관계에서 변양일 뿐 아니라, 계열에 따라서 볼 때 그것들이 경과하는 순서에 있어 서로서로에 대한 변양이기도 하다. 이것이 끊임없는 산출의 특징이다. 변양은 언제나 끊임없이 새로운 변양을 산출한다. 근원인상은 이러한 산출의 절대적 시작이고, 그로부터 다른 모든 것이 끊임없이 산출되는 근원원천이다. 그러나 근원인상 자체는 산출되지 않으며 산출물로 생겨나지 않는다. 자생적 발생(genesis spontanea)을 통해 생겨나는 그것은 근원발생(Urzeugung)이다. 그것은 (씨앗이 없으므로) 생장하는 것이 아니다. 그것은 근원창조(Urschöpfung)이다. 비-지금[지금 아님]으로 변양하는 지금에 새로운 지금이 끊임없이 생겨나 연결된다고 말하면, 또는 돌연 하나의 원천이 산출되고 생겨난다고 말하면, 이는 비유적인 표현이다. 다만, 인상이 없으면 의식도 없다고 말할 수 있을 뿐이다. 어떤 것이 지속할 때 a는 xa´로, xa´는 yx´a″ 등으로 넘어간다. 그런데 이 중에서 a에서 a´로, xa´에서 x´a″로 넘어가는 것만 의식이 산출하는 것이고, a, x, y는 의식이 산출하는 것이 아니다. 의식 자신의 자발성에 의해 산출된 것과는 달리, 이들은 근원적으로 발생한 것, '새로운 것', 의식에 낯설게 생성된 것, 수용된 것이다. [이에 비해] 의식의 자발성이 지닌 독특함은 이미 근원발생한 것을 단지 생장하고 전개하게 할 뿐, "새로운 것"은 전혀 창조하지 않는다는 사실이다. 물론 우리가 경험적으로 생성이나 산출이라고 부르는 것, 그것은 대상과[우리가 일상적으로 대상이라고 부르는 것과] 관련되며 그것은 전혀 다른 곳에 있다. 여기서 문제가 되는 것은 의식의 자발성, (좀 더 세심하게 표현하자면) 의식의 근원 자발성이다.

이제 근원계기(Ursprungsmoment)는 (구성된 내용의 그때그때의 지금이 솟아나는 근원원천[근원인상]이 문제인지, 아니면 이러한 지금의 동일성을 과거에 있었음이라는 성격 속에서 지탱해 주는, 의식의 자발적 산출[파지]이 문제인지에 따라) 근원인상일 수도 있고, 아니면 근원기억 또는 근원상상 등일 수도 있다.[3] 우리가 층위들의 순서를 추적해 보면, 어느 한 층위에 있어서 각각의 근원계기[근원인상, 근원기억, 근원상상 등]는 자발적 산출들[파지들]의 근원원천인데, 이러한 자발적 산출들은 끊임없이 변전하면서, 계속되는 층위들을 가로질러 나아가고, 이 층위들에서 (우리가 먼저 주목한 그 층위에만 유일하게 속하는) 그 근원계기를 대리한다. 더 나아가 모든 근원계기는 층위들이 잇따르면서 서로에게로 이행해 가는 근원계기들의 끊임없는 계열의 한 위상이다. 달리 말하면, 모든 근원계기는 어떤 구체적 지속이 구성되도록 돕는다. 이런 구체적 지속이 구성되기 위해서는 이 지속의 각 점마다 하나의 현행적 지금이 대응해야 하며, 또한 이 지금이 구성되기 위해서는 이것이 지니는 근원계기가 필요하다.[4] 이러한 잇따름에서 모든 계기들은 끊임없이 하나를 이루고 "끊임없이 서로에게로 이행해 간다." 이러한 이행은 "질적으로" 매개되는 동시에 시간적이며[준시간적이며] (temporal),[5] 준시간성이 지닌 성격은 끊임없음이라는 성격이다.

---

3   역자주 "근원계기"에 대해서는 부록 7을 참조할 것.
4   역자주 지속하는 시간대상이 나타날 때, 이 대상의 지속은 (시간흐름에 있어) 지금들로 이루어지며, 이 지금들에 상관적으로, 다수의 근원인상(지금의식)들이 있다. 가령 동일한 대상 A가 지속하면서 세 층위(지금위상)에서 각각 a1, a2, a3이라는 근원인상에 의해 의식되면, a1 → a2 → a3이라는 '근원인상들의 계열'로 표시할 수 있다. 그러나 층위를 거듭하면서 a1 자체도 파지되므로 a1 → a1′ → a1″이라는 '근원계기[근원인상 또는 파지]들의 계열'도 나타난다. 이러한 모든 근원계기들을 a1 → a2a1′ → a3a2′a1″으로 표시하면, 가령 세 번째 층위에서는 a3과 a2′과 a1″이 서로 결합하여 하나의 연속체를 이룬다. 여기에서 근원인상 a3은 (이전 근원인상 a2의) 파지 a2′ 및 (이전 근원인상 a1의) 파지의 파지 a1″과 결합하여 하나의 연속체를 이루는 것이다. 이처럼 지속하는 하나의 대상에 대한 상이한 근원인상들과 이들에 대한 파지들이 복합적으로 결합하여 이 대상에 대한 의식을 이룬다.
5   역자주 시간적 위상들이 "하나의 동일한 대상"에 대한 위상들이려면, 이 위상들 각각의 감각적 성질이 서로 동일해야 하고 시간적으로 서로 연속적으로 연결되어야 한다.

재현과 상상
— 인상과 이미지작용[1]

가장 광의의 "재현"과 가장 광의의 "상상", 즉 그리 일의적이지는 않지만 일반적으로 쓰는 의미의 "상상"은 서로 같은 것이 아니다. 재현에는 우선 비직관적 기억들과 여타 재현들이 있는데, 누구도 이를 상상이라고 부르지 않을 것이다. 다른 한편 직관적 재현의 경우에 기억되는 것이 "상상 속에서" 어른거린다고 말하기도 하지만(적어도 그렇게 말할 수 있지만), 그러나 [여기에서도] 우리는 기억을 그 자체로 상상이라고 부르지 않는다. 나아가 재현은 자체재현이거나 이미지를 통한(유비적인) 재현일 수 있다. 후자의 경우 우리는 재현된 것이 "상상 이미지 형식으로" 어른거린다고, 혹은 상상현출에서 모사된다고 말할 것이다. 그러면 상상 이미지는 상상이 관여하는 것이지만, 이를 넘어서는 일, 즉 [상상 이미지와] 모사되는 것의 관계는 더 이상 상상이 관여하는 일이 아니다. 여기에서 우리는, 마치 두 개의 상상이 있어서 그중 하나가 다

---

1 저자주 이 부분은 §17「재생에 대립되는, 자체부여 작용으로서의 지각」에 대한 부록이다.

른 하나 위에 쌓여 있기라도 한 것처럼, 모사된 것 자체를 상상 속에서 현출하는 것이라고 말할 수는 없을 것이다.[2] 상상에 대해 이야기할 때면, 그것도 어떤 대상의 상상에 대해 이야기할 때면, 이 대상이 언제나 어떤 현출에서 현출한다는 사실, 그것도 현전하는 현출이 아니라 재현하는 현출에서 현출한다는 사실이 일반적으로 [모든 상상에] 공통적이다. 이것이 뜻하는 바는 무엇인가? 여기에서 "현출"이란 무엇인가? 하나의 대상은 직관될 수도 있고, "상징적으로"(기호를 통해) 표상될 수도 있고, 마지막으로는 공허하게 표상될 수도 있다. 직관은 (그리고 빈 표상도) 그 대상에 대한 단순하고 무매개적인 표상인 반면, 상징 표상은 이러한 단순한 표상에 의해 매개된 정초된 표상, 그것도 정초된 빈 표상이다. 직관적인 표상은 대상을 현출하게 하지만 빈 표상은 그렇지 않다. 우리는 우선 **단순** 표상을 직관적인 단순 표상과 빈 단순 표상으로 구별할 수 있다. 그러나 빈 표상은 [단순 표상이 아니라] **상징** 표상일 수도 있는데, 이것은 대상을 공허하게 표상할 뿐 아니라, 기호나 이미지를 "통해서" 표상한다.[3] 후자의 경우 대상은 [이미지에 의해] 모사되지만, 즉 이미지에서 직관화되지만, "그 자체가" 직관적으로 표상되지

---

2 역자주 "상상" 개념은 다의적이다. 이 점과 관련해 후설은 1부 1장의 각주 9에서 논의하였듯이 비정립적 상상과 정립적 상상을 구별하면서 앞의 것을 "순수한 상상", "단순한 상상"이라 부르기도 한다. 우리가 흔히 동화 속의 사건들을 떠올리면서 상상한다고 할 때의 상상은 비정립적 상상이다.

3 역자주 단순 표상은 (상징 표상, 즉 기호의식이나 이미지 의식과는 달리) 어떤 것의 매개 없이 직접적으로 이루어지며 직관적 단순 표상과 비직관적 단순 표상으로 나누어진다. 직관적 단순 표상에는 지각, 회상, 예상, 현재기억, 상상 등이 있고, 비직관적 단순 표상에는 (직관이 배제된) 공허한 표상, 달리 말해 "한낱 의향"(bloße Meinung)이 있다. 한편 기호의식이나 이미지 의식은 (기호나 이미지라는) 매개를 통해 어떤 대상을 표상하므로 단순(무매개) 표상이 아니라 매개 표상이다. 이들은 기호나 이미지 자체에 대한 단순 표상을 토대로 하여, 즉 이를 매개로 하여, (이 기호나 이미지가 아닌) 다른 어떤 대상을 표상한다. 이때 기호의식과 이미지 의식의 차이는, 기호의식에는 매개와 매개되는 것 사이에 유사성이 없지만 이미지 의식에는 유사성이 있다는 것이다.

않는다. 임의의 한 대상에 대한 모든 직관적 재현은 이 동일한 대상을 **상상적으로** 표상한다. 그것은 그 대상에 대한 **상상현출**을 "포함하고 있다." 이 경우 재현은 **현행성**의 성격을 가지고 있거나 **비현행성**의 성격을 가지고 있다.[4] 그리고 확실성 양상(태도 취함의 양상)은 확신, 예감, 추정, 의심 등 어느 것일 수도 있다. 나아가 재현이 대상을 과거의 것으로 파악[회상]할 수도 있고 지금 존재하는 것으로 파악[현재기억]할 수도 있다(그러나 예상의 경우, 예상이 예상되는 것을 직관적으로 보여 주면 이미 상징적 의식이다). 어디에서나 "단순한 상상현출"이 공통의 씨알로 남는다. 물론 여기서 문제는 어떻게 이런 씨알이 말하자면 각각의 다른 것들에 의해 둘러싸여 있는지 해명하고, 이 다른 파악들이 어떻게 이런 씨알에 대한 파악과 연결되는지 해명하는 일이다. 또한 우리는 모든 단순[무매개] 직관 현전에서 어떤 현출을 발견한다. 그리고 어떤 현출이—지금은 상상현출이 아니라, 지각현출이—상징적으로 직관화하는 현전의 토대에 놓여 있다.[5] 그러니까 우리는 지각현출과 상상현출을

---

4 역자주 여기에서 "현행성"(Aktualität)과 "비현행성"(Inaktualität)은 각각 『이념들 I』의 "정립성"(Positionalität)과 "중립성"(Neutralität)을 뜻한다. 전자는 대상의 존재를 정립하는 작용이고, 후자는 대상의 존재 여부에 대해 정립하지 않는, 즉 긍정도 부정도 하지 않는 작용이다. 여기서 후설은 두 가지 유형의 상상, 즉 현행성의 양상에서의 상상과 비현행성의 양상에서의 상상이 있다고 말한다. 현행성의 양상에서의 상상과 비현행성의 양상에서의 상상은 각각 앞서 1부 1장의 각주 9에서 살펴본 정립적 양상에서의 상상과 비정립적 양상에서의 상상을 뜻한다. 그리고 이때 현행적 양상의 경우에도 다시 확신, 예감, 추정, 의심 등을 구별할 수 있는데, 이를 확실성 양상(Gewißheitsmodus) 또는 태도 취함의 양상(Modus der Stellungnahme)이라고 부른다. 한편, 이런 의미의 현행성은, "지나간 지금"이 아니라 바로 "현행적 지금"(aktuelles Jetzt)이라고 말할 때의 현행성과는 의미가 다름에 주의해야 한다. "현행적 지금"이라고 말할 경우 "현행성"은 정립 양상이 아니라, 시간 양상을 뜻한다.

5 역자주 단순(무매개) 직관 현전에는 대표적으로 (외부 사물에 대한) 지각이 있다. 하나의 동일한 사물이 각 지각작용마다 특정한 현출로, 즉 "어떠함에서의 사물"로 나타난다. 한편 상징적 직관화 현전에는 대표적으로 (물리적 이미지를 매개로 하는) 이미지

구별하는데, 상상현출은 파악자료로서 "상상자료"(감각의 재현 변양)를 포함하고, 지각현출은 파악자료로서 감각을 포함한다.

그러면 어떻게 상상현출은 그에 대응하는 지각현출의 변양(재현 변양)인가? 물론 [우리의 해명에서] 도외시하는 [작용의] 질적인 양상들, 태도 취함의 양상들이라는 측면에서 그런 것은 아니다.[6] 다른 한편 이런 양상들이 경우에 따라서는 변할 수 있음은 도외시하더라도, [또 다른] 하나의 변양이 있다. 감각에는 상상자료가 대응하나, 파악들도 (그리고 완전한 현출들도) [감각과 상상자료] 양쪽에서 변양되며, 그것도 동일한 관점에서 변양되는데, 파악의 [성질 또는 태도 취함] 양상을 도외시하더라도 그렇다. 파악과 완전한 현출이 어떤 질적인 양상을 요구할 수도 있겠지만, 이는 여기에서 말하는 "이미지" 변양과는 무관할 것이다.[7]

우리는 "태도 취함" 양상과 무관한 지각현출을 **현현**(Apparenz)이라고 부른다. 더 구별하여 말하자면, 지각현출이 지각(믿음 양상)에서 등장할 때는, 지각적 현현(perzeptive Apparenz)이라고 부르고, 환각에서 등장할 때는 **환각적** 현현이라고 부른다. 다른 한편 우리는 또한 **인상** 현현(감각 현현)과 **이미지** 현현도 구별해야 하는데, 이 중에서 이미지 현현은 그편에서 보자면 기억의 내용, 기억 속에서의 환각의 내용 등일

의식이 있는데, 여기에서는 (심적 이미지가 아니라) 물리적 이미지를 매개로 이미지 주제를 표상한다. 그러므로 이미지의식이 이루어지려면 먼저 물리적 이미지 자체를 지각해야 하는데, 이러한 물리적 이미지에 대한 지각의 기초에는, 하나의 동일한 물리적 이미지가 그때그때 특정하게 나타남, 즉 '지각의 나타남'이 놓여 있다.

6 역자주 여기에서 '성질'은 작용의 지향적 성질(intentionale Qualität)을 말한다. 희망함이든 바람이든 기억함이든 긍정함이든 의심함이든 두려워함이든, 모든 지향적 체험은 언제나 특수한 유형의 체험이다. 작용의 이러한 측면이 지향적 성질이다.

7 역자주 감각(감각자료)의 변양이 상상자료이고, (이에 상관적으로, 즉 이에 대한 의식 측면에서 보면) 지각현출의 변양이 상상현출이고, 나아가 지각의 변양이 상상이다.

수 있다. 그러니까 인상과 이미지작용의 차이는 모든 직관 작용들의 동일한 씨알인 현현과 연관되며, 전체 현상에 대해 현전과 재현의 차이를 낳는다. 나아가 이러한 인상과 이미지작용의 차이가 "외적 감각" 영역뿐 아니라 내적 감각 영역에서도 나타난다는 사실은 명증적이다. 달리 말하면, 현현이 그와 결합될 수 있는 모든 양상 성격들, 그리고 이것들에 상관적인 존재 성격들([현재] "있는", [과거에] "있었던", [미래에] "있게 될, 그것도 막 들어서게 될"[8]이라는 "현실성"의 성격, 가상이라는 성격, 재현하는 지금 있음이라는 성격 등)이 인상과 이미지작용의 구별의 밑바탕에 놓여 있으며, 소망, 의지 등도 그렇다. 그러나 이 경우 외적 감각의 영역에서와 마찬가지로 "내적 감각"의 영역에서도 감각과 현현을 구별해야 하며, 현현의 경우 현현 자체와 그 양상 성격들을 구별해야 한다. 가령 나는 이것이나 저것을 믿는다. 믿음은 현행의 믿음이고 인상이다. 거기에 "믿음"의 상상자료가 대응한다. 믿음 자체 또는 믿음 감각은, 그 믿음을 나의 상태로, 나의 판단작용으로 파악할 때의 믿음과 구별해야 한다. 여기서 나는 나에 대한 지각의식과 나의 판단함에 대한 지각의식을 가지며, 이러한 파악 안에서 우리는 내적 현현과 믿음 양상을 구별해야 하는데, 믿음 양상은 존재를 (나의 믿음을) 정립하고 이 존재를 현존하는 현실성에 편입시킨다.

"믿음"과 "믿음"에 대한 "파악"을 구별하는 것으로 충분한데, 이 경우 우리는 믿음에 대한 파악을, 내재적인 것을 현행적 세계와 관련시켜 정립하는 심리적 통각으로 간주하지 않으면서, 저 둘을 구별해야 한다.

그러니까 모든 "의식"은 [현전으로서] "감각" 성격을 가지거나 [재현으로서] "상상자료" 성격을 가진다. 모든 의식, 가장 광의의 모든 "감각"은 바로 "지각 가능한 것"이고 "표상 가능한 것", 내지 기억 가능한

---

8 역자주 독일어 원문에는 인용부호가 없으나, 번역문에는 인용부호를 넣었다.

것, 어떤 식으로든 경험 가능한 것이다. 그러나 우리는 상상자료에서 자신의 가능적인 짝을 가지고 있는 의식을 늘 다시 가지고 있다.[9]

---

9   역자주 의식의 일반적 구조를 분석하면, 의식은 현현과 믿음 양상으로 이루어진다. 어떤 대상의 단지 "현출"인 현현에는 (이 현출하는 대상의 존재에 대한) 이러저러한 믿음 양상이 결합할 수 있다. 그런데 현현에는 인상 현현(감각 현현)과 이미지 현현(상상 현현)이 있으며, 전자는 현전의 토대이고 후자는 재현의 토대이다. 따라서 의식은 현전과 재현으로 나뉜다. 그 중에서 인상 현현은 실제지각 현현이거나 환각 현현일 수 있는데, 두 경우 모두 현전이다. 한편 이미지 현현은 이 씨알을 둘러싼 믿음 양상에 따라, 회상, 예상, 현재기억, 상상 등 다양한 재현의 토대가 된다. 나아가 (인상 현현에 토대한) 현전들과 (이미지 현현에 토대한) 재현의 차이는 외적 감각뿐 아니라 내적 감각에도 나타난다. 가령 믿음이라는 작용의 경우, 이러한 믿음이 감각현현으로 있을 때, 이 (1차) 믿음이 나의 현실적 판단작용이라고 파악하는 (2차) 믿음을 가질 수 있다. 이 경우 믿음에 대한 현전, 즉 내적 지각이 일어난다. 다른 한편 이러한 믿음의 감각 현현에 대응하여 믿음의 이미지 현현(상상자료)이 있을 수 있으며, 이러한 이미지 현현에 토대를 두고 이 믿음을 재현(회상, 예상, 상상 등)할 수도 있다.

지각과 기억의 연관지향
— 시간의식의 양상들[1]

이제 "기억"이라는 의식을 고찰해 보자. 이 의식은 변양되지 않은 의식
으로는 [그 자체가] "감각", 또는 같은 말이지만 인상이다. 또는 더 명
료하게 말하자면, 이 의식은 상상자료를 품고 있을 수 있지만, 이 의식
자체는 상상변양, 즉 거기 대응하는 감각과는 다른 어떤 의식으로의 상
상변양이 아니다.[2] 그러나 거기에는 현현(Apparenz)이 들어 있다. 나는
어떤 사건을 기억한다. 그러면 이 기억 속에는 그 사건의 이미지 현현
이 포함되어 있는데, 그 사건은 현현의 배경과 더불어 현출하며 그 배
경에는 [그 사건을 경험했던] 나 자신이 속한다. 이 전체 현현은 이미지
현현의 성격을 지니지만, 기억을 특징지어 주는 믿음 양상을 지닌다.

---

1 저자주 이 부분은 §23「재생된 지금과 과거의 합치. 상상과 회상의 구별」에 대한 부
록이다.

2 역자주 기억 자체는 현행적 작용이며 (가장 광의의) 감각(인상)이다. 기억은 어떤
의식(그리고 그 대상)의 재현이므로, 이미지 현현을 씨알로서 품고 있고 (과거의 것에
대한 존재정립인) 현행성 양상이 이를 둘러싼다. 이미지 현현을 품은 믿음 양상이 (과
거의 것에 대한 존재정립인) 현행성 양상인 경우 '기억'이 되고, 비현행성 양상인 경우
좁은 의미의 '상상'(비정립적 양상에서의 상상)이 된다.

그 다음 우리는 기억 자체를 상상으로 가져가서 상상 속에서 기억을 가질 수도 있고,[3] 기억 속에서 기억을 가질 수도 있다. 이 경우 나는 기억 속에서 살아가고, 그러면 "내가 그러저러한 것을 기억했다"라는 기억이 떠오르거나, 내가 기억을 가지고 있다고 상상한다. 이 경우 우리는 기억의 양상이 거기 대응하는 상상자료로 변화됨을 발견하기는 하지만, 기억 현현이 품은 상상자료가 더 이상 변양되지 않는 것과 마찬가지로, 기억의 자료, 즉 기억 현현 자체는 더 이상 변양되지 않는다. 두 번째 단계의 상상자료는 따로 존재하지 않는다. 그리고 기억 자료를 이루는 기억 현현 전체는 상상자료이며, 역시 더 이상 그 어떤 변양도 겪지 않는다.[4]

---

3 역자주 기억 자체가 상상변양을 겪을 수도 있는데, 그렇다면 이 의식은 더 이상 "내가 실제로 기억함"이 아니라, "내가 기억한다고 상상함", 즉 '기억의 상상'이 될 것이다. 따라서 이 맥락에서 상상의 두 가지 의미, 즉 "대상을 중립성에서 떠올림"과 "대상을 직관적으로 떠올림"에 대응하여, (상상의 질료인) 상상자료도 두 가지 의미를 지닌다.

4 역자주 집의 기억이나 상상이 1단계 재현에 머물면, 이 재현에 대한 2단계 재현이 다음과 같은 방식들로 일어날 수 있다. 1) 기억의 상상: 기억 자체가 상상의 질료(상상자료)가 되면, 이 의식은 "내가 어떤 집을 실제로 기억함"이 아니라, "내가 집을 기억한다고 상상함"이 될 것이다. 2) 기억의 기억: 기억 자체가 (2차) 기억의 질료가 되면, 이 의식은 "내가 집을 기억했음을 기억함"이 될 것이다. 3) 상상의 상상: (여기에서 기술되지 않았지만) "내가 집을 상상함을 상상함"도 가능하다. 4) 상상의 기억: (여기에서 기술되지 않았지만) 기억에 상상자료가 포함되어 있으면, 가령 나는 집을 상상한 것을 기억할 수도 있을 것이다. 그런데 1)에서처럼 '기억'이 '기억의 상상'으로 변양될 때 이는 믿음 양상이 현행성에서 비현행성으로 변화하는 것이다. 이때 (믿음 양상을 제외하고) 기억 현현(기억 질료)과 (기억 현현이 품은) 이미지 현현(상상자료)은 모두 변양되지 않는다. 다시 말해, 내가 집을 기억함에서 집을 기억한다고 상상함으로 옮겨갈 때, (집을 '기억함'이라는 현행성 양상은 '상상함'이라는 비현행성 양상으로 변양되지만) 그 집의 이미지 현현 자체는 그대로이며, 나아가 그 '상상되는 기억'에 있어서 그 이미지 현현은 여전히 '과거에 있었음'으로 정립되는 현행성에 의해 둘러싸이며 따라서 비현행성으로 변양되는 것은 아니다. 따라서 '기억의 상상'의 구조는 ① 집의 이미지 현현, ② 집의 이미지 현현을 둘러싼 현행성 양상(집에 대한 기억), ③ 집의 이미지 현현을 둘러싼 현행성 양상을 둘러싼 비현행성 양상(집에 대한 기억에 대한 상상)으로 이루

그 다음에 내가 계속해서 기억에 대한 기억을 가지면, 한 기억 과정의 연관 안에서, 다시 말해 이미지 현현들이 기억이라는 성질 양상에서 존재하며 흘러가는 의식 연관 안에서, "변양된" 기억이 떠오른다. 이때 본질적으로는 앞서와 같이 말할 수 있다. 단순한 기억[5]이라는 성질 양상이 "기억의 기억"에 의해 대치되는데, 말하자면 나는 (전체 기억 과정의 양상과 더불어 하나가 되어 존재하는) 기억이라는 성질 양상에서 기억 상상자료를 가진다. 그러나 기억 상상자료는 이미지 현현에 토대를 둔 '…에 대한' 기억의 성격인데, 이때 이 이미지 현현은 단순한 기억과 기억의 기억에서 자기동일적으로 똑같다. 우리가 기억의 내용을 이루는 모든 것들과 달리 기억[작용]의 특징이, 이 기억[작용]에게 현행적인 지각 현실과의 관계를 부여해 주는 파악이 놓여 있다는 사실이라고 말하면, 어쨌든 일리가 있다. 그러나 이러한 사실이 앞서 말한 것[의 타당성]을 변경시키지는 않는다. 그러면 우리는 이 파악 자체에서 내용과 믿음 양상을 구별해야 한다. 물론 가령 [한편으로] 내가 지금 가지는 단순 기억에서의 파악과, [다른 한편] 기억되는 기억을 [과거의] 현행적 점인 기억되는 지금과 관계 맺게 하는, 기억의 기억에서의 파악은 서로 다르다. 그러나 여기에서 중요한 것은 (바로 현출로서, 우리가 완전히 직관적으로 취하는) 현현은 변양될 수 없다는 사실이다. 그리고 이것은 기억파악의 내용에 대해서도 타당한데, 이 기억파악은 현현에게—물론 이 현현은 완전히 직관적이 되지는 않는데—지금과의 관계(Beziehung)를 부여한다.

어진다. 이러한 구조는 1)뿐 아니라 2), 3), 4)에서도 나타날 것이며, 따라서 집에 대한 여러 유형의 재현(기억, 상상, 기억의 상상, 기억의 기억, 상상의 상상, 상상의 기억 등)에 있어서 이 집의 이미지 현현은 그대로이다.

5 역자주 단순한 기억(die schlichte Erinnerung)은 기억 속에서의 기억(기억에 대한 기억)이나 상상 속에서의 기억(상상된 기억)과는 달리 변양되지 않은 기억을 뜻한다.

이러한 현행적 지금에 대한 관계는―이 관계가 기억의 특징이고 기억을 "한낱 상상"과 구별시켜 주는데 ― 그러나 외부에서 덧붙여진 어떤 것으로 이해되어서는 안 된다. 이러한 관계는 모든 지각이 현행적인 여기와 맺고 있는 관계와 분명하게 유사한 점을 가지고 있다. 더 나아가 모든 기억이 무한한 기억연관(Erinnerungzusammenhang)(어떤 이전)을 지시하는 것처럼, 모든 지각은 무한한 지각연관(Wahrnehmungszusammenhang)(다중적인 무한)을 소급 지시한다. (이때 "여기"는 지각될 수 없다. 즉 "여기" 자체는 기억 자체 속에서 주어지지 않는다.) 우리는 이제 또한 지각을 이 연관의 바깥에서, 순수하게 그 자체로 취할 수 있다. 그러나 이 경우에도 이 연관은, 거기 내실적으로 있지 않더라도, 지각이 다른 지각들과 관계하는 연관으로서 지향 속에 "잠재적으로" 있다. 다시 말해, 우리가 어떤 순간의 완전한 지각을 취하면, 이 지각은 언제나 다음과 같은 형식의 연관들도 가진다. 즉, 이 지각에는 규정적이거나 미규정적인 지향들의 복합체가 속하는데, 이러한 복합체는 이 지각을 더 멀리 이끌어 가고, 그 평가에 있어서 그 후 나타나는 다른 지각들 속에서 충족된다. 이 연관지향들은 잘라내 버릴 수 없다. 개별적 감각에 대해 말하자면, 그것은 실제로는 개별적인 것이 아니다. 다시 말해, 일차적인 내용들은 어디에서나 파악 시선의 담지자이며, 이러한 파악 시선이 아무리 미규정적이라 하더라도 그러한 시선이 없다면 현출하지 않는다. 기억에서도 마찬가지이다. 기억은 스스로 자신의 "연관"을 지니며, 말하자면 그것은 기억으로서의 형식을 가지는데, 우리는 이 형식을 앞으로 향하고 뒤로 향하는 지향적 계기들이라고 서술하는데, 이러한 계기들이 없이 기억은 존재할 수 없다. 이러한 지향적 계기들을 충족하려면, 현행적 지금에까지 이르는 기억 계열들이 있어야 한다. 어떤 기억을 다른 기억들과 연결시키는 지향들을 도외시하면서, 이 기억 자체와 이런 지향들을 분리하는 일은 불가능하다.

기억 "자체"가 이미 이런 지향들을 가지고 있으며 기억으로부터 "그 어떤 단순한 상상"도 추려낼 수 없다. 이제 사람들은 이렇게 말할 것이다. 그래도 기억은 이전의 지금에 대한 기억이며 **준**지각이고 기억은 시간적 경과를 의식하도록 해 주며, 그렇다면 본래적 기억지향에서 [과거와 미래를 향하는] 양쪽 측면을 잘라내 버리면서도 전체 현상을 유지함이 왜 불가능한가? 여기에 대해서는 이렇게 대답할 수 있다. 지각 자체가, 즉 "원본적" 작용 자체가 공간연관뿐 아니라 시간연관도 지닌다. 모든 지각은 파지와 예지로 이루어진 자신의 장을 지닌다. 지각의 변양도—변양된 방식으로—이런 이중의 장을 포함해야 하며, "한낱 상상"을 기억과 구별시켜 주는 것은 이런 지향 복합체 전체의 성격이 기억에서는 현행성이고, 한낱 상상에서는 비현행성이라는 사실이다.

모든 감각은 지금으로부터 새로운 지금 등으로 이끄는 지향들을 가지고 있는데, 그것은 [한편으로] 미래로 향한 지향이고 다른 한편 과거로 향한 지향이다. 기억에 대해 말하자면, 기억도 기억에 있어서의 미래지향들을 가진다. (이 지향들이 일반적으로 충족될 수 있으면) 이 미래지향들의 충족이 [기억되는 과거로부터 기억하는 현행적 지금으로 향하는] 규정된 방향으로 나아가는 한, 그리고 그 내용이 [이미 과거에] 완전히 규정되어 있는 한, 그것들은 완전히 규정된 지향이다. 이에 비해 지각의 경우 미래지향들은 일반적으로 그 질료라는 측면에서 볼 때 비규정적이며 추가적인 실제지각을 통해 비로소 규정된다.([지각에서는] 도대체 무엇인가가 도래할 것이라는 사실만 규정되어 있다.)

이제 과거지향들에 대해 말하자면, 그것들은 지각 속에서 완전히 규정된 지향들이지만, 말하자면 [미래지향과는] 거꾸로 향하는 지향들이다. 그때그때의 지각과 [이 지각이 지시하는] 기억들의 사슬 사이에 규정된 연관이 존재하는데, 그러나 (한 쪽으로만 향하는 지향인) 기억지향들이 이 지각에서 그치는 방식으로 존재한다. 이제 이런 기억들은 당

연히 가능성일 뿐이며, 그래서 기억지향들 중 일부만 예외적으로, 지각
과 더불어 현행적으로 주어진다. 다른 한편 그래도 지각에는 그에 대응
하는 과거지향들이 주어지지만, 이 과거지향들은 저 기억이나 기억연
관에 대응하는, 빈 지향들이다. 현행적 지금을 향하는 공허한 '방금 지
나갔음'과 (이렇게 말할 수도 있을 텐데) 그보다 더 뒤로 밀려난 것과
관계하는 모호하고 공허한 지향들은 모두 지금을 향하고 있다. 이러한
지향들은 [지금] 현행적이 되거나 내지는 충족되는데, 이것이 가능한
것은, 회상에 의해, 말하자면 비약하듯이 우리를 다시 과거에 위치 짓
고 나서 이제 지금에 이르기까지 앞으로 나아가면서 그 과거를 다시 직
관적으로 재현함에 의해서이다.[6] 우리는 이렇게 말할 수 있다. 현재는
언제나 과거에서 태어나며, 당연히 규정된 현재가 규정된 과거에서 태
어난다. 더 좋은 표현을 사용해 말하자면, 어떤 규정된 흐름이 계속 반
복하여 재생되고, 현행적 지금은 가라앉고, 하나의 새로운 지금으로 이
행해 간다. 이는 선험적 유형의 필연성일 수도 있지만, 그래도 "연상"이
그것을 가능하게 해 준다. 다시 말해, 과거의 연관은 경험에 의해 [연상
적으로] 규정되고, 나아가 "그 어떤 일이 일어날 것이다"라는 사실도
경험에 의해 규정된다. 그러나 우리는 이제 이 이차적인 것(시간적 경
험 지향들의 복합체)으로부터 원본적인 것으로 인도되는데, 이처럼 인
도되는 일은 바로 그때그때 지금에서 새로운 지금으로의 이행 이외에

---

6 역자주 지금에 대한 의식인 모든 근원인상에는 곧 도래할 것에 대한 예지가 결합되어
있다. 이 근원인상이 과거로 밀려난 채 파지될 때, 여기 결합된 예지도 과거로 밀려난
채 파지된다. 이처럼 파지되고 있는 예지가 "현행적 지금을 향하는 공허한 '방금 지나
갔음'"이다. 이 파지되는 예지가 공허하게 지향하는 것이 현행적 지금의 근원인상에서
직관되면, 이는 충족된다. 또한 그보다 "더 뒤로 밀려난 것", 즉 비교적 먼 과거에 속하
는 것도 역시 (그 과거와 현행적 지금 사이의) 예지들의 사슬을 통해 현행적 지금까지
이어진다. 이러한 "모호하고 공허한 지향"은, 먼 과거로부터 현행적 지금까지 되짚어 오
면서 그 사이의 기억들을 직관적으로 재현하면 충족될 수 있다.

다른 것이 아니다.

지각의 본질에는 점적인 지금을 시선에 가지고 방금 있었음을 시선으로부터 풀어 주면서도 방금 있었음이라는 독특한 방식으로 여전히 "아직도 의식하고 있다"는 사실뿐 아니라, 지금에서 지금으로 이행해 가면서 [새로운] 지금을 앞서 바라보며 그리로 향해 간다는 사실도 속한다. 깨어 있는 의식, 깨어 있는 삶은 '향하여 살아감', 지금으로부터 새로운 지금을 향하여 살아감이다. 이는 일차적으로는 단지 주목에 대한 이야기가 아니다. 내게는 오히려 (협의이건 광의이건) 주목과는 무관하게, 원본적 지향이, 때로는 비규정적 경험 지향들과 결합하고, 때로는 (과거로부터 기원하는) 다소간 규정된 경험 지향들과 결합하면서, 지금에서 지금으로 나아가는 것으로 보인다. 물론 다소간 규정된 경험 지향들은 이런 결합의 선들을 미리 밑그림 그린다. 그러나 새로운 지금을 향한 지금의 시선, [지금으로부터 지금으로의] 이행은 어떤 원본적인 것이고, 이것이야말로 미래의 경험 지향들에게 비로소 길을 터 주는 것이다. 나는 이것이 지각의 본질이라고 말했다. 이렇게 말하는 것이 더 적절할 것이다. 이는 인상의 본질이다. 이러한 사실은 모든 "일차적 내용", 모든 감각에 대해서도 이미 타당하다. "상상자료"와 기억내용은 그에 각각 대응하는 이 의식[일차적 내용, 즉 감각]의 변양을, 즉 어떤 "준의식"을 뜻한다. 그리고 그것이 진정한 기억이라면, 이 준의식에서 과거에의 편입이 일어난다. 기억 변양의 핵심은 다음과 같다. 기억 변양에서는 해당 계기의 원본적 의식 전체가 완전하게 변양되고, 그러니까 인상의 시선이 그의 연관에 포함되는바, 저 시간 지향들이 완전히 변양되며, 그래서 저 원본적 인상이 이미 그에 편입되었고 동시에 저 인상에게 그의 성격을 부여해 주는바, 저 전체 지향적 연관이 전반적으로 완전히 변양된다.

우리는 감각함을 근원적 시간의식으로 간주한다. 그 속에서 색이나

음 같은 내재적 통일체, 소망이나 애호 같은 내재적 통일체 등이 구성
된다. 상상함은 이러한 시간의식의 변양이고 재현이며, 그 속에서 재현
되는 색깔, 재현되는 소망 등이 구성된다. 그러나 기억과 예상도 재현
이고 혹은 "한낱 상상"도 재현이며 그래서 **단 하나의** 변양이 있다고 말
할 수는 없다. 감각은 현전적 시간의식이다. 재현도 [그 자체로는] 감각
이고 현전하며, 현전적인 시간의식에서 통일체로 구성된다. '지금 현
전'과 '방금 현전'은 차이가 있지만 모두 구체적 현전의식에 속하고, 이
들만이 현전시키는 시간의식 양상이며, 더 나아가 스스로 '지금 현전'
위상을 품은 현전이 있는가 하면, 현행적 지금과 관계를 맺지만 그 자
신은 스스로 '지금 현전점'을 품지 않은 독자적 파지도 있으니, 이 둘을
구별해야 하는데, 후자는 예를 들어 방금 사라져 버린 음에 대한 의식
이다.[7] 이로써 우리는 시간의식의 본질적 양상으로서 다음과 같은 것들

---

7 역자주 원문은 다음과 같다: Als Modi des gegenwärtigenden Zeitbewußtseins
kommen nur die Unterschiede in betracht zwischen Jetzt-Gegenwärtigung und
Soeben-Gegenwärtigung, die zum konkreten Gegenwärtigungsbewußtsein mit
gehören; ferner der Unterschied zwischen Gegenwärtigung, die bei sich ihre Jetzt-
Gegenwärtigungsphase hat, und der selbständigen Retention, die zwar Beziehung
zum aktuellen Jetzt hat, aber selbst nicht einen Jetzt-Gegenwärtigungspunkt in
sich enthält: z. B. das Bewußtsein eines eben verklungenen Tones. 이 문장을 직역
하면 다음과 같다: "현전시키는 시간의 양상들로서 구체적인 현전의식에 속하는 지금
현전과 방금 현전의 차이들만이 고찰의 대상이 된다. 더 나아가 스스로 '지금 현전' 위
상을 품은 현전과, 예를 들어 방금 사라져 버린 음에 대한 의식과 같이, 현행적 지금과
관계를 맺지만 그 자신은 스스로 '지금 현전점'을 품지 않은 독자적 파지 사이의 차이도
있다." 그런데 이 두 문장을 구성하는 앞부분과 뒷부분은 다음과 같은 문제점을 안고
있다. 우선 앞부분은 "양상들"(Modi)이 "차이들"(Unterschiede)과 동격으로 되어 있
어 내용상 문제점을 안고 있다. 또 앞부분에서 왜 "'지금 현전'과 '방금 현전'의 차이"라
고 단수로 하지 않고 "'지금 현전'과 '방금 현전'의 차이들"이라고 복수로 했는지 이해
하기 어렵다. 아마 앞의 "양상들"(Modi)과 격을 맞추기 위해서 그렇게 한 것으로 보인
다. 그러나 굳이 "차이들"이라고 복수로 표현할 필요가 없다. 더 나아가 앞부분에서는
차이들만이 고찰의 대상이 된다고 하고서, 뒷부분에서 또 하나의 차이에 대해 언급하고

을 가지고 있다. 1. 현전작용(현전)으로서의 "감각"과 그와 본질적으로 얽혀 있으나 독자적이기도 한 파지와 예지(넓은 의미의 원본적 영역), 2. 정립하는 재현(기억), 공재현, 재재현(예상),[8] 3. 순수 상상으로서의 상상재현, 이 안에서는 이런 모든 양상이 상상의식에서 나타난다.

있기 때문에, 이 또한 나름의 문제점을 안고 있다. 이러한 여러 문제점 때문에 이 문장의 내용을 살려 가면서 의역하였다.

8 역자주 정립하는 재현, 공(共)재현(Mitvergegenwärtigung), 재재현(Wiedervergegenwärtigung)은 각각 과거, 현재, 미래의 (지금 여기 부재하는) 대상에 대한 존재 정립을 의미한다. 가령 공재현은 어떤 대상을, 지금 여기에는 없지만 다른 곳에 있는 것으로 떠올리는 것이다. 공재현은 29절에서는 "현재기억"이라고 불린다.

회상, 그리고 시간대상과 객관적 시간의 구성[1]

나는 하나의 시간대상에 대한 지각을 "반복"할 수 있다. 그러나 지각들의 이러한 연쇄 속에서는 두 개의 유사한 시간대상들의 연쇄에 대한 의식이 구성된다. 회상 속에서만 나는 동일한 시간대상을 반복해 가질 수 있고, 나는 또한 기억 속에서 이전에 지각한 것이 이후에 지각한 것과 동일한 것이라는 사실을 확인할 수도 있다. 이렇게 두 대상이 동일함을 확인하는 일은 "나는 그것을 지각했다"라는 단순한 기억에서 일어나고, "나는 그것을 지각했다는 사실에 대해 기억한다"라는 두 번째 단계의 회상에서도 일어난다. 그리하여 시간대상은 반복되는 경험 작용들에 있어서 동일한 시간대상이 될 수 있다. 한 번 대상이 주어지면, 그것은 마음먹은 대로 자주 다시 주어질 수 있고 다시 응시될 수 있고 그 후 연쇄하는 서로 다른 작용들 속에서 동일화될 수 있다.

회상은 단지 대상을 재의식함이 아니다. 어떤 시간대상에 대한 지각이 자신의 시간지평을 동반하듯이, 회상은 이러한 지평에 대한 의식도

---

1   저자주 이 부분은 §32 「하나의 객관적 시간구성에서 재생의 역할」에 대한 부록이다.

반복한다. 두 개의 회상은 [두 개의] 유사한 시간대상들에 대한 기억, 가령 두 개의 유사한 음들에 대한 기억일 수 있다. 그러나 이 두 개의 회상이 [단지 유사한 것이 아니라] 동일한 시간대상을 회상함이 되는 것은, 지속하는 내용이 동일할 뿐 아니라 시간지평까지 동일할 때, 다시 말해 두 기억이, 명료함과 흐릿함이나 빈틈의 정도 등에서 차이가 나더라도, 지향적 내용에 있어서는 완전히 동일하게 반복할 때이다. 그러니까 시간대상의 동일성은 회상들에 있어 가능한 어떤 동일화 합치에 의해 통일체로 구성된 산물이다. 주관적 시간흐름 속에서 시간대상이 산출되는데, 이 시간대상은 본질적으로 회상들 속에서 동일화될 수 있고 이를 통해 동일한 술어들의 주어일 수 있다.

현행적으로 현재적인 시간은 방향을 지니며 계속해서 흐름 속에 있으면서 계속해서 어떤 새로운 지금으로부터의 방향을 지닌다. 회상 속에서 시간은 기억되는 매 순간 방향을 지닌 채 주어지기는 하지만, 이 각 점[순간]은 반복해서 동일화될 수 있는 객관적 시간점을 현시하며, [두 시간점 사이의] 시간구간은 오직 객관적 점들에 의해 형성되고 [객관적 점들과 마찬가지로] 역시 반복하여 동일화될 수 있다. 여기에서 동일한 대상이란 무엇인가? 동일성 또는 차이의 계열의 서로 합치하는 형태들을, 일반적인 동일성 안에서 산출하는, 근원인상들과 끊임없는 변양들의 계열, 하나의 유사성의 계열, 이러한 계열이 근원적인 통일체의식을 낳는다. 이러한 변양들의 계열에서 필연적으로 하나의 통일체, [예를 들어] 지속하는(끊임없이 같거나 변화하는) 음이 의식되고, 그 다음에는 시선을 다르게 두면 지속이 의식되는데, 이러한 지속에서 음은 하나의 음이며 변화하거나 변화하지 않는다. 그리고 음은 계속 지속하고, 이 지속은 "더 커진다." 그리고 음은 "그치고" 지나간다. 그러면 이 음의 지속 전체가 지나가 버리고 점점 더 과거로 밀려간다. 그러니까 여기서 음은 지속되는 동안 예컨대 부단히 불변하는 음으로 주어진다. 그러나 자신의 지속 안에서 불변하는 이 음은 어떤 변전(Wand-lung)을 겪는데, 이 변전은 내용과 관계된 것이 아니라, "지속 속에서의 음의 내용"의 전체적인 소여방식과 관계된 것이다. 우리가 현상들에 대해서만 말하면, 바로 다양한 통일체의 형성을 확인한다. 다시 말해, 소여방식이 끊임없이 변전하지만, 지속의 각 점에 대응하는 변전의 선들을 관통하여, 어떤 통일체가, 즉 바로 그 음점이 있다. 그러나 음점은 동일성을 가지고 있음에도 불구하고, 말하자면 시간 깊이의 양상에 있어서, 계속하여 서로 다른 음점이다. 다른 한편 시간적 흐름의 연속성은 통일체를, 즉, 변화하거나 변화하지 않는 내용의 통일체를, 즉 시간대상의 통일체를 부여한다. 과거로 밀려나는 것은 이러한 통일체이다. 그러나 그렇다고 해도 우리는 이와 더불어 아직도 완전한 시간대상을 가지고 있지 않다.

시간을 구성하려면 동일화 가능성이 있어야 한다. 즉, 나는 반복해서 과거로의 기억(회상)을 수행할 수 있고, [내용으로] 채워진 각 시간 부분을 언제나 "다시" 산출할 수 있으며, 지금 내게 현출하는 이 재산출들의 잇따름에서 동일한 것을 즉, 동일한 내용을 지닌 동일한 지속을, 동일한 대상을 포착할 수 있다. 이 대상은 의식의 통일체이며, 이 통일체는 반복되는 작용들 속에서(즉, 시간적 잇따름 속에서) 동일한 것으로 드러날 수 있다. 다시 말해, 지향에 있어서 동일한 것으로서, 즉 임의의 다수 의식작용들에서 동일화 가능한 것으로, 그것도 임의의 다수 지각에서 지각 가능하고 또 다시 지각 가능한 것으로 드러날 수 있다. 나는 이 동일한 "그것이 있다"를 "언제라도" 확신할 수 있다. 그렇게 시간 속에 있는 하나의 사건, 그것을 나는 처음 경험하고, 반복되는 재경험을 통해 다시 경험하면서, 그것의 동일성을 포착할 수 있다. 나는 생각 속에서 그것으로 언제나 다시 돌아갈 수 있으며, 원본적 재경험을 통해 이 생각을 입증할 수 있다. 그리고 그렇게 비로소 객관적 시간이 구성되며, 일단은 방금 지나간 것의 객관적 시간이 구성되는데, 이러한 객관적 시간과의 관계에서 볼 때, 지속이 산출되는 경험 과정과 그 전체 지속의 각 파지들은 단지 "음영"이다. 나는 내용을 가지고 있는 흐름이라는 하나의 근원적 도식을 가지며, 여기 덧붙여서 "나는 할 수 있다"라는 근원적 다양체를 가진다. [이러한 근원적 다양체에 따르면] 나는 흐름의 각 위치로 돌아갈 수 있고 흐름을 "다시 한번" 산출할 수 있다. 객관적 공간을 구성할 때와 마찬가지로, 여기에도 하나의 최적(Optimum)이 있다. 단적인 돌아봄 속에서 지속의 이미지는 불명료하다. 명료한 재산출 속에서 나는 그것 "자체"를 가지게 되는데, 이 재산출이 더 명료할수록 그것 자체도 더 온전하게 가진다.[2]

2　역자주 단순한 돌아봄(단순한 붙듦)과 재산출의 차이에 대해서는 15절 「재생의 수행양상」을 참조하라.

지각과 지각된 것의 동시성[1]

우리는 어떤 권리로 지각과 지각된 것이 동시적이라고 말할 수 있는가? (소박한 태도에서 보면) 객관적 시간에 있어서 이런 말은 맞지 않다. (별이 그렇듯이) 지각된 대상이 지각의 시간점에는 이미 더 이상 존재하지 않을 수도 있기 때문이다. 이러한 입장에서는 지각의 시간점과 지각된 것의 시간점이 심지어 언제나 분리된다고 말해야 할 것이다.

(이제 현상학적 태도에서,) 그 안에서 어떤 초월적 대상이 지속하는 바, 현출하는 객관적 시간을 취해 보자. 그러면 지각의 지속과 지각된 대상의 지속은 합치하지 않는다. 그러니까 우리는 지각대상이 지각되기 이전에도 이미 존재했었고 지각이 경과한 후에도 여전히 존속할 것이라고 말한다. 그러나 우리는 지각대상이 어떤 가능한 연속적 지각의 상관자라고 말할 수 있는데, 이러한 지각은 지각대상의 지속이 시작해서 끝날 때까지 지각대상을 추적해 간다. 그렇게 보면, 대상 지속의 각 위상에는 지각 위상이 각각 대응한다. 그러나 그렇다고 해서 대상 지속

1　저자주 이 부분은 §33 「몇 가지 선험적 시간법칙」에 대한 부록이다.

의 시작점과 지각의 시작점이 합치해야 한다는 것은 아니고, 이를 통해 대상 지속과 지각 지속에 있어 상응하는 위상들의 시간점이 동일해야 만 하는 것은 아니다. 이를 위해서 우리는 초월적 대상의 구성에 있어 어떤 역할을 수행하는 감각소여 자체가 시간 경과 속에서 구성된 통일체라는 사실을 고려해야 한다. [감각소여에 대한] 파악이 시작되는 순간, 이와 더불어 지각이 시작되며 그 이전에는 지각에 대해 말할 수 없다. 파악은 감각소여에 "혼을 불어넣는 작용"이다. 그러나 여기에서 물어보아야 할 것은 감각소여와 더불어 파악이 동시에 시작하는가, 아니면 혼을 불어넣는 파악이 시작하려면 그 전에 감각소여가 (단지 미분적 시간 동안이라도) 이미 구성되어 있어야 하는가이다. 후자가 맞는 것 같다. 그렇다면 파악이 시작되는 순간에 이미 감각소여의 한 부분이 지나갔고 다만 파지에 의해 유지되고 있다. 이제 파악은 그때그때의 근원감각 위상에 혼을 불어넣을 뿐 아니라, 지나간 구간을 포함해서 감각소여 전체에 혼을 불어넣는다. 그런데 이것이 뜻하는 것은 파악이 감각경과의 지속 전체에 대해, 그러니까 그것(지각파악 자체)에 선행하는 시간 부분에 대해서도, 감각경과에 대응하는 속성을 가지고 있는 대상을 정립한다는 사실이다. 그러므로 지각의 시작점과 대상의 시작점 사이에는 시간 차이가 있다. 하나의 감각소여가 현출하는 "외적 조건들"을 해명함으로써, 앞서 언급된 지각과 지각된 것의 비동시성이라는 자연주의적 주장도 아마 명료하게 될 수 있을 것이다.

이제 초월적 대상을 배제하고, 내재적 영역에서 지각과 지각된 것의 동시성은 어떤지 묻도록 하자. 여기에서 지각을 내재적 통일체가 주어지는 반성작용으로 간주하면, 반성작용은 그것이 돌이켜 볼 수 있는 어떤 것이 이미 구성되었다는 사실(그리고 파지에 의해 유지되고 있다는 사실)을 전제한다. 그렇다면 지각은 지각된 것 이후에 현출하며 지각된 것과 동시적이지 않다. 그러나 (우리가 살펴본 것처럼) 반성과 파지는 해당하는 내재적 소여의 근원적 구성 과정에서, 이 소여에 대한 인상적인 "내적 의식"을 전제하며, 이 내적 의식은 그때그때 근원인상과 구체적으로 하나이고 그것과 불가분적이다.[2] 우리가 "내적 의식" 역시 "지각"이라고 표현하면, 여기에서 지각과 지각된 것은 실로 엄밀하게 동시적이다.

---

2 저자주 "내적 의식"에 대해서는 부록 12를 참조하라.

절대적 흐름의 포착
— 지각의 네 가지 의미[1]

여기에서 논의하는 대상은 구성되어야 하는 시간대상이다. 감성적 씨알(파악 없는 현출)은 "지금" 있고, 방금 있었으며, 그보다 더 이전에 있었다. 이러한 지금 속에는, 지금 의식되는 지속의 모든 단계의 지나간 지금에 대한 파지가 함께 존재한다. 모든 지나간 지금은 자신 안에 그보다 이전의 모든 단계를 파지적으로 품고 있다. 새 한 마리가 막 양지바른 뜰을 가로질러 날아간다. 나는 이 위상을 막 붙잡는데, 이 위상 속에서 나는 이 시간위치의 지나간 음영들에 대한 파지의식을 발견하며, 이는 모든 새로운 지금에서도 마찬가지이다. 그러나 각 위상의 시간 꼬리는 그 자체가 시간에 있어 뒤로 가라앉으며 음영들을 가지는 것이다. 각 지금의 내용 전체가 과거로 가라앉는다. 그러나 이런 가라앉음의 과정 자체가 무한히 재생되는 것은 아니다. 새는 위치를 바꾼다. 새는 날아간다. 각각의 새로운 위치에서 새에게는(즉, 새의 현출에는) 이전 현출들의 여운이 들러붙는다. 그러나 새가 계속 날아가는 동안 이 여운의 각

---

1   저자주 이 부분은 §34 이하에 대한 부록이다.

246 제2부 시간의식 분석에 대한 1905년-1910년의 추가연구 및 보충연구

위상은 모두 차차 사라지고 그렇게 이어지는 각 위상에는 "여운들"의
계열²이 속한다. 그래서 우리는 연쇄하는 위상들의 단순한 계열(가령
하나의 위상을 가지고 있는 각각의 현행적 현재)을 가지고 있지 않고,
각각의 개별적인 연쇄 위상 각각에 속하는 하나의 계열을 가지고 있다.

그러므로 현상학적 환원을 하면 모든 시간적 현출은 그러한 흐름으로
용해된다. 그러나 나는 모든 것이 용해되는 이 의식 자체를 또 지각할
수는 없다. 왜냐하면 [이렇게 지각할 수 있으면] 이 새롭게 지각된 것
[모든 것이 용해되는 흐름 혹은 의식]은 다시 시간적인 것일 테고 따라
서 다시 자신과 같은 유형의 구성하는 의식을 소급 지시할 터이며 이는
무한히 진행될 것이기 때문이다. 그래서 구성하는 흐름에 대해 내가 어
떻게 아는가 하는 물음이 제기된다.³

이제까지의 설명에 따르면, 시간대상에 대한 기술(그리고 구성)의
단계는 다음과 같다. 우리는 다음의 것들을 가지고 있다.

1. 일상적 의미의 경험적 대상에 대한 지각. 저기 그 대상이 있다 등등.

2. 현상학적 고찰에서 나는 대상을 현상으로서 취한다. 나는 지각을
향하며, 현출과 그에 상관적인 현출하는 것을 향한다. 현실적 사물은
현실적 공간 속에 있고, 현실적 시간 속에서 지속하고 변화한다 등등.
지각에서 현출하는 사물은 현출공간과 현출시간을 가지고 있다. 또한
현출함 자체, 그리고 모든 의식형태는 자신의 시간, 다시 말해 자신의
지금과 "지금과 이전"이라는 형식 속에서 자신의 시간연장, 즉 주관적
시간을 가지고 있다.

여기에서 다음을 유념해야 한다. 지각대상은 "주관적 시간" 속에서
현출하고, 기억대상은 기억되는 [주관적] 시간 속에서, 상상대상은 상

---

2 역자주 Serie는 Reihe와 거의 같은 뜻을 지니며 따라서 Reihe와 마찬가지로 "계열"
로 옮긴다.
3 저자주 §40을 참조하라.

상되는 주관적 시간 속에서, 예상대상은 예상되는 [주관적] 시간 속에서 현출한다. 지각, 기억, 예상, 상상, 판단, 감정, 의지, 한마디로 반성의 대상인 모든 것은 동일한 주관적 시간 속에서 현출하며, 그것도 지각대상이 현출하는 주관적 시간과 동일한 시간 속에서 현출한다.

3. 주관적 시간은 대상이 아닌, 절대적이고 무시간적인 의식 속에서 구성된다. 이제 이 절대적 의식이 어떻게 주어지는지 숙고해 보자. 우리는 음-현출을 가지고 있고, 우리는 이 현출 자체에 주목한다. (어떤 사물로 생각되는) 바이올린 음이 지속함과 마찬가지로, 음-현출도 자신의 지속을 가지고 있으며, 이 지속 안에서 불변하거나 변화한다. 나는 이 현출의 어느 위상에 주목할 수 있다. 여기에서 현출은 내재적인 음이거나 내재적인 음의 운동이며, 이때 이 음의 [바이올린 음이라는] "의미"는 도외시한다. 그러나 이것은 궁극적 의식이 아니다. 이 내재적인 음도 [의식에 의해] "구성"되며, 말하자면 우리는 그때그때 주어지는 음-지금과 함께 연속적으로 음-음영들도 가지고 있다. 이 음 음영들에서 이 지금에 관련한 음의 과거 구간들이 현시되기도 한다. 우리는 이 음 음영들의 계열에 어느 정도 주목할 수 있다. 우리는 예를 들어 어느 선율을 듣다가 (말하자면) 한 순간 선율을 멈추게 하고, 여기에서 선행 음들의 기억 음영들을 발견한다. 이와 같은 작업을 [선율을 이루는] 각 개별 음에 대해서도 할 수 있음은 분명하다. 그러면 우리는 계열 내지 연속성 속에서 존재하는 내재적 음-지금과 내재적 음-지나감을 가진다. 그러나 우리는 여기 덧붙여 [이들에 상관적으로, 의식 측면에서는] 지금에 대한 지각과 과거에 대한 기억이라는 연속체를 가질 것이다. 그리고 이 전체 연속체 자체가 하나의 지금이어야 한다. 실제로 나는 대상 의식 속에서 살아가면서 지금점으로부터 과거를 돌아본다. 다른 한편, 나는 대상 의식 전체를 하나의 지금으로 포괄하면서, "지금"이라고 말할 수 있다. 나는 그 순간을 붙들고 이 의식 전체를 하나의

'함께 있음'으로서, 하나의 동시로 파악한다. 나는 긴 기적 소리를 막 듣는다. 그 소리는 연장된 직선과 같다. 나는 [이 음이 들리는 동안] 매 순간마다 멈추고 거기에서부터 직선[음]은 연장된다. 이 순간의 시선 은 직선 전체를 포괄하며, 직선에 대한 의식은 기적 소리의 지금점과 동시적으로 파악된다. 그러니까 나는 여러 가지 의미에서 지각을 가지 고 있다.[4]

　1. 나는 기적에 대한 지각, 또는 더 적절히 말하자면, 기적 소리에 대 한 지각을 가지고 있다.

　2. 나는 지속하는 음 내용 자체에 대한 지각, 지속 속에 있는 음 사건 에 대한 지각을 가지고 있다. 이때 이 사건이 어떻게 자연에 편입되는 지는 도외시한다.

　3. 음-지금에 대한 지각, 그리고 이와 동시에 그와 결합된, '음이 방 금 있었음'에 대한 주목.

　4. 지금[이라는 시점]에서 시간의식에 대한 지각. 즉 나는 기적 소리 의 지금-현출함 내지 어떤 음의 지금-현출함에, 그리고 이러저러하게 과거로 연장된 기적 소리의 지금-현출함에 주목한다(나에게는 이 지금 에서, 하나의 '지금 기적 소리 위상'과 음영 연속체가 나타난다).

　이 지각들 중 마지막 지각과 관련하여 어떤 난점이 있는가? 당연히 나는 시간의식 자체가 대상이 되지 않은 채 시간의식을 가지고 있다. 그리고 내가 그것을 대상으로 삼으면, 그것 자체는 다시 하나의 시간위 치를 지니며, 내가 한 순간에서 다른 순간으로 그것을 따라가면, 그것 은 시간연장을 가진다. 그러한 지각이 있다는 사실에는 의심의 여지가 없다. 붙잡는 시선이 음 위상들의 흐름에 주목할 수 있는 것처럼 이 시 선은, 그 안에서 사물적인 대상이 현시되는바, 현출함의 지금 속에서

4　저자주 §17과 §18을 참조하라.

음 위상들의 연속성에도 주목할 수 있으며, 다시 이러한 순간 연속체가
변화할 때, 그 변화들의 연속체에도 주목할 수 있다. 이러한 "변화"의
시간은 대상적인 것의 시간과 동일한 시간이다. 예를 들어 불변하는 음
이 들릴 경우, 내재적 음의 주관적인 시간 지속은 현출들의 변화 연속
체의 시간적 연장과 동일하다.

그러나 여기에 매우 특이한 점이 있지 않은가? 여기서는 불변, 변화
없이 채워진 지속이 가능하지 않은데, 이런 곳에서 본래적 의미의 변화
에 대해 이야기할 수 있는가? 현출위상들의 끊임없는 흐름에서는 어떠
한 불변도 가능하지 않다.

근원적 흐름 안에서는 그 어떤 지속도 없다.[5] 왜냐하면 지속은 지속
하는 어떤 것의 형식이고 지속하는 어떤 존재의 형식이며, 시간계열에
있어서—이 시간계열이 동일한 것의 지속으로 기능하는데—동일한
것의 형식이기 때문이다. 뇌우, 별똥별 운동 등의 사건은 지속하는 대
상들이 변화하는 통일적 연관이다. 객관적 시간은 "존속하는" 대상의
형식이고 이것이 변화하는 형식이며 이것에게 일어나는 여타 사건들의
형식이다. 그러니까 "사건"은 존속을 전제하는 개념이다. 그러나 존속은
흐름 속에서 구성된 통일체이고, 이 흐름의 본질에는 그 안에 어떠한
존속도 존재할 수 없다는 사실이 속한다. 흐름 속에는 체험 위상들이
있고 끊임없는 위상 계열들이 있다. 그러나 이러한 위상은 존속하는 것
이 아니고 끊임없는 계열도 존속하는 것이 아니다. 물론 위상도 일종의
대상성이다. 나의 시선은 흐름 속에서 두드러진 위상으로, 또는 흐름의
어느 구간으로 향할 수 있고 반복되는 재현 속에서 그것을 동일화[확
인]할 수 있으며, 계속해서 이것으로 돌아가면서 "흐름의 이 구간"이
라고 말할 수 있다. 그리고 나는 고유한 방식으로 하나의 이 흐름으로

---

[5] 저자주 이하 내용에 대해서는 특히 §36을 참조하라.

동일화할 수 있는 흐름 전체에 대해서도 그렇게 할 수 있다. 그러나 이 흐름의 동일성은 어떤 존속하는 것의 통일체가 아니고 결코 그런 것이 될 수도 없다. 존속의 본질에는 존속하는 것이 불변하거나 변화하면서 존속할 수 있다는 사실이 속한다. 모든 변화는 이념상 불변으로 이행해 갈 수 있고, 운동은 정지로 이행해 갈 수 있으며, 반대 방향으로도 이행이 일어날 수 있다. 그리고 질적 변화는 불변으로 이행해 갈 수 있다. 이러한 불변의 경우, 지속은 "동일한" 위상들로 채워진다.

그러나 흐름 속에서는 원칙적으로 어느 부분에서도 비-흐름(Nicht-Fluss)이 등장할 수 없다. 이 흐름은 객관적 흐름이 그런 것처럼 우연적 흐름이 아니다. 결코 흐름 위상들의 변전이 중단되고 늘 동일한 위상들의 연속함으로 이행해 갈 수 없다. 하지만 비록 흐름의 어떠한 부분도 비-흐름으로 변전할 수 없다고 하더라도, 흐름 역시 어떤 방식으로는 머무는 것을 가지고 있지 않을까? 무엇보다도 흐름의 형식적 구조가, 흐름의 형식이 머문다. 다시 말해 흘러감이 그저 흘러감일 뿐 아니라, 이 흘러감에서 모든 각 위상이 하나의 동일한 형식을 지닌다. 변치 않는 형식은 늘 새로이 "내용"으로 채워지지만, 이 내용은 형식 바깥에서 안으로 끌어들여진 것이 아니라, 법칙적 형식에 의해 규정된다. 다만 법칙성 홀로 이 구체적인 것[내용]을 규정하지는 않는다. 이 형식은 하나의 지금이 인상을 통해 구성된다는 것, 그리고 인상에 파지들이라는 꼬리가 결합되고 예지들의 지평이 결합된다는 것이다. 그러나 이 머무는 형식은 하나의 근원사태인바, 부단한 변전에 대한 의식을 포함하고 있다. 이 근원사태는 끊임없이 거기서 다시 인상이 [생겨나] 존재할 때 [확인할 수 있는] 인상의 파지로의 변전에 대한 의식이거나, 또는 인상의 그 무엇[내용]과 관련해서는, 방금 전에는 아직 "지금"으로 의식된 것이 "방금 있었음"의 성격으로 변양할 때 [확인할 수 있는] 그 무엇[내용]의 변전에 대한 의식이다.

그러니까 우리는 이처럼 이해하면서 (이미 전에 암시했던 것처럼) 그 안에서 음-현출의 시간의식의 시간[주관 시간]이 구성되는바, 시간의식[근원적 흐름]에 대한 물음에 다다르게 된다.

내가 음-현출 속에서 살아가면, 이 음이 나에게 있고 이 음이 스스로 [불변하며] 지속하거나 변화한다. 내가 음의 현출함에 주목하면, 음의 현출함이 거기에 있고, 이것은 이제 자신의 시간적 연장, 자신의 지속 또는 변화를 가진다. 여기에서 음-현출함은 다양한 것을 뜻할 수 있다. 그것은 지금, 방금 등의 음영 연속체에 대한 주목을 뜻할 수도 있다. 이제 흐름(절대적 흐름)도 다시 대상적이 되어야 하고 다시 자신의 시간을 가져야 한다. 여기에서 다시 이 대상성을 구성하는 의식이, 이 시간을 구성하는 의식이 필요할 것이다. 원칙적으로 우리는 다시 반성할 수 있고 무한히 반성할 수 있다. 여기에서 이런 무한소급이 무해한 것으로서 입증될 수 있는가?

1. 음이 지속하고 위상 연속성 속에서 구성된다.

2. 음이 지속하는 동안, 또는 음이 지속하는 한, 이 지속의 각 점에는 그 해당 지금에서 시작해 흐릿한 과거까지 이어지는 음영들의 계열이 속한다. 그러니까 우리는 끊임없는 의식을 가지는데, 이 의식의 각 점도 끊임없는 연속체이다. 그러나 이 연속체는 다시 우리가 그에 대해 주목할 수 있는 하나의 시간계열이다. 우리가 이 시간계열의 어느 한 점에 주목하면, 여기에는 지나간 계열들의 계열[6]에 관계하는 과거의식이 속해야 하는 것처럼 보인다.

이제 반성이 무한하게 수행되지 않고 도대체 어떤 반성도 필요하지 않더라도, 이런 반성을 가능하게 하는 어떤 것, 그리고 우리에게 그리

---

6 역자주 원문은 die Serie der vergangenen Reihen인데, Serie와 Reihe가 모두 계열을 뜻하기 때문에 "지나간 계열들의 계열"로 옮겼다.

보이듯이, 이런 반성을 적어도 원칙적으로 무한하게 가능하게 하는 어떤 것이 있어야 한다. 그리고 여기에 문제가 있다.

동시성의 구성[1]

가령 어떤 음 a가, 그것의 지속에 있어서 볼 때 다양한 위상들 중에서 어떤 특정한 한 위상에 속하는 시간점에서 하나의 근원인상 α에 의해 구성되며, 그 근원인상에는 새로운 인상들(새로운 지금 순간들)의 근원발생과 더불어 이러저러한 변양이 이어진다. 이와 동시인 내재적 통일체, 가령 어떤 색을 b라 하고, 저 음의 점과 "동시인" 어떤 점이 주시되었다고 해 보자. 이 점에는 구성에서 [b를 구성하는] 근원인상 β가 대응한다. 그러면 이제 α와 β는 무엇을 공통적으로 가지고 있는가? 그들이 동시성을 구성하고, 그들의 변양인 α'과 β'이 [α와 β가 과거에] 동시적이었음을 구성할 수 있도록 해 주는 것은 무엇인가?

내적 의식의 하나의 층위[2]에는 다양한 근원인상과 근원상상 자료 등이, 한마디로 말해 다양한 근원계기들이 속할 수 있다(이를 내적 의식

---

1 저자주 이 부분은 §38 「의식흐름의 통일체, 그리고 동시성과 잇따름의 구성」에 대한 부록이다.
2 역자주 여기에서 하나의 층위(Schicht)에 속한다는 것은 여러 근원계기들이 동시적임을 의미한다.

의 근원계기들이라고 부를 수도 있다). 하나의 층위에 속하는 모든 근원계기는 동일한 의식적 성격을 가지고 있는데, 이 성격은 본질적으로 해당 지금을 위해 구성적인 역할을 수행한다. 이 지금은 모든 구성된 내용들에 대해 같은 지금이고, 이러한 공통 성격이 동시성을, "같은 지금임"을 구성한다.

내적 의식의 근원적 자발성 덕분에 모든 근원계기는 연속적 산출[3]을 위한 원천점이고, 이러한 연속성은 동일한 형식을 가지고 있으며, 산출의 방식, 근원시간적 변양의 방식은 모든 근원계기들에 대해 동일하며, 하나이며 동일한 법칙성이 모든 변양들을 지배한다. 이 법칙성은 다음과 같다. 내적 의식의 끊임없는 산출은 일차원 직선 다양체라는 형식을 가지고 있고, 한 층위의 모든 근원계기는 같은 변양을 겪는다(같은 과거 계기를 산출한다). 그러므로 같은 층위에 속하는 두 근원계기들의 변양들이면서 해당 근원계기들로부터 거리가 같은 변양들은 서로 같은 층위에 속한다. 또는 하나의 층위에 속하는 변양들도 언제나 하나의 같은 층위에 속하는 변양들만 산출한다. 산출은 언제나 같은 속도로 일어난다.

각 층위에서 끊임없는 계열의 서로 다른 점들은 [각각의] 근원계기로부터 서로 다른 거리를 가지고 있다. 어느 점이 가지고 있는 이러한 거리는 이 점이 이전 층위에 있는 자기의 근원계기로부터 떨어져 있는 거리와 동일하다. 시간의식을 구성하는 근원장은 하나의 근원계기 및 반복되는 변양들의—내용이 아니라 형식에 있어서 반복되는 변양들의—특정 순열로 이루어진 끊임없는 연장이다. 이 변양들의 규정성은 그 형식에 있어서 볼 때 (이어지는) 모든 근원장에서 늘 반복해서 같다. 모든 근원계기는 바로 근원계기(지금의식)이고, 모든 지나간 것은 과거

---

3 역자주 여기에서 산출은 가령 파지와 예지 등을 뜻하며, 이것이 내적 의식이 지니는 근원적 자발성이다.

의식이며, 지나감의 정도는 어떤 규정된 것이다. 즉, 이 지나감의 정도에 근원적으로 구성하는 의식의 확고하게 규정된 형식적 성격이 대응한다.

층위들이 서로 잇따르는 가운데, 같은 "내용"의 계기들, 즉 같은 내적 내역(Bestand)의 계기들이 근원계기로서 늘 다시 등장할 수 있다. 이 근원계기들은 내적 내용이 완전히 같더라도, 서로 다른 층위에 속하면 개체적으로는 서로 다르다.

의식흐름의 이중적 지향성[1]

우리는 의식흐름 속에서 이중적 지향성을 가지고 있다. 한편으로 우리는 흐름의 형식을 지닌 흐름의 내용을 고찰한다. 이 경우 우리는 근원체험의 계열, 지향적 체험들의 계열, 즉 '…에 대한' 의식들[의 계열]을 고찰한다. 다른 한편 우리는 지향적 통일체로, 즉, 흘러가 버리는 흐름 속에서 통일적인 것으로서 지향적으로 의식된 것에게로 시선을 돌릴 수 있다. 이 경우 우리에게는 객관적 시간에서의 대상이 현출하며, 체험흐름의 시간장과 대비되는 본래적 시간장[2]이 나타난다.

[첫 번째 지향성에서] 자신의 위상들과 구간들을 가지고 있는 체험흐름은 소급기억에 의해 동일화될[확인될] 수 있는 하나의 통일체인데, 이때 소급기억의 시선은 흐르는 것, 즉, 인상들과 파지들, 출현함과 법칙적 변전함과 사라짐 또는 어두워짐을 향한다. 이러한 [흐름] 통일체는 흐름이라는 사실 자체를 통해 원본적으로 구성된다. 말하자면 흐

---

1 저자주 이 부분은 §39「파지의 이중적 지향성과 의식흐름의 구성」에 대한 부록이다.
2 역자주 여기서 '본래적' 시간장은 '통상적' 시간 개념이라는 의미이다.

름의 고유한 본질은 [그것이 그저 흐름으로서] 존재한다는 사실뿐 아니라, 내적 의식 속에서 체험통일체로서 존재하고 주어진다는 사실인데, 이러한 내적 의식 속에서 주목하는 시선이 흐름을 향할 수 있다(이 시선 자체는 주목되지 않고, 흐름을 더 풍부하게는 하지만, 주목되는 흐름을 변화시키지 않으며, 다만 "응시"하여 대상으로 만든다). 이처럼 흐름 통일체를 주목하는 지각은 그 자체가 변화하는 내용을 가지고 있는 지향적 체험이며, 기억이 지나간 것을 향할 수도 있고 지나간 것을 반복 변양할 수도 있으며 그와 비슷한 것들과 비교할 수도 있다. 이런 동일화가 가능하고 여기서 하나의 대상이 구성되는 것은 말하자면 흐름의 각 위상이 '…의' 파지로 변전하고 파지 또한 다시 그것의 파지로 변전한다는, 체험의 구조 자체 때문에 가능하다. 이런 일이 없으면 체험이 내용으로 주어짐은 상상할 수도 없고 그렇지 않으면 체험은 원칙적으로 주관에게 통일체로 주어지지 않고 주어질 수도 없으며 따라서 아무것도 아닐 것이다. 흘러감은 근원장(그러니까 직선 연속체)의 각 위상이, 다만 지나가 버린 동일한 위상의 파지변양으로 이행해 감이다. 이렇게 변양은 계속된다.

두 번째 지향성에서 나는 [첫 번째 지향성에서처럼] 통일적 변전계열인 장들의 흐름, "다양한 단계의 지금(원본)으로부터 파지로의 변양"[3] 형식의 흐름을 따라가지 않고, 각 장에서, 그리고 직선 연속체인 장의 각 위상에서, 지향된 것으로 시선을 향한다. 모든 위상은 하나의 지향적 체험이다. 이전의 [첫 번째 지향성에서의] 대상화에 있어서 [대상을] 구성하는 체험들은 내적 의식의 작용이었는데, 이 내적 의식이 구성하는 대상은 바로 시간을 구성하는 의식의 "현상들"이다. 그러니까

---

3   역자주 원문은 "jetzt (original)-retentionale Modifikation"이라 되어 있다. 이는 "원본으로서의 지금으로부터 파지로 이행해 가는 변양"을 뜻하며 따라서 "지금(원본)으로부터 파지로의 변양"으로 옮겼다.

이 현상들은 그 자신 다시 지향적 체험이며, 이런 지향적 체험이 구성하는 대상은 그때그때 대상으로 채워지는 시간점과 시간 지속이다. 절대적 시간흐름이 흐르는 동안, 지향적 위상들이 밀려나, 이러한 지향적 위상들이, 바로 흘러가는 현상들에서 음영지는 한 대상의 현상들처럼, 서로 합쳐 통일체를 구성하고 서로에게로 이행해 가며 그래서 우리는 "어떠함에서의 대상"을, 그것도 늘 새로운 어떠함에서의 대상을 가진다. 대상의 이러한 어떠함의 형식은 지금의 것, 방금 지나간 것, 미래의 것과 같은 정위(Orientierung)를 뜻한다. 그러면 우리는 대상과 관련해서 다시 흐름을 말할 수 있는데, 이 흐름 속에서 지금은 과거로 변전한다. 그리고 이처럼 체험흐름에서 지금이 과거로 변전하는 일은 필연적으로 지향적 체험들의 흐름인 체험흐름의 구조를 통해 선험적으로 앞서 그 윤곽이 그려져 있다.

파지는 지각의식의 고유한 변양인데, 이 지각의식은 시간을 구성하는 근원적 의식 속에서는 근원인상이며, 시간대상과 관련해서는—이 대상이 (음의 장에서 지속하는 음이나 시각장에서 색 자료 같은) 내재적 시간대상이라 하면—(충전적인) 내재적 지각이다. $W(t)$가 감각되는 음을 지속하는 음으로 포착하는, 어떤 음 t에 대한 지각이라고 하면, $W(t)$는 파지 $R_{W(t)}$들의 연속체로 변전한다. 그러나 음 지각 $W(t)$는 또한 내적 의식 속에서 체험으로서 주어진다. 음 지각 $W(t)$가 이것의 파지 $R_{W(t)}$로 변전하면, 내적 의식 속에서 바로 음 지각의 파지 $R_{W(t)}$에 대한 내적 의식이 필연적으로 변전한다. 왜냐하면 여기에서는 확실히 있음과 내적으로 의식됨이 일치하기 때문이다. 그러나 이제 $W(t)$에 대한 내적 의식도 역시 이 내적 의식의 파지변양으로 변전하고 이 파지변양 자체도 내적으로 의식된다. 그러니까 '방금 지각되었음'이 의식된다.

음 지각이, 그에 대응하는 파지(방금 있었던 음에 대한 의식)로 이행해 가면, 방금 있었던 지각함에 대한 의식이 (내적 의식에서, 체험으로 서) 나타나며, 이러한 방금 있었던 음에 대한 의식과 방금 있었던 지각 함에 대한 의식은 서로 합치하며, 하나 없이는 다른 것도 없다. 달리 표 현하면, 대상 지각이 이 지각의 파지변양으로 넘어감과 지각함이 지각 함의 파지변양으로 넘어감은 필연적으로 함께 있다. 그러므로 필연적 으로 이중의 파지변양이 있는데, 이 변양들은 내적 의식의 지각이 아닌 다른 모든 지각들에서 주어진다.[4] 내적 의식은 하나의 흐름이다. 이 흐 름 속에서, "내적 지각들" 외의 다른 체험들이 가능하려면 이중의 파지 계열들, 그러니까 "내적" 파지[종단지향성]에 의해 흐름을 통일체로 구 성하는 일 외에도, "외적" 파지[횡단지향성]의 계열도 있어야 한다. 외 적 파지는 객관적 시간을 구성한다(객관적 시간은 구성된 내재로서, 전 재[흐름 통일체]에 대해서 외적이지만, 그래도 내재적이다). 여기에서 주의할 점은 내적 의식이 [의식되는] 상관자로서 (음 소여, 지속하는 기쁨, 고통, 또는 판단이라고 불리는 지속 사건 같은) 지속하는 내재적 자료들이 아니라, 이런 통일체들을 구성하는 위상들을 가지고 있다는 사실이다.

---

4 역자주 내적 의식의 지각에서는 지각대상의 파지변양은 나타나지 않고 지각함의 파 지변양만 나타나는데, 이는 내적 의식 자체에 (지각될 수 있는) 대상이 없기 때문이다. 내적 의식에는 (대상을 향한) 횡단지향성이 있지만, 내적 의식의 지각(의식)은 (그 의 식 자체의) 종단지향성이다.

근원의식, 그리고 반성 가능성[1]

파지는 인상 자료들이 형식만 변화한 채 그대로 내실적으로 포함되어 있는 변양이 아니다. 파지는 하나의 지향성, 그것도 독특한 유형의 지향성이다. 하나의 근원자료 또는 새로운 위상이 떠오를 때, 앞선 근원자료 또는 위상은 사라지는 것이 아니라 "붙잡혀 유지되며"(즉, 바로 "파지"되며), 바로 이러한 파지 덕에 지나간 것을 돌아봄이 가능하다. 그러나 파지 자체는 돌아봄이, 즉 지나간 위상을 대상으로 만드는 돌아봄이 아니다. 나는 지나간 위상을 붙잡고 있으면서 현재 위상을 가로질러 살고 (파지 덕에) 현재 위상을 [지나간 위상들에] "덧붙여" 취하며, 다가올 것을 (예지에서) 향한다.

하지만 나는 지나간 위상들을 붙잡아 가지기 때문에, 어떤 새로운 작용 속에서 이 지나간 위상들로 시선을 향할 수 있는데, 우리는 이 새로운 작용을, 지나간 체험함이 새로운 근원자료 속에서 여전히 계속해서

---

1 저자주 이 부분은 §39 「파지의 이중적 지향성과 의식흐름의 구성」과 §40 「구성된 내재적 내용들」에 대한 부록이다.

산출되고 있는지, 그러니까 인상인지, 아니면 지나간 체험함이 이미 완결되어 전체로서 "과거로 밀려났는지"에 따라, 반성(내재적 지각)이라 부르기도 하고 회상이라 부르기도 한다. 이 [반성 또는 회상] 작용과 파지의 관계는 이 작용이 파지를 충족하는 관계이다. 파지 자체는 "작용"(다시 말해 파지 위상들의 계열 속에서 구성된 내재적 지속 통일체)이 아니라, 지나간 위상에 대한 순간의식이면서 동시에 그 다음 위상의 파지의식을 위한 토대이다. 모든 위상이 파지를 통해 이전 위상을 의식하면서, 지향들의 사슬 속에서 지나간 파지들의 계열 전체를 자기 안에 품는다. 바로 그를 통해서 시간도해에서 수직선 계열들로 묘사되었고, 돌이켜 보는 작용의 대상인 지속통일체들이 구성된다. 이 돌이켜 보는 작용 속에서, 구성되는 통일체(예를 들어 파지에서 유지되는, 지속하며 불변하는 음)와 함께 구성하는 위상들의 계열이 주어진다. 그러니까 의식이 대상이 될 수 있음은 파지 덕분이다.

우리는 이제 다음의 질문을 던질 수 있다. 구성되는 어떤 체험의 시작위상은 어떠한가? 시작위상도 단지 [이 위상에 대한] 파지에 의하여 주어지며, 따라서 거기에 파지가 연결되지 않으면 "무의식적"(unbe-wußt)이 될까? 이런 물음에 대해 이렇게 말할 수 있다. 시작위상은 오직 앞서 서술한 방식으로 경과한 **후에야** 비로소 파지와 반성(혹은 재생)을 통해 대상이 될 수 있다. 하지만 그 시작위상이 **단지** 파지에 의해서만 의식되면, 그 시작위상에게 "지금"이라는 특수한 성격을 부여하는 것이 무엇인지 여전히 이해할 수 없을 것이다. 이 경우 시작위상은 더 이상 그에 앞서 놓여 있는 그 어떤 위상도 파지적으로 의식하지 않는 위상으로서 그에 대한 변양들과 기껏해야 소극적인 방식을 통해서 구별될 수 있을 것이다. 그러나 시작위상은 확실히 의식의 관점에서 볼 때 전적으로 적극적인 특징을 지닌다. [파지에 의해] 비로소 사후에 의식되게 될 "무의식적 내용"에 대해 말하는 것은 터무니없는 일이다. 의식은 필연적으로 모든 위상들에서 **의식**이다. 파지 위상이 이전 위상을 대상으로 만들지 않으면서도 의식하고 있는 것처럼, 근원자료도 대상적으로 되지 않으면서 (그것도 "지금"이라는 독특한 형식에서) 이미 의식된다. 바로 [근원자료에 대한] 이러한 근원의식이 파지변양으로 넘어가는 것이며, 그러면 이 파지변양은 근원의식 자체에 대한 파지이면서 근원의식에서 원본적으로 의식되는 자료에 대한 파지인데, 그 이유는 양자가 나눌 수 없이 하나이기 때문이다. 만일 근원의식이 없으면 파지 역시 상상할 수 없다. 무의식적 내용에 대한 파지는 불가능하다. 그리고 근원의식은 어떤 논거로부터 추론된 것이 아니라, 구성된 체험함에 대한 반성 속에서 파지와 마찬가지로 구성하는 위상으로 직관될 수 있다. 우리는 이것을 근원의식(Urbewußtsein)이라거나 근원파악(Urauffassung)이라거나 그 밖에도 이러저러하게 명명할 수 있겠으나, 다만 이것을 파악하는 작용으로 오해해서는 안 된다. 그렇게 보면 분명 상황을 잘못 기술할 뿐 아니라, 해결할 수 없는 난점으로 얽혀 들어갈 것이다. 모든 내용이 그에 대한 파악작용에 의해서만 의식된다고 말하면, 그 자체가 하나의 내용인 이 파악작용은 어떤 의식에 의해 의식되는가 하는 물음이 즉시 제기되며 무한퇴행은 불가피하다. 그러나 모든 "내용"이 그 자체로 그리고 필연적으로 "근원적으로 의식"된다고 보면, 이처럼 부여해 주는 추가적 의식에 대한 물음 자체는 무의미하다.

더 나아가 모든 파악작용 자체는 구성된 내재적 지속 통일체이다. 파악작용이 형성될 때, 이 파악작용이 대상으로 만들어야 할 것[근원자료]은 벌써 지나갔기에 (우리가 근원의식과 파지의 전체 활동을 이미 전제하지 않으면) 파악작용에 의해 전혀 도달할 수 없을 것이다. 하지만 근원의식과 파지가 있기에, 구성된 체험을, **그리고** 구성하는 위상들을 반성 속에서 바라볼 수 있는 가능성이 존재하며, 가령 근원의식 속에서 의식된 것이었던 그대로의 구성하는 흐름과 이 흐름의 지향적 변양들 사이에 존재하는 차이까지도 알아차릴 수 있는 가능성이 존재한다. 반성이라는 방법에 대해 지금까지 제기되었던 반대들은 모두 의식의 본질적 구조에 대한 무지에서 비롯된 것이라고 설명할 수 있다.

시간의 객관화와
시간 속에 있는 사물의 객관화[1]

하나의 전체공간 — 이 공간은 지각되는 사물이 그 물체성에 있어서 볼 때 전체공간 속에 놓여 있는 것으로 현출하는 한, 모든 개별적인 지각에서 [그 사물과] 더불어 지각되는데 — 에 대한 구성과 [구성의 문제와] 하나의 시간 — 이 시간 속에는 사물의 시간성이 놓여 있고 그 안으로 사물적 환경에 속하는 모든 사물과 사물적 사건과 마찬가지로 사물의 지속도 편입되는데 — 에 대한 구성은 [구성의 문제는] 서로 평행하는 문제이다.[2] 또한 이 동일한 시간 안으로 자아도 편입되는데, 자아의 신체뿐 아니라 자아의 "심리적 체험들"도 편입된다. 각각의 사물에 속한 시간은 그 사물의 시간이기는 하지만, 우리는 단지 하나의 시간만 가지고 있다. 사물들이 유일한 하나의 [시간의] 직선적 연장 속으로 서로 나

---

1   편집자주 부록 10의 텍스트는 후설이 1907년 괴팅엔대학에서 행한 강의 「현상학의 주요 이론과 이성 비판」을 위한 원고들에 들어 있는 원고 몇 장에 기초한다. 이 강의는 이른바 「사물강의」인데, 이 강의의 도입부는 『현상학의 이념』이라는 제목으로 후설전집 2권으로 출간되었다.

2   저자주 §43을 참조하라.

란히 정렬될 뿐 아니라, 다양한 사물 내지 사건들이 동시에 현출하며, 그것들이 서로 평행하게 흘러가는 여러 개의 유사한 시간들을 가지고 있지 않고, 하나의 시간, 수적으로 단 하나인 시간을 가지고 있다. 이는 공간이 다중적으로 채워지는 것과는 다른데, 공간에서는 시각적 채움 과 촉각적 채움이 [서로 평행하여] 합치한다. [시간의 경우] 우리는 오 히려 서로 분리되어 합치하지 않으나, 그럼에도 불구하고 하나의 동일 한 시간구간 속에 있으면서 지속하는 사물을 가지고 있다.

사물 소여는 하나의 과정으로서 현상학적 시간성 안에서 일어난다. 동기를 주는 운동감각들(K)과 이로부터 동기를 받는 "이미지들"(b)의 경과 전체는 시간적으로 연장되어 있다. K_0에서 K_1으로 넘어갈 때, 이들 로부터 동기를 받는 이미지들도 b_0에서 b_1으로 흘러가며($b_0 - b_1$) K와 시간적으로 합치한다.[3] 채워진 시간흐름이 모두 그런 것처럼, 이러한 흘러감도 자신의 시간형태(Zeitgestalt)를 가지고 있다. 그리고 이 시간 형태는 변화하는 시간형태일 수 있다. K의 흐름은, 그리고 이와 더불어 b의 흐름은 더 빠르게 일어날 수도 있고 더 느리게 일어날 수도 있으며, 이때 이 시간구간에서 시간을 채우는 것이 이 부분구간이나 저 부분구 간을 채울 때 그 "밀도"가 더 크거나 더 작을 수 있는데, 그에 대응하여 이 흐름은 같은 속도나 다른 속도로 아주 다양하게 일어날 수 있다. 더 나아가 K의 경과, 그리고 이와 더불어 이미지 연쇄의 경과는 역행할 수 있으며, 이는 다시 변화하는 시간형태 속에서 그렇게 될 수 있다. 이러 한 경과를 따라 소여의식의 시간형태들이 드러난다.

어떤 점에서 이런 모든 것은—운동감각 흐름에 따른 이미지 흐름의

---

3 역자주 어떤 집을 볼 때, 보는 사람의 (운동감각에 주어지는) 움직임에 대응하여, 이 집에서 보이는 측면이나 부분이 달라진다. 따라서 (후설의 통상적인 '이미지' 개념 용 례와는 달리) 여기에서 '이미지'는 그림이나 사진 등을 뜻하는 것이 아니라, 대상이 그 때그때 보여 주는 면모를 뜻한다.

[시간] 연장이 더 크거나 더 작다고, 그리고 [나타남들의] 이념적인 다양체 전체로부터 나올 수 있는 현출들이 더 많이 흘러가거나 더 적게 흘러간다고 말하는 것과 마찬가지로—현출하는 대상에 대해서는, 주어지는 것으로서의 대상에 대해서는 중요한 의미를 지니지 않는다. 동일한 사물이, 가령 내용적으로 불변하고 정지해 있는 사물이 있으며, 이 사물이 늘 같은 시간형태에서 늘 균질한 밀도를 가지고 사물로서의 내용적 채움을 펼치는 한에서, 나는 중요하지 않다고 말한다. 그렇지만 흐름의 시간성은 이런 객관화[대상화]에 대해서도 나름의 의미를 가지고 있다. 확실히 시간적인 것이 현출하고 시간성, 그리고 이 경우 불변하고 정지한 사물의 지속이라는 형식 속에서의 시간성은 현출하는 대상에 본질적으로 속한다. 이제 사람들은 이렇게 말할 것이다. 그렇더라도 시간의 객관화는 자신의 "현시하는" 내용을 현상 안에서 가지고 있어야 할 텐데, 그렇다면 현상의 현상학적 시간성 이외에 그 어디에서 가질 수 있단 말인가? 더 상세히 말하자면, 당연히 좁은 의미의 현출이, 그때그때 동기를 주는 상황들 속에 있는 현출이 문제가 된다. 그러한 현출 속에서 이미지가 자신의 장소성을 통해 객관적 장소를 현시하고, 자신의 **준형상**과 **준크기**를 통해 객관적 형상과 크기를 현시하며 자신의 **준색채**를 통해 객관적 색채를 현시하듯이, 이미지는 자신의 시간성을 통해 객관적 시간성을 현시한다. 이미지는 이미지들의 연속체의 흐름 속에 있는 이미지이다. 이 흐름 속에 있는 각각의 이미지 위상에는 사물의, 더 자세히 말하자면, 이미지 속에서 현시되는 대상 측면의, 현출하는 객관적 시간 위상이 대응한다. 그러니까 이미지의 선경험적 시간위치는 객관적 시간위치에 대한 현시이고, 이미지들의 연속적 경과에 속에 있는 선경험적 시간연장은 사물의 객관적 시간연장의 현시, 그러니까 그의 지속의 현시이다. 이 모든 것은 명증적이다.

더 자세히 보면, 객관적 시간에 대한 이러한 현시는, 시간 속에서 동일하며 지속의 방식으로 시간을 채우는 사물로서의, 객관적 시간 속에서 존재하는, 그 속에서 지속하는 사물의 현시와는 본질적으로 다른 현시이다. 간명한 서술을 위하여, "가장 명료하게 봄"이라는 더 좁은 영역에서 똑같은 이미지들의 연속성을, 그러니까 똑같이 풍부한 이미지들의 연속체를 예로 들어 보자. 그러면 이미지들이 서로 명료하게 합치하면서 정립될 수 있도록 지향적 시선 다발이 **준**시간성 속에서 흐르는 이미지들을 가로질러 간다. 같은 지향적 시선에 놓인 점들이 그들의 내용을 통해 하나의 같은 대상점을 현시한다. 그러니까 여기에서는 통일성을 정립하는 의식이 선경험적인 시간의 연속체를 가로질러 간다. 지향적 시선을 따라 순서대로 정렬되는 내용들의 흐름이 같은 사물점을 한 위상씩 현시한다. 또한 각 이미지 점은 자신의 선경험적 시간위치도 가지고 있다. 그러나 서로서로 이어지는 시간위치들을 관통하여 그것들을 동일한 통일체로 만드는 객관화하는 의식이 가로질러 가지 않는다. 그러니까 이 시간위치 연속체 속에서 연장되는, 이미지 점들의 계열은 동일한 사물점을 현시하지만, 시간위치 계열은 이 사물의 동일한 시간점을 현시하지 않고 다시 하나의 [객관적인] 시간계열을 현시한다. 그리고 개별 이미지 점은 다른 모든 [동시적으로] 공존하는 이미지 점들과 똑같은 시간위치를 가진다. 전체 이미지는 하나의 시간위치를 가지며, 서로 다른 이미지는 서로 다른 시간위치를 가진다. 선경험적 이미지 흐름 속에서 [각 이미지의] 서로 다른 시간위치는 서로 다른 객관적 시간위치를 현시한다. 그렇지 않으면, 그 자체가 지속을 지니는, 즉 하나의 채워진 객관적 시간계열을 지니는 하나의 사물은 현출하지 않을 것이다.

선경험적 시간 경과 속에서 연장된 통일체 의식은, 현시하는 이미지들의 시간 경과 속에서 통일체를 정립하는데, 이러한 경과 속에서 이 통일체 의식은 각 이미지를 다름 아닌 현시하는 이미지로 만들고, 이 이미지에서 소여를 정립하며, 각각의 새로운 이미지가 나타날 때 "동일한 것"의 소여를 정립한다. 그러나 각 위상 속에서 주어진 것은 이러저러한 내용을 지닌 지금으로 주어지고 정립되며, 다음 위상으로 넘어갈 때 이 소여된 것은 자신의 지금 속에서 고정된다. 그렇게 새로운 위상, 모든 새로운 위상은 자신의 지금에 고정된 채 주어진다. 그러니까 위상들은 끊임없이 이행하면서 통일체로 정립되어, 각 위상은 객관화에서 자신의 지금을 유지하고, (객관적 시간점들로서의) 지금점들의 계열은 연속적으로 통일적이며 동일한 내용으로 채워진다. 위상 a가 현행적이면, 그 위상은 현행적인 지금의 성격을 가진다. 그러나 시간흐름 속에서 위상이 위상에 연결되며, 우리가 새로운 현행적 파지를 가짐에 따라 바로 "지금"이었던 위상들은 현행적인 위상들로서의 자신의 성격을 변경한다. 변화의 이러한 흐름 속에서 시간적 객관화가 수행되는데, 이는 a가 뒤로 가라앉으면서 겪는 현상학적 변화의 흐름 속에서, 특정 시간점을 지닌 동일한 a가 연속적으로 정립되기 때문이다. 이때, 바로 자기의 지금을 지닌 각 이미지가, 마치 그것이 그 자체로 있는 것처럼, 그렇게 객관화되면— 이 경우 이 다양체의 통일성은 이 다양체에 "들어 있는" 통일성이고 이 다양체로부터 끌어낼 수 있는 통일성일 텐데—, 객관화하는 의식 속에서 이미지들의 경과 흐름이 감성적 내용들의 변화하는 흐름으로 현출한다.

그러나 사물로의 객관화에 있어서, 운동감각적 통일체라는 의미의 [즉 운동감각을 통해 동기 지어진 통일체라는 의미의] 이미지 내용은 이러저러하게 초월적으로 파악된다. 그러니까 이미지 내용은 단순히 그것이 있는 그대로 받아들여지는 것이 아니라, 이러저러한 성격을 지니며, 순수 합치의 방식으로 [이미지 내용에 의해] 계속해서 충족되는 지향적 다발의 현시, 담지자로서 받아들여진다. 이러한 지향성은 이미지 내용들을 가로질러 가는데, 이때 그때그때 각 이미지에 속하는 각각의 지금 순간은 동일한 시간점 객관화를— 각각의 지금 순간은 사물로의 객관화가 없어도 이러한 시간점 객관화를 경험할 텐데 — 경험한다. 그러니까 하나의 객관적 시간계열이 어디에서나 같은 방식으로 구성된다. 그러나 현출계열은 — 그의 흐름 속에서 객관적 시간이 구성되는데 — 질료에 따라서 볼 때, 서로 다르다. 즉, 현출계열은 사물의 시간성이 구성되는지, 아니면 사물 아닌 것의 시간성이 구성되는지에 따라, 예를 들어 객관적 시간이 [아직 사물로 객관화되지 않은] 내재적인 음의 지속이나 변화에서 구성되는지, 아니면 사물의 지속이나 변화에서 구성되는지에 따라 서로 다르다. 그렇지만 이 두 현출계열들은 시간 객관화 자체의 성격을 구성하는 어떤 공통적인 것, 어떤 공통적인 형식을 가지고 있다. 그러나 현출은 한 경우에는 내재적인 것의 현출이고, 다른 한 경우에는 사물적인 것의 현출이다. 각각 자신의 시간적인 개별화(Individuation)를 가지고 있는 음 위상들의 흐름 속에서 음의 동일성이 위상 연속성 속에서의 통일성이듯이, 즉 모든 위상에서 존재하며 지속하는 음의 동일성이듯이, 현출들의 흐름 속에서 사물의 동일성은 모든 현출들 속에서 자기소여와 현재소여의 방식으로 현출하고 늘 새로운 지금 속에서 현출하며 따라서 지속하는 사물의 동일성이다.

여기에서 강조할 점은 다음과 같다. 모든 초월적인 지각에서는 이전 현출의 위상들이 — [그러한 일이] 모든 현출들의 잇따름에서 일어나고 적어도 어떤 한계 안에서 일어나듯이 — 단지 파지적으로 유지되기만 하는 것이 아니라, 그때그때마다 현재점에서 현행적인 지각현출은 그것이 현행적 소여로 가지고 오는 것과 더불어 지각을 통해 현재의 것으로서 정립된 실재를[실재의 구성을] 완결시키지 않는다. 파지에서 계속 살아 있는 것으로서의 지나간 현출들은 과거의 것의 현출들로서 단지 보존되기만 하는 것은 아니다. 이전 위상들에 대한 (일차적인) 기억의식은 물론 기억의식이지만, [지금 지각이 아니라] 이전 지각과 관련해서만 기억의식이다. 이전에 지각되었던 것은 지금에는, 이전에 지각되었던 것으로서만 현전하는 것이 아니라, 지금에게 넘겨져서, 지금 여전히 존재하는 것으로 정립된다. 막 본래적으로 지각된 것뿐 아니라 이전에 주어졌던 과거의 것도 동시에 지금으로서[지금 주어진 것으로서] 정립된다. 본래적 지각의 흐름 중에는, [지금] 본래적으로 보이는 것뿐 아니라 이전에 보였던 것도, 그것의 현출들의 흐름 속에서 지속하는 존재로 정립된다. 또한 미래와 관련해서도 그러하다. 본래적 지각의 이후 위상들에 대한 예상 속에서 지각될 것도 지금으로서 정립되는데, 그것은 지금 있고 지금 지속하며, 동일한 시간을 채운다. 이러한 사실은 보이지 않지만 보일 수 있는 것, 다시 말해, K가 장차 흘러갈 경우 그에 속하는 것으로서 지각될 수 있는 모든 것에 대해서도 타당하다.

여기서는 단지 계속하여 보이는 것에 국한하여, 그리고 보는 중에 늘 다시 다르게 현시되는 것에 국한해서 논의했던 시간 객관화의 확장만이 이루어지고 있다. 보이는 것은 모두 [현실적으로는] 보이지 않을 수도 있지만, 그렇더라도 여전히 [가능성에 있어] 보일 수 있는 것으로 머문다. 모든 지각의 흐름은 그 본질에 있어, 지각된 것을 마침내 지각되지 않은 것으로 변경하는 어떤 확장을 허용한다. 그러나 시간정립이 거기 "완전하게" 현출하는 시각적 사물을 그의 완전한 현출들의 변화 속에서 동일화하고, 현출위상들의 모든 시간위치를 함께 객관화하며, 이 시간위치에 객관적 시간위치라는 의미를 부여하여 현출의 계열 속에서 객관적으로 지속하는 것이 펼쳐지듯이, 하나의 동일한 대상을 불완전하고 늘 다시 불완전한 방식으로 현시하는 전체 현출들과 관련해서도 시간정립이 일어나며, 그것도 앞서와 비슷한 방식으로 일어난다.

충전적 지각과 비충전적 지각[1]

대상의 순수내재적이며 충전적인 소여로서의 충전적인 지각은 두 가지 의미에서 이해될 수 있는데, 그중의 하나는 [아래 2에서처럼] 외적 지각과 긴밀한 유비 관계를 가지며, 다른 하나의 의미는 [아래 1에서처럼] 그렇지 않다. 하나의 음을 내재적으로 들을 때 나는 두 가지 파악 방향을 취할 수 있다. 한 번은 [아래 2에서처럼] 시간흐름 속에서 감각된 것을 향할 수 있고, 또 한 번은 [아래 1에서처럼] 이 흐름에서 구성되지만 여전히 [흐름에] 내재적인 것을 향할 수 있다.

　1. 음은 성질이나 강도에 있어 동요할 수 있다. 아니면, 음은 이렇게 동요하지 않고 내적 규정들이 전혀 변화하지 않은 채 지속하는 것으로 내게 드러날 수도 있다. 둘 중 어느 경우이건 막론하고, 내 앞에는 하나의 흐름이 있고, 이 흐름에서만 그러한 하나의 개체 대상성이 내게 주어질 수 있다. 음은 음의 지금에서 시작하고, 계속 새로운 지금이 끊임없이 여기 연결된다. 모든 각 지금은 내용을 지니며, 나는 이 내용이 있는

1　저자주 이 부분은 §44에 대한 부록이다.

그대로 그것으로 시선을 향할 수 있다. 그래서 나는 이 흐름의 흘러감 안에서 헤엄치면서, 나의 바라보는 시선으로 이 흐름을 따라갈 수 있다. 또한 나는 그때그때의 내용뿐 아니라 여기서 흐름이라 불리는 전체 연장에 주목할 수도 있는데, 이때 이 구체적 충만을 포함해서 주목할 수도 있고 이를 도외시하고 주목할 수도 있다. 이 흐름은 내가 시계와 시간측정기로 규정하는 객관적 시간흐름이 아니고, 내가 지구와 태양 의 관계에 따라 확정하는 세계시간의 흐름이 아니다. 그 이유는 이러한 객관적 시간은 현상학적 환원의 대상이 되기 때문이다. 오히려 우리는 이 흐름을 선경험적 시간 또는 현상학적 시간이라고 부른다. 이러한 시 간은 객관적인 시간적 술어들의 재현을 위한 근원적 재현자를 제공하 며, 유비적으로 말하자면 시간감각을 제공한다.[2] 그러므로 앞서 서술한 지각에 있어 우리는 그때그때의 시간 내용에 주목하는데, 그것도 시간 연장을 지니고 주어진 방식으로 이 연장을 채우는 시간 내용에 주목한 다. 아니면, 우리는 추상적으로 시간 내용에 주목하거나 추상적으로 시 간연장에 주목한다. 어느 경우에도, 우리는 내실적으로 주어진 것에, 즉 지각에 그 계기로서 내실적으로 들어 있는 것에 주목한다. 이것이 두 가지 파악 방향 중 하나이다.

2. 그러나 다른 한편, 가령 도라는 음이 지속할 때, 우리의 지각하는 의향은 그때 지속하는 도 음으로, 다시 말해 도 음이라는 대상으로 향 할 수도 있다. 이 도 음은 시간흐름 속에서 하나의 동일한 대상이며, 흐 름의 모든 위상들 속에서 늘 동일한 대상이다. 그리고 또 다시 음이 가

---

2 역자주 여기에서 재현(Repräsentation)은 현시(Darstellung)와 같은 의미로서, 파 악내용이 파악대상의 성질을 드러낸다는 의미이다. '빨강'이라는 감각(파악내용)에 파 악작용이 가해지면, 이 빨강은 가령 '집의 빨강'(파악대상의 성질)으로 해석되며, 이 경 우 '빨강'이 '집의 빨강'을 재현하는 재현자(Repräsentant)가 된다. 여기에서 선현상적 시간은 일종의 시간감각(Zeitempfindung), 즉, 파악내용으로서, 객관적 시간의 성질 (술어)을 재현하는 기능을 한다.

령 강도 측면에서 변화하거나 성질에서마저 변화하면, 가령 동요하면, 이러한 말 속에서 이미 지각의 한 가지 방향이 표현되고 있다. 이 지각 방향은 성질과 강도는 변화하지만 그렇게 변화하면서도 같은 것으로 남는 하나의 동일자를 향해 있다. 그러니까 그것은 앞서 말한 것과는 다른 대상이다. 앞서 말한 것에서는 음 울림의 시간흐름이 대상이었다면, 여기에서는 시간흐름 안에서의 동일자가 대상이다.

음 울림의 시간흐름은 시간이며, 채워진 구체적 시간이지만 이 흐름 자체는 시간을 가지지 않고 시간 속에 있지 않다. 그러나 음은 시간 속에 있고 지속하며 변화한다. 음은 변전하면서도 동일한 것으로서, "실체적으로" 하나이다. 그러나 [여기서 말하는] 시간이 선경험적 시간이고 현상학적 시간인 것처럼, 여기서 말하는 실체는 선경험적 실체이고 선현상적 실체이다. 이 실체는 동일자이고, 변전하거나 불변하는 것의 "담지자"이다. 가령 불변하는 성질과 변전하는 강도의 담지자이거나, 끊임없이 변화하는 성질과 갑자기 변화하는 강도 등의 담지자이다. "실체"라고 말할 때 시선은 시간흐름의 매 위상마다 변전하면서 때로는 같고 때로는 다른 시간 내용과 구별되는 동일자를 향한다. 이것은[이 동일자는] 공통 본질이라는 통일성에 의해, 즉 유적 공통성이라는 통일성에 의해, 흐름의 모든 시간위상을 결합하는 동일자인데, 이 유적 공통성은 본질을 추출하는 추상 속에서 일반성으로서 드러나 그 자체로 취해진 것이 아니다. 이 동일자는 흐름 속에서 연속적으로 공통적으로 유지된 본질이 개체화된 것이다. 실체를 직관할 때, 이 직관에서 주어지는 내용들의 흐름을 추상하여 시선이 일반자를 향하는 것이 아니다. 시간을 채우는 것의 흐름은 여전히 시선 속에 머물러 있고, 이 흐름 속에 있고 이 흐름에 묶인 채 있는 동일자가 이 흐름에서부터 취해져 직관된다.

실체는 완전한, 구체적인 흐름 속에서의 동일자이다. 우리가 추상하면서 가령 음의 강도와 같은 비독립적 계기를 추출하면, 여기에서도 앞서 말한 종류의 동일화가 일어나며, 우리는 이 [동일한] 강도가 변하지 않거나 변한다고 말한다. 이러한 동일한 것들은 현상학적 우유성(偶有性)(Akzidentien)이다. 현상학적 "사물"인 음은 다양한 "속성"을 지니고, 각각의 속성은 다시 불변하거나 변화하는 동일자이다. 각각의 속성은 말하자면 실체적 통일체에서 뽑어 나오는 하나의 비독립적 시선, 실체의 한 측면, 실체라는 통일체의 비독립적 계기이지만 그 자체 [실체와] 같은 의미에서 통일적인 것이다. 이런 선경험적 의미에서 실체와 우유성은 현상학적 소여들이며, 그것들은 가능한 지각들에서, 그것도 충전적인 지각들에서 경험되는 소여들이다. 내가 말했듯이, 이 지각들은 외적 지각들과 유사하다. 실로 외적 지각도 마찬가지로 사물에 대한 지각이거나 사물의 우유성에 대한 지각이어서, 외적 지각의 성격은 내재적인 현상학적 실체에 대한 지각의 성격과 유사한 것이다.[3] 우리가 어떤 집을 지각할 때, 이 대상은 시간적으로 연장되고, 변화하지 않고 계속 지속하는 것으로, 이 지속에서 동일자로, 시간연장에서 불변하는 것으로 현출하는데, 이러한 사실은 이 대상의 본질(따라서 이 지각의 의미의 본질)에 속한다. 우리가 외적 지각에서 변화하는 것을 취하더라도, 가령 날아가는 새나 빛의 강도가 변하는 불꽃을 취하더라도, 이는 타당하다. 이러한 외적 사물은 현상적 시간을 지니고, 이 시간 중에 동일자로 현출하며, 그것도 운동하거나 변화하는 동일자로 현출한다. 그러나 물론 이 모든 지각들은 충전적이지 않으며, [이러한 외적 사물의]

---

3   저자주 그러면 물론 실체는 실재하는 실체, 실재하는 속성들의 담지자로 이해되는 것이 아니라, 단지 물상지각(Phantomwahrnehmung)의 자기동일적 기체(Substrat)로 이해된다.

역자주 여기에서 물상(物像, Phantom)은 『사물과 공간』이나 『이념들 II』에서 나타나는 의미, 즉 (인과연관을 지니는) 물체로 파악되기 이전의, 한낱 시각적 형상, 즉 한낱 "연장된 존재"(res extensa)를 지칭하는 의미로 쓰였다. 따라서 오지각(misperception)을 뜻하는 환각(Illusion)과는 다른 개념이다.

채워진 시간은 충전적으로 주어지지 않고, 감각으로 증시될 수 없다. 그리고 울림 속에 있는 음, 음이 차차 사라지고 다시 커지는 등의 흐름 속에 있는 [내재적 대상으로서의] 음의 동일성이 충전적으로 현실화될 [인식될] 수 있는 것과는 달리 [초월적 대상으로서의] 사물의 동일성이나 그 속성들의 동일성은 충전적으로 현실화될 수 없다. 그러나 내재성 속에서 충전적으로 주어지거나 수행되는 것과 근본적으로 같은 동일화 또는 실체화가, 외적 지각에서는 초월적인 통각들에 기초하여 수행되면서, 충전적이지 않은 동일화 또는 실체화로 주어진다는 사실은 명증적이다. 시간의 본질에 대한 해명이 모두 선경험적 시간으로 돌아가야 하는 것과 마찬가지로, 사물과 속성의 의미, 실체와 우유성의 의미에 대한 분석도 모두 우선 내재적 현상학적 영역으로 돌아가서 여기에서 현상학적 실체의 본질과 현상학적 우유성의 본질을 드러내야 한다는 사실 또한 명백하다.

이제까지 우리는 충전적인 지각과 비충전적인 지각의 주요 유형들에 대해 알아보았다. "내적" 지각과 "외적" 지각이라는 용어들과 관련해 그것들이 의구심을 불러일으킨다는 사실이 이제 분명하다. 말하자면 이제까지의 서술에 따르면, "내적 지각"이라는 표제가 양의적이라는 사실에 주목해야 한다. 이 표제는 서로 본질적으로 다른 두 가지를 의미하는데, 즉 어느 때는 지각에 내재적인 구성부분에 대한 지각을 의미하고, 다른 때는 내재적으로 직관된 것이긴 하지만 부분은 아닌 것에[부분이라 불릴 수 없는 것에] 대한 지각을 의미한다. 충전적인 지각의 이런 두 가지 유형을 비교하면, 둘의 공통점은 그들 속에서 대상의 충전적 소여가 이루어진다는 사실이다. 말하자면 모든 비본래성이, 초월적인 모든 해석이 배제된다. 하지만 오직 이 중 한 가지 지각 유형에서만 대상적인 것은 지각 현상의 내실적인 구성요소이다. 음 울림의 시간흐름은 그의 모든 요소들과 더불어, 지각 현상 속에 있고 지각 현상을 이룬다. 이 흐름의 모든 위상, 모든 구성부분은 현상의 한 부분이다. 이와는 달리 시간흐름 속에서 존재하는 [내재적 대상으로서의 음이라는] 동일자, 현상학적 실체와 그 속성들, 변화하지 않거나 변화하는 것들은 두 번째 지각 유형에서 충전적으로 직관될 수 있는 것이긴 하지만, 지각 속에 내실적인 계기 또는 부분이라고 부를 수는 없다.

내적 의식과 체험의 포착[1]

모든 작용은 무엇에 대한 의식이지만, 그러나 모든 작용도 [그 자체가]
의식된다. 모든 체험은, 물론 정립되고 의향되지는 않는다 하더라도,
"감각"되고 내재적으로 "지각"(내적 의식)된다(여기에서 지각함은 의
향하면서 주목하여 포착한다는 의미가 아니다).[2] 또한 모든 작용은 재
생될 수 있으며, [작용에 대한 "내적" 의식도 지각인데] 지각으로서의
작용에 대한 모든 "내적" 의식에는 [이 내적 의식에 대한] 가능한 재생
의식이, 예를 들어 가능한 회상이 속한다. 물론 이것은 무한소급으로
이끌어 가는 것처럼 보인다. 왜냐하면 이제 작용(가령 판단, 외적 지각,
기쁨함)에 대한 내적 의식, 즉 작용에 대한 지각은 작용이고, 그래서 그
자체 다시 내적으로 지각되고, 이렇게 [무한히] 계속되지 않을까? 이에
반대해 다음과 같이 말해야 한다. 엄밀한 의미의 모든 "체험"은 내적으
로 지각되지만, 내적 지각함은 이와 같은 [엄밀한] 의미에서 "체험"이

---

1   저자주 이 부분은 § 44에 대한 부록이다.
2   역자주 "포착"은 Erfassung의 번역어이다. 여기에서 포착(erfassen)은 주목의 의미
로 쓰이는 반면, 파악(auffassen)은 대상 구성의 의미로 쓰인다.

아니다. 그것은 그 자체 다시 내적으로 지각되지 않는다. 시선이 닿을 수 있는 모든 체험은 지속하는 체험, 흘러가는 체험, 이러저러하게 변화하는 체험으로 주어진다. 그런데 모든 체험이 이렇게 체험으로서 주어지도록 하는 것은 의향하는 시선이 아니다. 의향하는 시선은 체험을 그저 바라볼 뿐이다.

이러한 현재의, 지금의, 지속하는 체험은 [시선이 거기 닿기 전에] 이미, 우리가 시선 변경을 통해 발견할 수 있듯이, "내적 의식의 통일체", 즉 시간의식의 "통일체"이며, 그것은 바로 지각의식이다. "지각", 그것은 흐르는 파지와 예지의 위상들을 가지고 있는 시간구성의식 이외의 것이 아니다. 마치 이 흐름 자체가 다시 흐름 안에 있는 하나의 통일체이기라도 한 것처럼, 이 지각함 뒤에 다시 [이 지각함에 대한] 지각함이 있는 것은 아니다. 우리가 체험이라고 부르는 것, 판단작용, 기쁨 작용, 외적 지각 작용이라고 부르는 것, 또한 (정립하는 의향인) 작용에 대한 응시작용(Hinsehen)이라고 부르는 것, 이것들은 모두 시간의식의 통일체이고, 그래서 [그 자체가] 지각된 것들이다. 그리고 그러한 모든 통일체에는 변양이 대응한다. 더 정확히 말하면, 원본적 시간구성, 즉 지각함에는 재생함이 대응하고, 지각된 것에는 재현된 것이 대응한다.

그러므로 이제 우리는 원본적 작용과 그것의 재현을 나란히 놓는다. 그러면 상황은 다음과 같다. A가 내적 의식 속에서 의식된 (그 안에서 구성된) 어떤 작용이라고 간주하자. 그러면 우리는, W_i가 내적 의식이라면, $W_i(A)$를 가지게 된다. 또한 우리는 A와 관련해 재현 $V_i(A)$를 가지고 있다.[3] 그런데 이 재현은 다시 내적으로 의식된 것이며, 따라서 $W_i[V_i(A)]$가 있다.

---

3 역자주 W는 지각(Wahrnehmung)을, V는 재현(Vergegenwärtigung)을, (아래 나오는) R은 재생(Reproduktion)을 뜻한다.

따라서 우리는 내적 의식 안에서, 그리고 내적 의식의 [대상이 되는] 모든 "체험들" 안에서, 서로 대응하는 두 가지 유형의 사건, 즉 A와 $V_i(A)$를 가지고 있다.

내가 『논리연구』에서 염두에 두었던 현상학 전체는, 내적 의식의 소여들이라는 의미의 체험들에 대한 현상학이었고, 그것은 어쨌든 하나의 완결된 영역이다.[4]

이제 A는 [작용 이외의] 여러 가지 다른 것일 수 있는데, 예를 들어 그것은 감성적 내용, 가령 감각되는 빨강일 수 있다. 여기서 감각은 감각내용에 대한 내적 의식[감각함] 이외의 것이 아니다. 그러니까 (빨강에 대한 감각함으로서의) 빨강 감각은 곧 $W_i(빨강)$이며, [이에 비해] 빨강 상상자료는 $V_i(빨강)$인데, 이것은 자신의 [내적으로] 의식됨, 즉 $W_i[V_i(빨강)]$을 가지고 있다. 그래서 내가 『논리연구』에서 왜 감각함과 감각내용을 동일시할 수 있었던지 이해할 수 있다. 내가 내적 의식의 범위 안에 머물렀을 때는, 거기에 당연히 감각함[즉, 지향적 체험, 작용]은 없고 감각된 것[비지향적 체험으로서의 감각내용]만 있었다. 그 다음 작용(내적 의식의 지향적 체험 [즉, 내적 의식이 의식하는 지향

---

4 역자주 후설이 『논리연구』에서 기술적 현상학(deskriptive Phänomenologie)을 전개하면서 면밀하게 연구한 것은 무엇보다도 체험의 내실적 요소들(감각내용과 파악작용)이었다. 초월적 대상(단계 1)은 내실적 요소들(단계 2)에 의해 구성되고, 이것들은 근원적 시간의식(단계 3)에 의해 구성되는데(의식의 단계들에 대해서는 §34를 참조), 『논리연구』에서는 주로 단계 2라는 "닫힌 영역"을 연구한 것이다. 이후 현상학의 연구 범위는 단계 1과 단계 3으로 각각 확장된다. 후설은 한편으로 초월론적 현상학(구성적 현상학)의 전개에 힘입어, 내실적 요소들을 초월하면서 그들에 의해 구성되는 초월적 대상(단계 1) 역시 현상학의 주요 연구 대상으로 간주하였다. 다른 한편 그는 내적 시간의식에 대한 분석을 통하여, 내실적 요소들 자체도 시간적으로 구성되는 통일체들임을 통찰하게 되었다. 이를 통해 후설은 『논리연구』에서 구별하지 않았던, 감각내용(단계 2)과 이에 대한 의식(단계 3)을 구별하고 후자가 전자를 구성하는 내적 시간의식임을 발견하게 된 것이다.

적 체험])과 비-작용을 대립시킨 것도 옳았다. 후자는 바로 "일차적인" 감각내용의 총체였다. 이와는 달리 (내적 의식의 범위 안에서) "상상자료들"에 대해 그것들이 "체험"이라고 말했던 것은 물론 잘못이었는데, 그 이유는 체험은 내적 의식의 소여, 내적으로 지각됨을 뜻했기 때문이다.[5] 그렇다면 우리는 가령 상상된 감각내용과 같은, 재현된 내용과 그에 대한 재현, 즉 $V_i(s)$을 구별해야 하는데, 이 후자는 내적 의식의 범위에 속하는 지향적 체험이다.

이제 A가 "외적" 지각인 경우를 고찰해보자. 외적 지각은 [그 자체는] 당연히 내적 의식의[내적 의식에 주어지는] 통일체이다. 그리고 내적 의식 속에서는, 모든 체험에 대해 그 체험의 재현이 있는 것과 마찬가지로, 외적 지각에 대한 재현이 있다. 그러니까 [내적 지각] $W_i[W_a(g)]$으로서의 [외적 지각] $W_a(g)$는 자신의 [재현] $V_i[W_a(g)]$를 가지고 있다. 이제, 지각에 그에 평행한 하나의 재현, 즉 지각이 지각한 것과 동일한 것을 재현하는 작용이 대응한다는 사실은 이제 지각 자체의 본질에 속한다. "재생"(Reproduktion)은 원본적 경과, 즉 인상과 대비되는, [과거에 있었던] 내적 의식의 재현(Vergegenwärtigung)이다. 그러면 사물의 사건에 대한 재현은 재생이라 불려서는 안 된다. 자연의 사건은 한 번 더 산출되지 않으며, 그것은 기억되고, 재현이라는 성격으로 의식 앞에 있게 된다.

분명 그 자체로 서로 다르고 여기서 서로 비교되어야 할 두 가지 재현 사이의 주목할 만한 관계를 이제 고찰해 보자.

1. W_a에 대해 $V_i(W_a)$가 대응한다. 혹은 이제 이렇게도 서술할 수 있을 것이다. W_a에 대해 $R(W_a)$(외부 지각의 내적 재생)가 대응한다.

---

5 역자주 상상자료를 체험이라고 한 것이 그릇된 이유는, (지향적이거나 비지향적인) 체험은 내적으로 의식되는 데 반해, 상상자료는 내적으로 의식되지 않기 때문이다.

2. W_a에 대해 V_a(외부 대상 a의 재현)가 대응한다.

이제 한 가지 본질 법칙이 존재하는데, 이에 따르면 $R(W_a)=V_a$이다. 가령 어떤 집을 재현함[V_a]과 이 집에 대한 지각을 재생함[$R(W_a)$]은 동일한 현상을 가리킨다.

더 나아가 이제 이렇게 말할 수 있다. 특수한 의미의 "객관화하는" 의향함은 1. "내적으로 의식되는 것"에 기초한 정립하는 의향으로서의 "내적 반성", "내적 지각"의 성격을 가질 수 있다. 의향함이 [내적] 의식을 향해 반성하면서 들어가 내적 의식을 기체로 가질 수 있는데, 그러면 그 가능성에 따라서 볼 때 내적 의식 자체 안에서 암묵적으로 있는 대상들이 소여되고, "대상"이 된다. 이런 방식으로, 감성적 내용으로 이해된 감각들이 대상이 되고, 다른 한편 내적 의식 속에서 통일체로 구성된 모든 작용들이, 모든 의식작용들이, 내적 의식의 모든 지향적 체험들이, 대상이 된다.

2. 그러니까 우리는 내적 의식 속에서 "지향적 체험"도 가지고 있는데, 그러한 것들로는 지각, 판단, 감정, 욕망 등이 있다. 이러한 통일체는 기체로 기능할 수 있다. 이때 그것들을 "내적 반성", 즉 의향하는 내적 지각을 통해, 정립하고 대상화하는 대신, 의향이 그것들의 지향성에 침잠하여, 그것들 속에서 암묵적으로 지향된 대상들을 그들로부터 "끌어내어", 객관화하는 정립이라는 엄밀한 의미의 지향된 대상으로 만들 수도 있다. 이때 기체로 기능하는 작용은 공허하게 재현하는 작용일 수도 있다. 당연히 어떤 기쁨이나 어떤 소망 등에 대한 기억이 떠오르고, —살아 있는 표상이 거기서 작동하지 않은 채—의향함이 그 기뻤던 것, 소망했던 것 자체를 향할 수 있다.

그러므로 체험의 선현상학적 존재, 즉 체험에로의 반성적 주목(Zuwendung)이 나타나기 이전의 체험의 존재와 현상으로서의 체험의 존재를 구별해야 한다. 주의를 기울이는 주목과 포착(Erfassung)을 통해 체험은 새로운 존재방식을 획득하게 되고, 그것은 "구별된" 체험, "부각된" 체험이 되는데, 이러한 구별함은 포착됨, 주목의 대상이 됨 이외의 것이 아니다. 그러나 이제 이러한 사태에 대해, 이러한 [체험의 선현상적 존재와 현상적 존재라는] 차이가 존재하는 이유가, 단지 바로 한 경우에는 같은 체험이 주목, 즉 "그리로 향함"이라는 새로운 체험과 결합되는 데 있다고, 즉 이처럼 단순한 결합이 나타나는 데 있다고 생각해서는 안 된다. 주목이 일어날 때, 우리는 주목되는 대상(체험 A)과 주목 자체를 명증하게 구별한다. 그리고 우리는 확실히 나름의 근거를 가지고 우리가 이전에는 다른 것에 주목했고, 그 다음에 A를 주목했으며, 이 A가 주목되기 이전에도 이미 "거기 있었다"라고 말한다. 그러나 우리는 그 무엇보다도 동일한 체험이라는 표현이 매우 다의적이라는 사실, 그리고 (이런 표현을 정당하게 사용하면) 이런 표현으로부터, 이러한 "같은" 체험이 체험함에 대해 주어지는 방식에 있어서 현상학적으로 그 어떤 변화도 없었다고 곧바로 결론 내릴 수는 결코 없다는 사실에 유의해야 한다.

　더 자세히 숙고해 보자. 우리가 그렇게 말하듯이, 때로는 이리로, 때로는 저리로 향하는 주목은 새로운 주목에 의해 포착되어 (이에 대한 근원적 인지 속에서) 그렇게 근원적으로 대상적으로 되는 어떤 것이다. 따라서 주목되지 않은 대상에 주목이 더해진다는 사실에 대한 인식과 함께 주목을 주목 이전의 대상과 연관 짓도록 하는 일이 새로운 현상인 것처럼, 주목의 대상과 주목함을 연관 짓고 이 연관을 근원적으로 인지하는 것도 새로운 현상이다.

　우리는 대상에 주목함이, 가령 이 종이에 주목함이, 그중에서도 특히 특별히 부각된 이 종이 귀퉁이에 주목함이 무엇을 뜻하는지 곧바로 이해한다. 특별히 주목된 것과 주목되지 않은 것이라는, 대상에 있어서의 차이와 완전히 다른 차이는 "주관적 측면"에서의 이러한 차이, 즉 다양한 단계를 가진 주목 자체[의 차이]이다. 대상은 하나의 주의 양상에서 주어지며, 우리는 경우에 따라 이러한 양상의 변이 자체에 다시 주의를 향할 수 있다. 다시 말해, 우리가 방금 서술한 것에, 즉 대상에서 때로는 이것이, 때로는 저것이 특수한 방식으로 대상화된다는 사실에 주의를 향하고, 지금 우선되는 것이 이전에는 우선시되지 않은 채 이미 거기 있었다는 사실에 주의를 향하며, 모든 우선시된 것은 저 대상의 전체 범위(Rahmen) 속에서 배경(Hintergrund)을, 환경(Umgebung)을 지닌다는 사실 등에 주의를 향할 수 있다. 이러한 대상의 본질에는 그것이 비독립적인 것이라는 사실, 그것이 "자신의" 현시방식이 없이는 존재할 수 없다는 사실, 즉 이러한 현시방식을 대상으로 삼았다가 이러한 [대상의] 현시방식으로부터 다시 이 대상으로 되돌아올 수 있는 이념적 가능성이 없이는 존재할 수 없다는 사실이 속한다. 그리고 내가 [현시방식들의] 어떤 계열에서 의식한 "하나의 동일한" 대상의 본질에는 [나의] 시선이 바로 이러한 현시방식들의 계열로 향할 수 있다는 사실 등이 속한다.

이러한 반성은 시간의식의 통일체 속에서 수행되며, 이때 새롭게 포착되는 것[대상의 현시방식]은 (그렇게 불리는데) 이미 거기 있었고, 배경 등으로서 이전에 포착된 것에 속해 있다. 모든 "주의의 변전" (Wandlung der Aufmerksamkeit)은 지향들의 연속체를 의미하고, 다른 한편으로 이러한 연속체 속에는 하나의 통일체가, 하나의 구성된 통일체가, 포착가능하게 놓여 있는데, 이러한 통일체는 오로지 다양한 주의 변전 속에서만 현시되며 그의 다양한 계기들, 부분들이 그때그때 "주목받고" "조명받는" 것의 통일체이다.

주의라는 것이 "의식 자체"의 그러한 양상의 차이들의 경과 이외에 그 무엇이며, 이처럼 지각되는 것들이 때로는 이런 주의 양상에서, 때로는 저런 주의 양상에서 주어지는 "동일한 것"이라는 형식으로 합일된

다는 상황 이외에 그 무엇이겠는가? 그렇다면 "…에 대한 주목"이라는
계기를 반성한다는 것은 무엇을 뜻하는가? 한 번은 주의 양상이 "소박
하게" 경과하며, 이때 나는 주의 양상이 경과하는 중에 [이 양상에 주목
하지 않고] 이 양상에서 현출하는 대상에 주목한다. 또 한 번은 대상화
하는 시선이 양상들 계열 자체를 향하며, 나는 기억 속에서 이 계열을
거듭 훑을 수 있고, [이때] 이 양상 계열은 그 자체로 자신의 통일성을
지닌다.

내재적 시간대상으로서의 자발적 통일체의 구성
—시간형태로서의 판단과 절대적인 시간구성의식[1]

우리가 (가령 $2 \times 2 = 4$와 같은) 어떤 판단을 가지고 있을 경우, 거기서 의향된 것 자체는 **비시간적 이념**(unzeitliche Idee)이다. 즉, 무수한 판단작용들에서 동일한 것[비시간적 이념]이 절대적으로 자기동일적인 의미에서 의향될 수 있으며, 이것은 참일 수도 있고 거짓일 수도 있다. 이것을 "명제"라 하고, "판단"을 명제의 상관자라 하자. 그러면 이것이 곧 판단작용이라고 말해야 하는가? 이것이 곧 $2 \times 2 = 4$를 의향하는 의식[판단작용]이라고 말해야 하는가? 아니다. 깊이 생각해 보자. 의향되는 것 자체에 주목하는 대신, 나는 판단함에, $2 \times 2 = 4$가 내게 주어지는 과정에 시선을 향한다. 하나의 과정이 일어난다. 나는 2×2라는 주어 사고를 형성하기 시작하고 이러한 형성을 완성하며, 그러면 이 주어 사고는 "…는 4이다"라는 상부정립을 위한 토대정립으로 이용된다. 그러니까 하나의 자발적 형성과정이 있는데, 그것이 시작되어 나아가다가 끝난다. 그러나 여기에서 내가 형성하는 것은 논리적 명제가 아니다.

---

1   저자주 이 부분은 §45에 대한 부록이다.

논리적 명제는 여기에서 의향된 것이다. [여기서] 형성된 것은 의향된 것[논리적 명제]이 아니라, [의식의 자발성 속에서] 처음에는 "2 × 2" 가, 그 다음에는 그 토대 위에서 "2 × 2 = 4"가 형성된다. 2 × 2에 대한 "의식"이 자발적으로 완성되고(자발적 형성함에서 형성되고), 마침내 2 × 2 = 4에 대한 의식이 자발적으로 완성된다. 이 형성체가 완성되면, 그것은 과정으로서 또한 이미 지나가고 곧바로 과거로 가라앉는다.

여기에서 형성체는 분명 형성과정이 아니다(만일 둘이 같으면, 여기에서 형성이라는 비유를 든 것은 확실히 잘못일 것이다). (내가 어떤 선율을 지각할 때, 음 자체의 경과가 아니라, 끊임없이 지속되는 의식, 현상들의 끊임없는 경과에 주의를 기울일 수 있는 것과 마찬가지로,) 나는 끊임없이 나아가는 의식에, 그리고 이렇게 나아가는 과정의 통일체에 주의를 기울일 수도 있다. 그러나 이 과정이 곧 이 과정 끝에서 완성되는 현상, 즉 그 안에서 바로 "2 × 2 = 4"가 의향되는 그 현상은 아니다. 마찬가지로 어떤 손짓의 현출을 구성하는 의식과정은 확실히 그 안에서 이 손짓이 현출하는 현출 자체가 아니다. 우리의 예에서 현출에는 2 × 2 = 4라는 의향, 즉 그 안에서 말하자면 "그것은 그러하다"가 현출하는 명시적 "술어화"(Prädikation)가 대응한다. 손짓 현출이라는 통일체에는 의식과정의 위상들이 아니라, 이 위상들 속에서 구성되는 현출 위상들이 속한다. 그렇게 판단의식의 과정(판단의식의 "흐름") 속에서도 술어화의 구성요소들, 즉 주어항과 술어항 등이 구성된다. 그리고 통일적인 판단의향으로서의 판단의 주어항은, 그것이 구성된 후에는, 비록 그 주어항에 대한 의식이 끊임없이 계속 변양되더라도, [술어항과] 함께 판단의향에 속한다. (이는 운동현출에, 늘 가라앉음의 양상 속에 있는, 시작위상의 현출이 속하지만, 그 안에서 운동현출이 뒤로 가라앉는 가운데 끊임없는 운동위상으로서 구성되는바, 의식형태들은 속하지 않는 것과 똑같다.)

그러니까 우리는 두 가지가 구별된다고 말해야 한다.

1. 의식흐름

2. 의식흐름에서 구성되는 것

그리고 두 번째 측면에서는 다시 다음을 구별해야 한다.

a) 구성되는 "현출"로서의 판단, 또는 하나의 생성과정인, $2 \times 2 = 4$ 에 대한 의향으로서의 판단.

b) 여기에서 생성되는 것, 마지막에 형성되고 생성된 것으로 있는 판단. 완성된 술어화.

그러니까 여기에서 판단은 내재적 시간 속에 있는 내재적인 사건통일체이고, 시작하고 끝나며, 끝나면 또한 지나가 버리는 하나의 과정(의식흐름이 아니라, 의식흐름 속에서 구성되는 하나의 사건)이다. 이는 운동이 완료되는 순간에 운동이 지나가 버리는 것과 마찬가지이다. 하지만 [운동처럼] 감성적으로 지각된 생성의 현출의 경우 생성이 존속하는 존재로 넘어가거나 임의의 위상 속에 있는 운동이 정지로 넘어가는 일은 늘 생각해 볼 수 있으나, 여기[판단의 경우]에서 정지는 전혀 생각해 볼 수 없다.

그러나 이와 더불어 아직 모든 구별이 다 이루어진 것은 아니다. 각각의 자발적 작용과 더불어, 어떤 새로운 것이 현출하고, 이 자발적 작용은 그것이 흐르는 모든 순간마다, 말하자면 의식의 근본법칙에 따라 음영을 겪는 근원감각으로서 기능한다. 의식흐름 속에서 단계적으로 활동하는 자발성은 시간적 대상을 구성하며, 그것도 생성하는 대상을, 즉 사건을 구성한다. 그것은 원칙적으로 사건을 구성할 뿐이지, 지속하는 대상을 구성하지 않는다. 그리고 이러한 사건은 과거로 가라앉는다. 여기서 우리는 다음을 숙고해야 한다. 내가 어떤 '이것'(Dies)을 정립하기 시작하면, 이러한 자발적 파악(Zufassung)과 포착(Erfassung)이라는 계기는 내재적 시간 속에서 계기로서 존재하는 계기이며, 곧 아래로 가라앉는다. 그러나 내재적 시간 속에서 판단과정이라는 통일체 전체를 구성하기 위해서는, 자발적 파악과 포착에 어떤 견지(Festhaltung)가 결합한다. '이것'의 근원정립(립스(T. Lipps)의 표현에 따르면 "포획"(Einschnappen))은 견지하는 '이것 의식'으로 연속적으로 넘어가고, 이 견지는 내재적 시간 변양을 겪는 근원정립을 단순히 유지함(Er-halten)이 아니라, 이 [유지함] 의식과 얽혀 있는 형식이다.[2] 그리고 여기서 주목할 만한 것은, 이런 끊임없는 현상 속에서 시작위상이 아래로 가라앉음만 구성되는 것이 아니라, 연속적으로 계속 유지하면서 앞으로 나아가는 '이것 의식'이 '이것'을 지속하는 정립된 것으로 구성한다는 사실이다. 이 말은 시작과 진행이 자발성의 연속체를 이룬다는 뜻인데, 이 연속체는 본질적으로 시간적 가라앉음의 과정에 토대를 두고 있고, 이러한 시간적 가라앉음은 시간 경과 속에서 시작위상과 거기 이어지는 유지 위상들을 가라앉게 하고, 이 위상들이 기저 표상(직관, 빈 표상)과 표상변양으로서 수반하는 것도 함께 가라앉게 한다. 작용이 시작되고, 하지만 변화된 양상 속에서 작용으로서(자발성으로서) 더 진행되고, 그 다음에 이 자발적 경과 전체를 계속해서 수행하는 새로운 작용, 예컨대 술어정립 작용이 시작된다. 이러한 형성[과정]이 더 진전되지 않으면, 그 결과는 새로운 자발성, 나름의 방식으로 근원분출하는 술어정립의 자발성이 아니라, 오히려 어떤 토대 위에 놓인 술어정립이다. 그 안에서 술어정립이 등장하는바, 동일한 내재적 시간위상 속에서 주어정립이, 견지하는 자발성이라는 형식 속에서, 그리고 근원분출하는 주어정립과는 대비되어 저 자발성이 가지고 있는 변양된 형식 속에서,

---

2 역자주 모든 의식에서 나타나는 파지변양은 과거의 것을 수동적으로 "유지"하는 것이다. 그러나 파지에는 이러한 수동적 양상만 있는 것이 아니라 능동적 양상도 있는데, 이것이 "견지"이다. 유지가 모든 의식에서 보편적으로 일어나는 반면, 견지는 주의 집중 등에 따라 특별한 경우에 일어난다.

현실적으로 수행되고, 이러한 주어정립에 토대를 두고 원본적 술어정
립이 구축되며, 술어정립은 이러한 주어정립과 더불어 하나의 통일체
를, 전체 판단의 통일체를 형성하는데, 이 통일체는 시간적 과정 속에
서 존재하는 위상이며 그 안에서 판단이 현행적으로 "완성"된, 시간적
계기이다. 이 계기는 가라앉지만, 그렇다고 그 즉시 내가 판단하기를
그치는 것은 아니다. 다시 말해 다른 곳에서처럼 여기에서도, 판단하는
견지함의 한 구간이, 완성하는 마지막 수행계기에 끊임없이 연결되며,
이와 더불어 시간적으로 이러저러하게 형성된 것으로서의 이 판단은
추가 구간을 획득한다. 경우에 따라서 나는 여기에 새로운 더 높은 판
단 형성들을 다시 연결시키고, 그 위에 더 높은 판단 형성들을 쌓는다.

그러므로 내적 시간의식 속에서의 내재적 대상으로서 판단은, 거기
에 두 개 또는 그 이상의 수행계기, 근원정립 계기가 등장하는, 하나의
과정의 통일체, 부단한 "정립"(물론 판단정립)의 끊임없는 통일체이다.
이 과정은 그러한 [근원정립] 계기가 없는 구간에서, 즉 "상태적
인"(zuständlich) 방식으로 저 판단에 대한 의식인 구간, 수행작용의 계
기를 통해 "근원적인" 방식으로 의식된 것에 대한 믿음인 구간에서 시
작된다.³ 판단(술어화)은 오직 그러한 과정 속에서만 가능하며, 여기에

---

3 역자주 원문은 다음과 같다: Dieser Prozeß läuft aus in einer Strecke ohne solche
Momente, in einer Strecke, die in „zuständlicher" Weise Bewußtsein von ihm ist;
Glaube an das, was in „ursprünglicher" Weise durch die Vollzugsaktmomente zum
Bewußtsein gekommen ist. 여기서 "상태적 방식"의 의미가 불투명하다. 그런데 후설
은 뒤에서 구성하는 시간의식 속에서 판단이 이루어질 때 "근원적 위상들"의 유형이
"창조적 방식"과 "상태적 방식" 등 두 가지로 나누어진다고 말한다. 여기서 "창조적 방
식"이란 능동적인 작용을 통해 새로운 판단을 내리는 방식을 뜻하고 "상태적 방식"이
란 창조적 방식으로 이루어진 판단을 계속해서 유지하는 능동적인 작용의 수행방식을
뜻한다. 바로 이러한 이유에서 후설은 앞의 문장에서 "상태적인 방식으로" 수행되는 판
단에 대한 "의식"을 "수행작용의 계기를 통해 '근원적인' 방식으로 의식된 것에 대한
믿음"과 동일시하고 있다.

판단이 가능하기 위해 파지가 필수적이라는 사실이 이미 놓여 있다.

술어적 판단과 같은 자발적 통일체가 내재적 시간대상으로 구성되는 방식은, 감성적 과정 또는 끊임없는 순차성이 구성되는 방식과는 엄격하게 구별된다. 그 차이는, 후자의 경우에는 늘 새롭게 채워진 근원계기의 근원분출점인 "근원적인 것"이 (그 상관자가 지금에서의 일차적 내용인) 단순한 근원감각 위상이거나, 파악에 의해 근원적인 현출위상으로 형성된 근원감각 위상이라는 데에 있다. 그러나 판단의 경우[전자의 경우] 근원적인 것은 정립의 자발성인데, 그 토대에는 어떤 촉발하는 재료가 놓여 있다. 그러니까 [판단의 경우] 구조는 이런 관점에서 이미 더 복합적이다.

더 나아가 여기에서 이중의 근원성(Ursprünglichkeit)이 등장한다. 시간형태로서의 판단을 "근원적으로" 구성하는 것은 "정립" 연속체인데, 이 연속체는 이런 관점에서 계속해서 근원적으로 부여하는 것이다. 그 다음에는 파지를 가지고 있는 시간의식 속에서 시간형태로서의 판단의 시간점에 속하는 연속적인 판단계기들이 구성된다. 그러나 우리는 견지하는 자발성의 끊임없는 계기들로부터, 즉 수행된 것을 계속 유지하는 자발성의 끊임없는 계기들로부터 활동하는 자발성의 본래적으로 수행하는 정립 계기들을 구별해야 한다. 이것은 구성된 시간형태에서의 차이인데, 이 시간형태에서 원천점들이 두드러진다. 그리고 이것은 당연히 구성하는 시간의식 안에서의 차이이기도 한데, 이 시간의식 안에서 원본적 위상들은 두 종류로 나누어지는데, 창조적 위상과 상태적 위상이 그것이다.

이에 따라 우리가 시간을 구성하는 절대적인 의식과 구별되는, 시간형태로서의 판단이라는 이념이 (그리고 바로 이와 더불어 여타의 자발적 작용들에 있어서 이에 대응하는 구별이) 해명된 것으로 보아도 좋다면, 이제 우리는 이 판단이 하나의 의향함이며, 다시 말해 그것이 가령 어떤 외적인 시공적 존재가 거기에서 현출하는, 내재적으로 객관적인 현출의 유비물이라고 말할 수 있다. 의향에서는 의향되는 것이 흡사 현출하고, "2 × 2 = 4"라는 (시간형태의) 의향에서는 바로 그러그러하게 종합적으로 형성된 명제적 사태연관이 흡사 나타난다. 그러나 이 사태연관은 사물이 아니고 객관적–시간적 존재가 아니며, 내재적 존재도 아니고 초월적 존재도 아니다. 그것은 지속적으로 의향된 것이지만, 그 자체가 지속하는 것은 아니며, 그에 대한 의향은 시작하지만, 그것 자체는 조금도 그치지 않듯이 시작하지 않는다. 그것은 본질상 다양한 방식으로 의식되거나 내지는 주어질 수 있다. 그것은 분절되고, 그 다음에 특정한 구조를 지닌 자발성 속에서 의식될 수 있는데, 이 자발성은 내재적인 시간형태로서 "더 빠르게" 또는 덜 빠르게 경과할 수 있으며, 그것은 상태적 방식 등으로 의식될 수도 있다.

모든 내재적 대상들처럼 자발적 시간형태들은 그들의 재생적 변양 속에서 자신의 짝을 가지고 있다. 모든 상상이 그러하듯이, 판단의 상상은 그 자체가 시간형태이다. 그것을 구성하기 위한 근원계기는 "근원적" 상상인데, 이는 의식의 근본법칙에 따라 그것에 직접 연결되는 변양, 즉 파지변양과 대비된다. 상상이 내재적 대상으로서 구성되면서, 또한 내재적 **준대상**도, 즉 상상의 내재적 **준시간** 속에서 내재적으로 상상된 것의 통일체도 구성되는데, 이는 중립화 재현의 성격을 지닌 고유한 상상 지향성 덕분이다. 그리고 상상이 어떤 "현출"을 재현하는 변양인 경우에는 더 나아가 초월적으로 상상된 것의 통일체가 구성된다. 말하자면, 상상된 시공적 대상의 통일체 또는 상상된 사태연관의 통일체, 즉 **준지각판단**에서 **준소여**되거나, 여타 유형의 상상판단에서 **준사유**되는 사태연관의 통일체가 구성된다.